Microsoft
Office
Specialist

MOS
攻略問題集

Excel
365&2019

日経BP

目次

第 1 章　ワークシートやブックの管理 ——————————————— 1

はじめに

本書は、Microsoft Office Specialist（MOS）に必要なアプリケーションの機能と操作方法を、練習問題で実習しながら学習する試験対策問題集です。試験の出題範囲をすべて学習することができます。

本書は「本誌解説」「模擬練習問題」「模擬テストプログラム」の 3 つの教材で学習を行います。

■ 本誌解説

個々の機能について、練習問題＋機能の説明＋操作手順という 3 ステップで学習します。
学習のために利用する実習用データは DVD-ROM からインストールしてください。インストール方法は（9）ページを参照してください。

■ 模擬練習問題

より多くの問題を練習したい、という方のための模擬問題です。模擬テストプログラムではプログラムの都合上判定ができないような問題も収録しています。問題は 242 ページに掲載しています。解答に使用するファイルは実習用データと一緒にインストールされます。解答が終了したらプロジェクト単位でファイルを保存し、解答（PDF ファイル）および完成例ファイルと比較し、答え合わせを行ってください。

■ 模擬テストプログラム

実際の MOS 試験に似た画面で解答操作を行います。採点は自動で行われ、実力を確認できます。模擬テストは DVD-ROM からインストールしてください。インストール方法は（9）ページ、詳しい使い方は 244 ページを参照してください。

模擬テストには次の 3 つのモードがあります。
- 練習モード：　　　一つのタスクごとに採点します。
- 本番モード：　　　実際の試験と同じように、50 分の制限時間の中で解答します。終了すると合否判定が表示され、タスクごとの採点結果を確認できます。作成したファイルはあとで内容を確認することもできます。
- 実力判定テスト：毎回異なる組み合わせでプロジェクトが出題されます。何回でも挑戦できます。

■ 学習に必要なコンピューター環境（実習用データ、模擬テストプログラム）

OS
Windows 10（日本語版、32ビットおよび64ビット。ただしSモードを除く）。本書発行後に発売されたWindowsのバージョンへの対応については、本書のウェブページ（https://bookplus.nikkei.com/atcl/catalog/20/P60410/）を参照してください。

アプリケーションソフト
Microsoft Office 2019またはOffice 365（Microsoft 365、日本語版、32ビットおよび64ビット）をインストールし、ライセンス認証を完了させた状態。
なお、お使いのOfficeがストアアプリ版の場合、模擬テストプログラムが動作しないことがあります。くわしくは、本書のウェブページ（https://bookplus.nikkei.com/atcl/catalog/20/P60410/）の「お知らせ」を参照してください。

インターネット
本誌解説の中には、インターネットに接続されていないと実習できない機能が一部含まれています。模擬テストプログラムの実行にインターネット接続は不要ですが、模擬テストプログラムの更新プログラムの適用にはインターネット接続が必要です。

ハードディスク
200MB以上の空き容量。動画解答をハードディスクにインストールする場合はさらに850MB以上が必要です。

画面解像度
本誌解説は画面解像度が1280×768ピクセルの環境での画面ショットを掲載しています。環境によりリボンやボタンの表示が誌面とは異なる場合があります。模擬テストプログラムの実行には、横1280ピクセル以上を推奨します。

DVD-ROMドライブ
実習用データおよび模擬テストのインストールに必要です。また、動画解答をハードディスクにインストールしないで、動画解答を表示したいときは、DVD-ROMドライブにDVD-ROMが挿入されている必要があります。

サウンド機能
動画解答のナレーションを聞くためには、音声再生（サウンド）機能が必要です。

※ 模擬テストプログラムは、Office 2019もしくはOffice 365（Microsoft 365）以外のバージョンやMicrosoft以外の互換Officeでは動作しません。また、複数のOfficeが混在した環境では、本プログラムの動作を保証しておりません。
※Officeのインストールは、模擬テストプログラムより先に行ってください。模擬テストプログラムのインストール後にOfficeのインストールや再インストールを行う場合は、いったん模擬テストプログラムをアンインストールしてください。

■ インストール方法

本書付属 DVD-ROM では次の 3 つをインストールできます。

・模擬テストプログラム

・動画解答

・実習用データと模擬練習問題

これらは別々にインストールできます（動画解答は模擬テストプログラムがインストールされているときのみ）。

●インストール方法

DVD-ROM をドライブに挿入すると、自動再生機能によりインストールが始まります。始まらない場合は、DVD-ROM の中にある MosExcel2019_Setup.exe をダブルクリックしてください（ファイルを間違えないようご注意ください）。

インストールウィザードで右の画面が表示されたら、インストールするモジュールの左にあるアイコンをクリックします。インストールする場合は［この機能をローカルのハードディスクドライブにインストールします。］（既定値）、インストールしない場合は［この機能を使用できないようにします。］を選んでください。その他の項目を選択すると正常にインストールされないのでご注意ください。

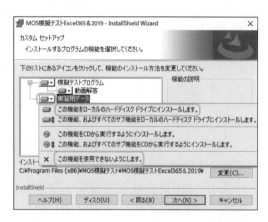

あとから追加でインストールする場合は、［コントロールパネル］の［プログラムと機能］で表示される一覧から［MOS 模擬テスト Excel365&2019］を選び、[変更]をクリックします。右の画面で［変更］を選んで［次へ］をクリックすると、右上と同じ画面が表示されます。

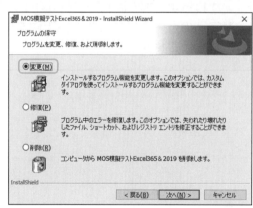

※「インストールしています」の画面が表示されてからインストールが開始されるまで、かなり長い時間がかかる場合があります。インストールの進行を示すバーが変化しなくても、そのましばらくお待ちください。

●インストール場所

模擬テストプログラム：インストールプログラムが提示します。この場所は変更できます。

動画解答：　　　　　　　［パブリックのビデオ］-［MOS 模擬テスト動画］-［Excel
　　　　　　　　　　　　365&2019］フォルダー。この場所は変更できません。

実習用データ：　　　　　［ドキュメント］-［Excel365&2019（実習用）］フォルダー。
　　　　　　　　　　　　この場所は変更できませんが、インストール後に移動させること
　　　　　　　　　　　　はできます。

●アンインストール方法

① Windows に管理者（Administrator）でサインイン / ログオンします。

② 設定の［アプリ］から［アプリと機能］を開き、［MOS 模擬テスト Excel365&2019］
　を選んで［アンインストール］をクリックします。

※ アンインストールを行うと、動画解答、実習用データ（インストール後に作成したもの
　を除く）も削除されます。

おことわり

　　本書の内容および模擬テストプログラムは、2020年6月現在のOffice
2019 Professional Plusで検証しています。

　　Officeの更新状況や機能・サービスの変更により、模擬テストプログラ
ムの正解手順に応じた操作ができなかったり、正しい手順で操作したにも
かかわらず正解とは判定されなかったりすることがあります。その場合は、
適宜別の方法で操作したり、手順を確認のうえ、ご自分で正解と判断した
りして学習を進めてください。

本書の使い方

ここで学習する
項目です。

練習問題
問題文を読んで操作
してください。

その他の操作方法
ショートカットキーやショー
トカットメニューなど、同じ
機能を他の操作手順で行う方
法を掲載しています。

練習問題ファイル
練習問題で使用
するファイルと、
そのファイルを
収めたフォルダー
の名称です。

解答例ファイル
練習問題を解い
た解答例のファ
イルと、そのファ
イルを収めた
フォルダーの名
称です。

重要用語
覚えておくべき単
語を列挙してい
ます。

機能の説明
試験範囲の機能を理解し、練
習問題を解くうえで最も重要
な点について説明していま
す。手順だけでなく背景とな
る知識も身に付けてください。

ポイント
機能に関する専門用語や操
作するうえで重要な手順な
どについて解説しています。

ヒント
機能の説明を補足
する追加情報です。

操作手順
練習問題の解答例
として、最も望ま
しい操作手順を掲
載しています。

⚠ **注意** 練習問題によっては、問題用の Excel ファイルがない場合もあります。また、
問題を解くときに問題用の Excel ファイルに加えて他のファイルも使用す
る場合があります。

⚠ **注意** 練習問題によっては、解答ファイルを収録せず誌面に画面を掲載している場
合もあります。また、解答ファイルのファイル名は通常「解答 1-1-1」の
ように付けていますが、「リオン楽器様ご請求書（解答 1-1-1）」のように、
問題で指示されたファイル名を付けたり、別のファイル形式で保存している
場合があります。

⚠ **注意** 同じ結果を得るために複数の操作手順がある場合は、そのうちの一つを記
載しています。

■ Excel 2019 の画面

クイックアクセスツールバー

[上書き保存][元に戻す]など、作業内容にかかわらず頻繁に利用する
ボタンが集められたバー。ボタンをカスタマイズすることもできる。

[ファイル] タブ

クリックすると、[新規][開く][名前を付けて保存][印刷]などのファ
イルに関する操作を選択して、その設定画面を表示できる

タブ

ウィンドウ上の[ホーム][挿入]…と表示された部分。クリックすると、
その下のボタンの内容が選択したタブに応じて変化する。ワークシート上の
図形やテーブルなどを選択すると、それに関するタブが新たに表示される。

リボン

ウィンドウ上の[ホーム][挿入]…と表示された部分(タブ)に応じた
コマンドボタンが並んでいるエリア。

詳細なダイアログボックスの表示

クリックすると、より詳細な設定ができるダイアログボックスや作業ウィ
ンドウが表示される。

表示選択ショートカット

[標準][ページレイアウト][改ページプレビュー]の各表示画面に切り
替えるボタンが配置されている。

コマンドボタン

各グループを構成する個々のボタン。コマンドボタンにマウスポインターを合わせて少し待つと、そのコマンドボタンの名前や機能がポップヒントで表示される。

操作アシスト

実行したい作業を入力すると、コマンドが検索され、クリックすると実行できる。入力した内容に関するヘルプを表示することもできる。

名前ボックス

アクティブセルの位置を示す。セルやセル範囲に名前を付けると、その名前が表示される。

グループ

ボタンが [フォント] や [数値] などのグループに分類されている。グループには、似た機能を持つボタン（コマンドボタン）が集められている。

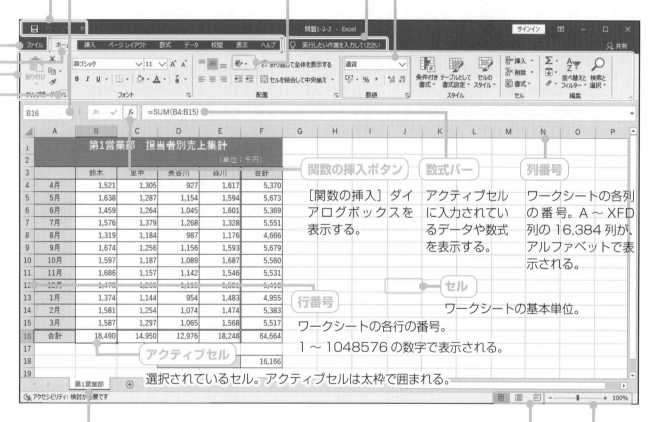

関数の挿入ボタン

[関数の挿入] ダイアログボックスを表示する。

数式バー

アクティブセルに入力されているデータや数式を表示する。

列番号

ワークシートの各列の番号。A ～ XFD 列の 16,384 列が、アルファベットで表示される。

セル

ワークシートの基本単位。

行番号

ワークシートの各行の番号。1 ～ 1048576 の数字で表示される。

アクティブセル

選択されているセル。アクティブセルは太枠で囲まれる。

シート見出し

ワークシート名が表示される。クリックしてワークシートを切り替えることができる。

ズームスライダー

ウィンドウ右下にあり、表示倍率を変更する。スライダーをドラッグすると表示倍率を変更できる。また、[拡大]、[縮小]をクリックすると 10%ずつ拡大、縮小できる。

■ 本書の表記

本書では、Windows 10 上で Excel 2019 を操作した場合の画面表示、名称を基本に解説し、次のように表記しています。

●画面に表示される文字

メニュー、コマンド、ボタン、ダイアログボックスなどの名称で画面に表示される文字は、角かっこ（[ ]）で囲んで表記しています。アクセスキー、コロン（:）、省略記号（...）、チェックマークなどの記号は表記していません。

●ボタン名の表記

ボタンに表記されている名前を、原則的に使用しています。なお、ボタン名の表記がないボタンは、マウスでポイントすると表示されるポップヒントで表記しています。また、右端や下に▼が付いているボタンでは、「［○○］ボタンをクリックする」とある場合はボタンの左側や上部をクリックし、「［○○］ボタンの▼をクリックする」とある場合は、ボタンの右端や下部の▼部分をクリックすることを表します。

■ 実習用データの利用方法

インストール方法は、（7）ページを参照してください。[Excel365&2019（実習用）] フォルダーは [ドキュメント] の中にあり、以下のフォルダーとファイルが収録されています。

フォルダー名	内容
[問題] フォルダー	練習問題用のファイル
[解答] フォルダー	練習問題の解答例ファイル
[模擬練習問題] フォルダー	模擬練習問題に関する、解答に必要なファイル、完成例ファイル、問題と解答例

おことわり

Officeのバージョンやエディション、更新状況に伴う機能・サービスの変更により、誌面の通りに表示されなかったり操作できなかったりすることがあります。その場合は適宜別の方法で操作してください。

■ 学習の進め方

本誌解説は、公開されている MOS 365&2019 の「出題範囲」に基づいて章立てを構成しています。このため、Excel の機能を学習していく順序としては必ずしも適切ではありません。Excel の基本から応用へと段階的に学習する場合のカリキュラム案を以下に示しますが、もちろんこの通りでなくてもかまいません。

本書は練習問題（1-1-1 のような項目ごとに一つの練習問題があります）ごとに実習用の問題ファイルが用意されているので、順序を入れ替えても問題なく学習できるようになっています。

1. 表の作成

1-1	ブックにデータをインポートする
2-1	シートのデータを操作する
1-3	ワークシートやブックの書式を設定する
1-4	オプションと表示をカスタマイズする
	（1-4-6、1-4-7 除く）

2. 表の編集

2-2	セルやセル範囲の書式を設定する
2-3-1	名前付き範囲を定義する
1-2	ブック内を移動する
2-4-2	組み込みの条件付き書式を適用する
2-4-3	条件付き書式を削除する

3. 印刷と保存

1-5	共同作業のためのコンテンツを設定する
1-4-6	ブックの基本的なプロパティを変更する

4. 数式と関数

5. グラフの作成

6. データベース機能

MOS 試験について

●試験の内容と受験方法

MOS（マイクロソフトオフィススペシャリスト）試験については、試験を実施しているオデッセイコミュニケーションズの MOS 公式サイトを参照してください。

https://mos.odyssey-com.co.jp/

● Excel365 & 2019 の出題範囲

より詳しい出題範囲（PDF ファイル）は MOS 公式サイトからダウンロードできます。その PDF ファイルにも書かれていますが、出題範囲に含まれない操作や機能も出題される可能性があります。

ワークシートやブックの管理

- ・ブックにデータをインポートする
- ・ブック内を移動する
- ・ワークシートやブックの書式を設定する
- ・オプションと表示をカスタマイズする
- ・共同作業のためのコンテンツを設定する

セルやセル範囲のデータの管理

- ・シートのデータを操作する
- ・セルやセル範囲の書式を設定する
- ・名前付き範囲を定義する、参照する
- ・データを視覚的にまとめる

テーブルとテーブルのデータの管理

- ・テーブルを作成する、書式設定する
- ・テーブルを変更する
- ・テーブルのデータをフィルターする、並べ替える

数式や関数を使用した演算の実行

- ・参照を追加する
- ・データを計算する、加工する
- ・文字列を変更する、書式設定する

グラフの管理

- ・グラフを作成する
- ・グラフを変更する
- ・グラフを書式設定する

試験の操作方法

試験問題の構成や操作方法などは試験開始前に説明画面が表示されますが、なるべく事前に頭に入れておき、問題の解答操作以外のところで時間を取られないよう注意しましょう。

●試験問題の構成

試験は「マルチプロジェクト」と呼ぶ形式で、5 ～ 8 個のプロジェクトで構成されています。プロジェクトごとに 1 つの文書（ファイル）が開き、そのファイルに対して解答操作を行います。タスク（問題）はプロジェクトごとに 1 ～ 7 個、試験全体で 26 ～ 35 個あります。

●プロジェクトの操作

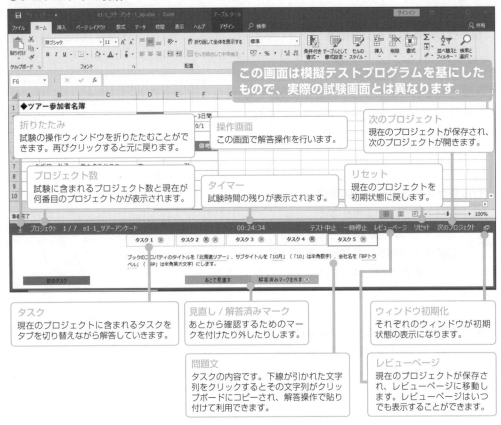

この画面は模擬テストプログラムを基にしたもので、実際の試験画面とは異なります。

折りたたみ
試験の操作ウィンドウを折りたたむことができます。再びクリックすると元に戻ります。

操作画面
この画面で解答操作を行います。

次のプロジェクト
現在のプロジェクトが保存され、次のプロジェクトが開きます。

プロジェクト数
試験に含まれるプロジェクト数と現在が何番目のプロジェクトかが表示されます。

タイマー
試験時間の残りが表示されます。

リセット
現在のプロジェクトを初期状態に戻します。

タスク
現在のプロジェクトに含まれるタスクをタブを切り替えながら解答していきます。

見直し / 解答済みマーク
あとから確認するためのマークを付けたり外したりします。

ウィンドウ初期化
それぞれのウィンドウが初期状態の表示になります。

問題文
タスクの内容です。下線が引かれた文字列をクリックするとその文字列がクリップボードにコピーされ、解答操作で貼り付けて利用できます。

レビューページ
現在のプロジェクトが保存され、レビューページに移動します。レビューページはいつでも表示することができます。

※ 実際の試験では画面のデザインやマークなどが異なります。

試験が始まると上記のような画面が表示されます。上半分がプロジェクトファイルを開いたExcel のウィンドウです。下半分が試験の操作ウィンドウ（プロジェクト操作画面）で、問題文の表示、タスク（問題）の切り替え、次のプロジェクトへの移動、［解答済みにする］と［あとで見直す］のマーク付けなどを行います。［プロジェクトの背景］［タスク 1］［タスク 2］…という部分はタブになっていて、選択されているタスクの問題文やプロジェクトの簡単な説明がその下に表示されます。

一つのタスクについて、解答操作を行ったら［解答済みにする］をクリック、解答操作に自信がない（あとで見直したい）場合や解答をいったんスキップする場合は［あとで見直す］をクリックします。なお、［解答済みにする］マークや［あとで見直す］マークは確認のためのものであり、試験の採点には影響しません。その後、ほかのタスクに切り替えます。タスクは番号にかかわらずどの順序でも解答することができます。解答操作をキャンセルしてファイルを初期状態に戻したいときは［リセット］をクリックします。この場合、そのプロジェクトのすべてのタスクに関する解答操作が失われます。

全部のタスクを解答またはスキップしたら［次のプロジェクト］をクリックします。すると、確認メッセージとともにそのプロジェクトが保存され、次のプロジェクトが開きます。試験の操作ウィンドウの上部のバーには試験に含まれるプロジェクト数と現在が何番目のプロジェクトかが「1/7」という形式で表示されており、その横に残り時間が表示されています。最後のプロジェクトで［次のプロジェクト］をクリックすると、確認メッセージに続いてレビューページが表示されます。

●レビューページ

レビューページには、解答操作の際に付けた［解答済みにする］と［あとで見直す］のマークがそれぞれのタスクに表示されます。タスク番号をクリックすると試験の操作画面に戻り、該当するプロジェクトのファイルが開きます。プロジェクトファイルは保存したときの状態で、クリックしたタスクが選択されています。解答の操作、修正、確認などを行ったら［解答済みにする］や［あとで見直す］のマークの状態を更新します。

一度レビューページが表示されたあとは、試験の操作ウィンドウの右上にこの一覧画面に戻るための［レビューページ］が表示され、クリックするとプロジェクトが保存されてレビューページに戻ります。

すべての操作や確認が完了したら［試験終了］ボタンをクリックして試験を終了します。［試験終了］ボタンをクリックしなくても、試験時間の50分が経過したら自動的に終了します。

受験時のアドバイス

▶ ▶ ▶ タスクの解答順にはこだわらない・・・・・・・・・・・・・・・・・・・・・・・・・・

一つのプロジェクト内では同じファイルに対して操作を行いますが、タスクは基本的に相互の関連がないので、前のタスクを解答しないと次のタスクが解答できない、ということはありません。左の「タスク1」から順に解答する必要はありません。

▶ ▶ ▶ 一つのタスクに固執しない・・・・・・・・・・・・・・・・・・・・・・・・・・・・・・

できるだけ高い得点をとるためには、やさしい問題を多く解答して正解数を増やすようにします。とくに試験の前半で難しい問題に時間をかけてしまうと、時間が足りなくなる可能性があります。タスクの問題文を読んで、すぐに解答できる問題はその場で解答し、すぐに解答できそうにないと感じたら、早めにスキップして解答を後回しにします。全部のタスクを開いたら、スキップしたタスクがあっても次のプロジェクトに進みます。

▶ ▶ ▶ ［解答済みにする］か［あとで見直す］のチェックは必ず付ける・・・・・・・

一つのタスクについて、解答したときは［解答済みにする］、解答に自信がないかすぐに解答できないときは［あとで見直す］のチェックを必ず付けてから、次のタスクを選択するようにします。これらのチェックは採点結果には影響しませんが、あとでレビューページを表示したときに重要な情報になるので、付け忘れないようにします。

▶ ▶ ▶ レビューページで未了タスクを確認・・・・・・・・・・・・・・・・・・・・・・・・

どのタスクの解答を解答済みにしたかは、レビューページで確認します。レビューページで［解答済みにする］マークも［あとで見直す］マークも付いていないタスクは、解答し忘れている可能性があるので、そのようなタスクがあればまず確認し解答します。
次に、［あとで見直す］マークが付いているタスクに取りかかります。解答できたら［あとで見直す］マークのチェックを外し［解答済みにする］マークをチェックし直してから、レビューページに戻ります。

▶ ▶ ▶ 残り時間を意識し、早めにレビューページを表示する・・・・・・・・・・・・・

プロジェクト操作画面とレビューページには、試験の残り時間が表示されています。試験終了間際にならないうちに、すべてのプロジェクトをいったん保存してレビューページを表示するように心がけます。

▶▶▶ ［リセット］ボタンは慎重に ・・・・・・・・・・・・・・・・・・・・・・・・・・・・・

［リセット］ボタンをクリックすると、現在問題文が表示されているタスクだけではなく、
そのプロジェクトにあるタスクの操作がすべて失われるので注意が必要です。途中で操作の
間違いに気づいた場合、なるべく［リセット］ボタンを使わず、［元に戻す］ボタン（また
は Ctrl+Z キー）で操作を順に戻すようにしましょう。

▶▶▶ 指示外の設定は変更しない ・・・・・・・・・・・・・・・・・・・・・・・・・・・・・

操作項目に書かれていない設定項目は初期状態のままにしておきます。これを変更すると採
点結果に悪影響を与える可能性があります。

▶▶▶ 文字は直接入力せずコピー機能を利用する ・・・・・・・・・・・・・・・・・・・

問題文で下線が引かれた文字列をクリックするとその文字がクリップボードにコピーされ、
解答操作で Ctrl+V キーなどで貼り付けて利用できます。セルやグラフなどへの入力のほか、
文字列の置換やプロパティの設定などあらゆる文字入力の操作で利用できます。入力ミスを
防ぎ操作時間を短縮するためにコピー機能を利用しましょう。

▶▶▶ 英数字や記号は基本的に半角文字 ・・・・・・・・・・・・・・・・・・・・・・・・・

英数字や記号など、半角文字と全角文字の両方がある文字については、具体的な指示がない
限り半角文字を入力します。

▶▶▶ ファイルの保存は適度に ・・・・・・・・・・・・・・・・・・・・・・・・・・・・・・・

ファイルをこまめに保存するよう案内画面には書かれていますが、それほど神経質になる必
要はありません。ファイルの保存操作をするかどうかは採点結果には影響しません。何らか
の原因で試験システムが停止してしまった場合に、操作を途中から開始できるようにするた
めのものです。ただし、このようなシステム障害の場合にどういう措置がとられるかは状況
次第ですので、会場の試験官の指示に従ってください。

1

ワークシートやブックの管理

本章で学習する項目

- ☐ ブックにデータをインポートする
- ☐ ブック内を移動する
- ☐ ワークシートやブックの書式を設定する
- ☐ オプションと表示をカスタマイズする
- ☐ 共同作業のためコンテンツを設定する

1-1 ブックにデータをインポートする

ブックを作成するときに、テキストファイルなど Excel 以外のファイルのデータを取り込んで利用することができます。
これを「インポート」といいます。

1-1-1 テキストファイルからデータをインポートする

練習問題

問題フォルダー
└問題 1-1-1.xlsx

解答フォルダー
└解答 1-1-1.xlsx

ワークシート「通信講座」のセル A3 を基点する位置に、「問題」フォルダーに保存され
ているタブ区切りのテキストファイル「通信講座一覧」を、テーブルとしてインポートし
ます。

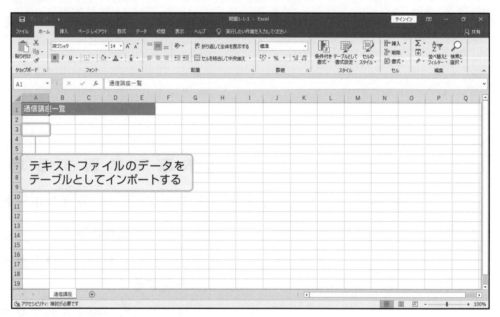

テキストファイルのデータを
テーブルとしてインポートする

機能の解説

重要用語

□ テキストファイル

□ テーブルや
ピボットテーブルとし
てインポート

□ [テキストまたは
CSV から] ボタン

□ [データの取り込み]
ダイアログボックス

□ [インポート]

□ [読み込み]

□ [読み込み先]

カンマやタブなどの区切り文字で区切られた .txt 形式や .csv 形式のテキストファイルに
接続し、そのデータをテーブルやピボットテーブルとしてインポートすることができます。
テキストファイルをインポートするには、[データ] タブの [テキストまたは CSV から] [テキスト
または CSV から] ボタンをクリックします。[データの取り込み] ダイアログボックス
が表示されるので、取り込み元のファイルを指定し、[インポート] をクリックします。
ファイル名がタイトルの、データのプレビューが表示されたウィンドウが表示されるので、
すべてのデータを取り込む場合は [読み込み] または [読み込み] の▼をクリックして [読
み込み先] をクリックします。
[読み込み] をクリックした場合は、現在開いているブックに新しいシートが作成され、
セル A1 を基点とする位置に、すべてのデータがテーブルとしてインポートされます。
[読み込み] ボタンの▼をクリックし、[読み込み先] をクリックした場合は、[データの
インポート] ダイアログボックスが表示され、取り込んだデータをテーブルで表示するの
か、ピボットテーブルで表示するのかなどの形式や、データを取り込む際に基点となる位
置を指定してインポートすることができます。

□ [データのインポート]
　ダイアログボックス

□ [クエリと接続]
　作業ウィンドウ

□ [コンテンツの有効化]

□ [すべて更新] ボタン

★ヒント
区切り記号
プレビューのデータの各列の区切りが正しくない場合は、[区切り記号] ボックスの▼をクリックし、区切り文字を変更します。

★ヒント
[データの変換]
一部のデータを取り込んだり、データを変換したりする場合は [データの変換] をクリックします（「1-1-2」参照）。

取り込み元ファイルのプレビューが表示されたウィンドウ

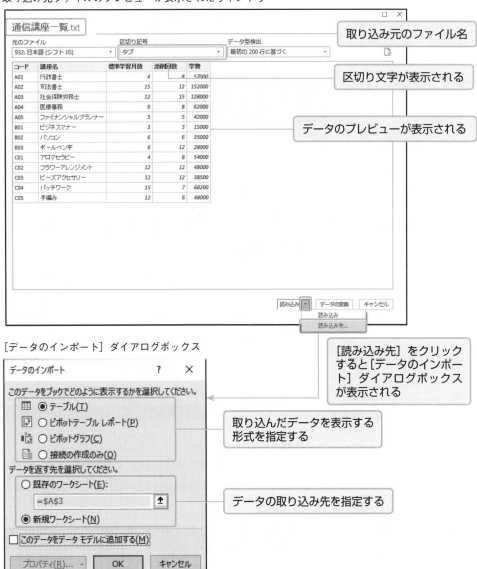

[データのインポート] ダイアログボックス

インポートしたデータは元のファイルと接続していて、[クエリと接続] 作業ウィンドウに接続されているファイル名と読み込まれた行数が表示されます。
ポイントすると元のファイルのプレビューや読み込みの詳細が表示され、編集や削除を行うことができます。

データをインポートし、[クエリと接続]作業ウィンドウの接続されているファイルの詳細をプレビュー表示した状態

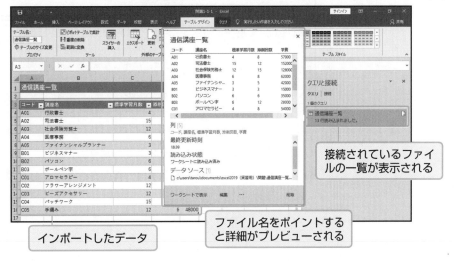

なお、インポート機能により取り込んだデータを含むブックを開くと、「セキュリティの警告」のメッセージバーが表示され、[コンテンツの有効化] [コンテンツの有効化] をクリックすると、元のデータとの接続が有効になります。

インポートしたデータ含むブックを開いた状態

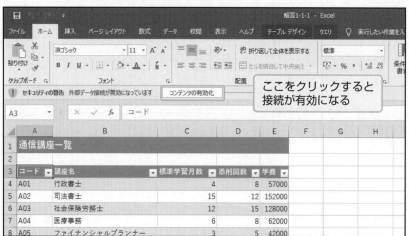

接続が有効なときは、元のデータが変更された場合に [データ] タブの [すべて更新] ボタンをクリックすると、ブック内のデータに反映されます。

操作手順

★ヒント
インポート時のセルの選択
データを取り込む際に基点となるセルを選択してからインポート操作をすると、手順⑩の [データのインポート] ダイアログボックスの [データを返す先を選択してください。]の[既存のワークシート]の下のボックスにこのセル番地が表示されます。

★ヒント
[クエリと接続]
作業ウィンドウの表示
[データ]タブの [クエリと接続] [クエリと接続]ボタンをクリックすると、[クエリと接続]作業ウィンドウが表示され、接続されているファイルが確認できます。

【操作1】

❶ ワークシート「通信講座」のセル A3 をクリックします。

❷ [データ] タブの [テキストまたは CSV から] [テキストまたは CSV から] ボタンをクリックします。

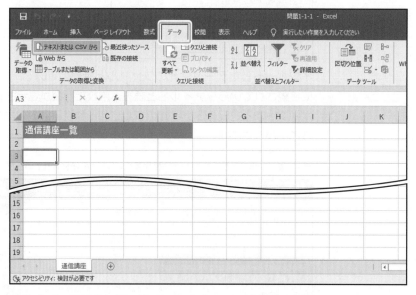

❸ [データの取り込み] ダイアログボックスが表示されるので、[ファイルの場所] ボックスに [問題] フォルダーを指定します。

❹ ファイルの一覧から [通信講座一覧] をクリックします。

❺［インポート］をクリックします。

❻［通信講座一覧.txt］ウィンドウが表示されるので、［区切り記号］ボックスに［タブ］
と表示されていて、プレビューにデータの各列が正しく区切られていることを確認
します。

❼［読み込み］の▼をクリックします。

❽［読み込み先］をクリックします。

❾ ［データのインポート］ダイアログボックスが表示されるので、［このデータをブックでどのように表示するかを選択してください。］の［テーブル］が選択されていることを確認します。

❿ ［データを返す先を選択してください。］の［既存のワークシート］をクリックし、下のボックスに［=$A$3］と表示されていることを確認します。

⓫ ［OK］をクリックします。

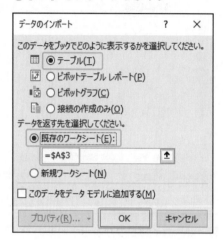

⓬ ワークシート「通信講座」のセル A3 を基点とする位置にテーブルがインポートされます。

⓭ ［クエリと接続］作業ウィンドウに「通信講座一覧　13 行読み込まれました。」と表示されていることを確認します。

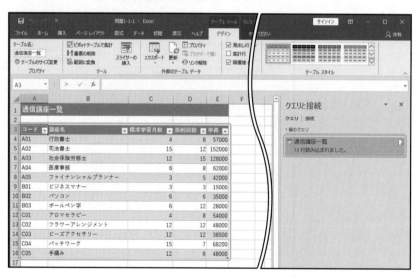

⓮ ［クエリと接続］作業ウィンドウを閉じるために、 ✕ ［閉じる］ボタンをクリックします。

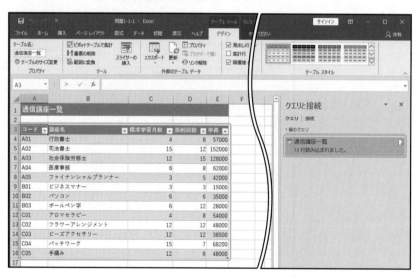

★ヒント

インポートしたデータの列幅
インポート機能を使用してデータをテーブルとして取り込んだ場合、列幅はデータの幅に合わせて自動調整されます。

1-1-2 .csv ファイルからデータをインポートする

練習問題

問題フォルダー
└ 問題 1-1-2.xlsx

解答フォルダー
└ 解答 1-1-2.xlsx

ワークシート「神戸松田屋」のセル A3 を基点とする位置に、「問題」フォルダーに保存されている .csv ファイル「アパレル売上 _bp」の「神戸松田屋」のデータを抽出して、テーブルとしてインポートします。なお、インポートする際に、「No」と「販売先」の列は削除します。

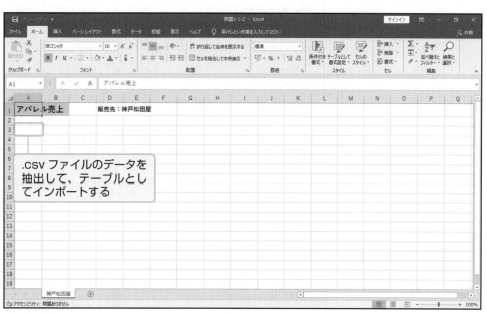

機能の解説

重要用語

☐ テキストファイル
☐ テーブルやピボット
　テーブルとして
　インポート
☐ [テキストまたは
　CSV から] ボタン
☐ [データの取り込み]
　ダイアログボックス
☐ [インポート]
☐ [データの変換]
☐ [Power Query エディ
　ター] ウィンドウ
☐ [閉じて読み込む]
☐ [閉じて次に読み込む]
☐ [データのインポート]
　ダイアログボックス

.txt 形式や .csv 形式のテキストファイルをテーブルやピボットテーブルとしてインポートする際に、一部のデータを取り込んだり、データを変換したりすることができます。[データ] タブの [テキストまたは CSV から] [テキストまたは CSV から] ボタンをクリックし、[データの取り込み] ダイアログボックスで取り込み元のファイルを指定し、[インポート] をクリックします。次に表示されるデータのプレビューが表示されたファイル名のウィンドウで [データの変換] をクリックします。[Power Query エディター] ウィンドウが表示されるので、データの抽出、列の削除、データ型の変更、テーブルの結合など、データの整理を行います。

★ ヒント

**取り込み元ファイルの
1 行目が見出しとして
表示されない場合**

プレビューの 1 行目に取り込み
元のファイルの 1 行目でなく、
「Column1」「Column2」… と
表示された場合は、[データの
変換]をクリックし、表示され
る[Power Query エディター]
ウィンドウの[ホーム]タブに
ある ▥1 行目をヘッダーとして使用 ▾ [1 行
目をヘッダーとして使用]ボタン
をクリックします。

取り込み元ファイルのプレビューが表示されたウィンドウ

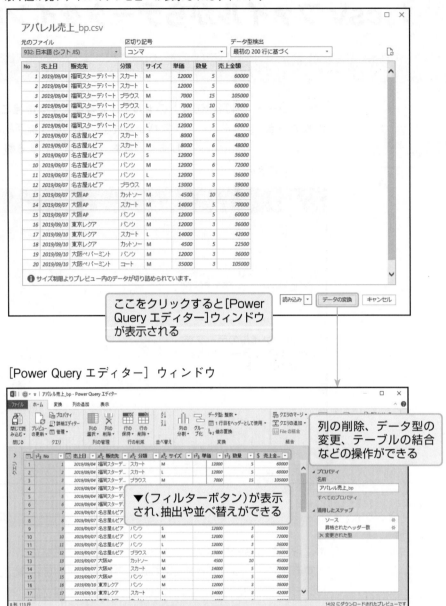

ここをクリックすると[Power
Query エディター]ウィンドウ
が表示される

★ ヒント

クエリとは

対象となるテーブルやデータの抽
出条件、並び順などを指定するも
のです。Excel 2019 では[Power
Query エディター]ウィンドウを
使用して作成できます。

[Power Query エディター] ウィンドウ

列の削除、データ型の
変更、テーブルの結合
などの操作ができる

▼（フィルターボタン）が表示
され、抽出や並べ替えができる

[ホーム]タブの[閉じて読み込む]をクリックすると、現在開いているブックに新しい
シートが作成され、セル A1 を基点とする位置に、すべてのデータがテーブルとしてイン
ポートされます。[閉じて次に読み込む]をクリックすると、[データのインポート]ダイ
アログボックス（「1-1-1」参照）が表示され、取り込んだデータをテーブルで表示する
のか、ピボットテーブルで表示するのかなどの形式や、データを取り込む際に基点となる
位置を指定して取り込むことができます。

【操作 1】

❶ ワークシート「神戸松田屋」のセル A3 をクリックします。

❷ [データ] タブの [テキストまたは CSV から] [テキストまたは CSV から] ボタンをクリックします。

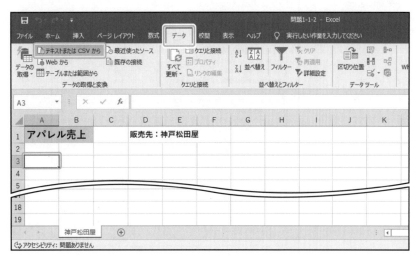

❸ [データの取り込み] ダイアログボックスが表示されるので、[ファイルの場所] ボックスに [問題] フォルダーを指定します。

❹ ファイルの一覧から [アパレル売上 _bp] をクリックします。

❺ [インポート] をクリックします。

❻ ［アパレル売上 _bp.csv］ウィンドウが表示されるので、［区切り記号］ボックスに［コンマ］と表示されていて、プレビューにデータの各列が正しく区切られていることを確認します。

❼ ［データの変換］をクリックします。

［データの変換］
Office のバージョンや更新によって、［データの変換］が［編集］と表示される場合があります。

❽ ［アパレル売上 _bp-Power Query エディター］ウィンドウが表示されるので、［販売先］の▼（フィルターボタン）をクリックします。

❾ ［（すべて選択）］チェックボックスをオフにします。

❿ ［神戸松田屋］チェックボックスをオンにします。

⓫ ［OK］をクリックします。

データの抽出
「3-3-1」参照

チェックボックスの操作
初期状態ではすべてのチェックボックスがオンになっており、いくつかのチェックボックスだけを残して他のすべてをオフにするのは手間がかかります。そこで、ここではまず［（すべて選択）］チェックボックスをクリックしてすべてのチェックボックスをオフにし、改めてオンにしたいチェックボックスをクリックしています。

⑫ 神戸松田屋のデータだけが抽出されます。

⑬ ［販売先］の列が選択されている状態のまま、［ホーム］タブの [列の削除] ［列の削除］ボタンをクリックします。

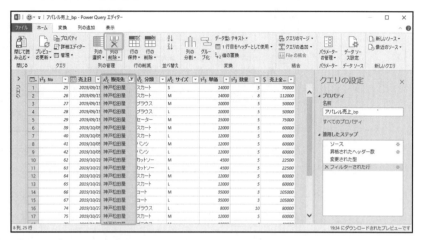

⑭ ［販売先］の列が削除されます。

⑮ ［No］をクリックします。

⑯ ［No］の列が選択されるので、［ホーム］タブの [列の削除] ［列の削除］ボタンをクリックします。

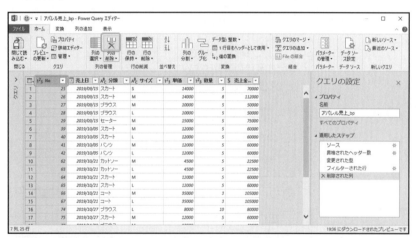

⑰ ［No］の列が削除されます。

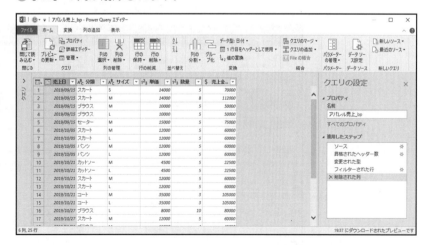

⑱ ［ホーム］タブの 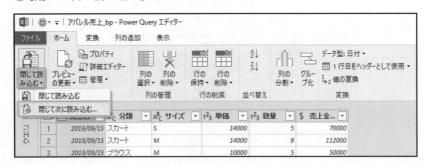 ［閉じて読み込む］ボタンの▼をクリックします。

⑲ ［閉じて次に読み込む］をクリックします。

⑳ ［データのインポート］ダイアログボックスが表示されるので、［このデータをブックでどのように表示するかを選択してください。］の［テーブル］が選択されていることを確認します。

㉑ ［データを返す先を選択してください。］の［既存のワークシート］をクリックし、下のボックスに［=$A$3］と表示されていることを確認します。

㉒ ［OK］をクリックします。

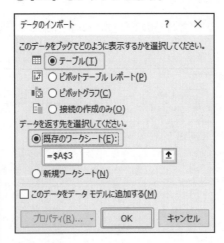

㉓ ワークシート「神戸松田屋」のセル A3 を基点とする位置にテーブルがインポートされます。

㉔ ［クエリと接続］作業ウィンドウに「アパレル売上 _bp　25 行読み込まれました。」と表示されていることを確認します。

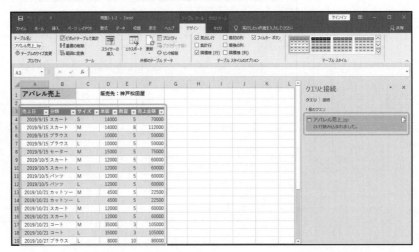

㉕ ［クエリと接続］作業ウィンドウを閉じるために、 ✕ ［閉じる］ボタンをクリックします。

1-2 ブック内を移動する

ブック内の大量のデータから目的のデータを探したり、関連した項目にジャンプしたりするときは、検索やハイパーリンクの機能を使うと効率よく操作できます。また、名前ボックスを使用すると、任意の名前を付けたセル範囲をすばやく選択できます。

1-2-1 ブック内のデータを検索する

練習問題

問題フォルダー
└問題 1-2-1.xlsx

解答フォルダー
└解答 1-2-1.xlsx

【操作 1】「佐藤」を含むセルを検索し、一覧表示します。

【操作 2】2 つ目に見つかった「佐藤」のセルのフォントの色を「標準の色」の「赤」にします。

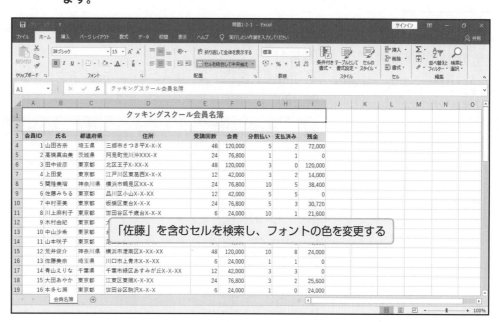

「佐藤」を含むセルを検索し、フォントの色を変更する

機能の解説

重要用語

□ 検索

□ [検索と選択] ボタン

□ [検索]

□ [検索と置換] ダイアログボックスの [検索] タブ

ワークシートまたはブック全体から特定の文字列を含むセルを検索することができます。[ホーム] タブの [検索と選択] ボタンをクリックし、[検索] をクリックすると、[検索と置換] ダイアログボックスの [検索] タブが表示されます。[検索する文字列] ボックスに文字列を入力し、[すべて検索] をクリックすると該当するセルが一覧表示され、[次を選択] をクリックすると該当するセルが 1 つずつ選択されます。[オプション] をクリックすると、ダイアログボックスが拡張表示され、書式で検索するためのボタンや、検索場所や検索方向、文字種の指定などの詳細な設定項目が表示されます。

[検索と置換] ダイアログボックスの [検索] タブ（[オプション] をクリックして拡張表示した状態）

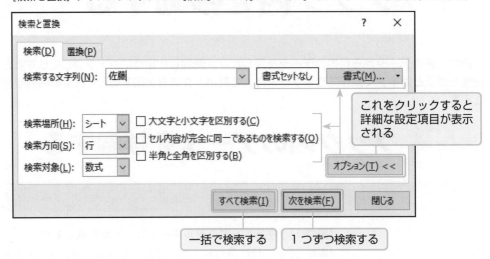

これをクリックすると
詳細な設定項目が表示
される

一括で検索する　　1つずつ検索する

操作手順

◆◆◆その他の操作方法◆◆◆

ショートカットキー

Ctrl + F キー

（[検索と置換] ダイアログボックスの [検索] タブの表示）

【操作 1】

❶ [ホーム] タブの [検索と選択] ボタンをクリックします。

❷ 一覧から [検索] をクリックします。

❸ [検索と置換] ダイアログボックスの [検索] タブが表示されるので、[検索する文字列] ボックスに「佐藤」と入力します。

❹ [すべて検索] をクリックします。

❺検索結果の一覧が表示され、ステータスバーに「3 セルが見つかりました」と表示
　されます。

【操作 2】

❻検索結果の 2 つ目の項目をクリックします（マウスポインターの形は 👆 になります）。

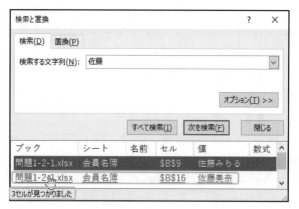

❼セル B16（「佐藤美奈」のセル）が選択されます。

❽［ホーム］タブの ▲▼［フォントの色］ボタンの▼をクリックします。

❾［標準の色］の一覧から［赤］をクリックします。

❿セル B16 のフォントの色が赤に変わります。

⓫［検索と置換］ダイアログボックスの［閉じる］をクリックします。

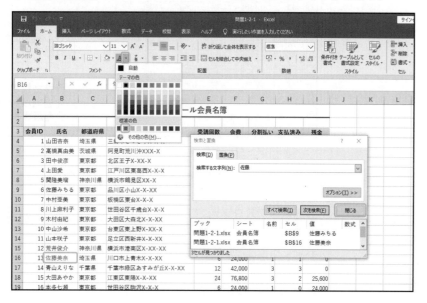

1-2-2 名前付きのセル、セル範囲、ブックの要素へ移動する

練習問題

問題フォルダー
└問題 1-2-2.xlsx

解答フォルダー
└解答 1-2-2.xlsx

【操作1】「鈴木売上」という名前で登録されているセル範囲に「標準の色」の「オレンジ」の塗りつぶしの色を適用します。

【操作2】担当者：森川の月ごとの売上を示すセル範囲を「森川売上」という名前で登録します。

【操作3】ジャンプ機能を使用して、数式が設定されているセル範囲を選択し、太字にします。

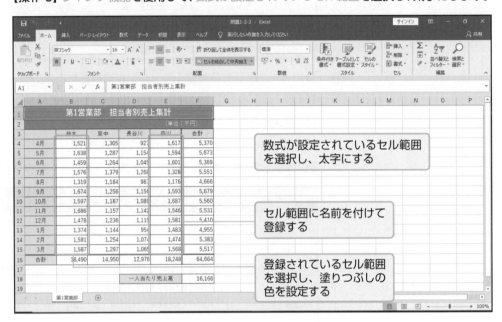

機能の解説

重要用語

□ 名前ボックス
□ ジャンプ機能
□ 名前
□ [検索と選択] ボタン
□ [条件を選択して
　ジャンプ]
□ [選択オプション]
　ダイアログボックス

名前ボックスやジャンプ機能を使用すると、登録された名前の一覧から選択したり、数式やコメントといったブックの要素を指定したりして、アクティブセルの移動や範囲選択を素早く行うことができます。

●名前ボックスの使用

セル範囲に任意の名前を付けて登録することができます。登録するには、目的のセル範囲を選択し、名前ボックスに名前を入力します。名前ボックスの▼をクリックすると、登録した名前の一覧が表示され、クリックすると、その範囲が選択されます。

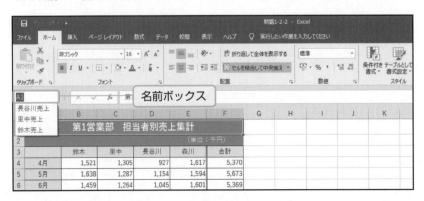

●ジャンプ機能の使用

ジャンプ機能を使用すると、数式、コメント、条件付き書式、データの入力規則などの条件を指定して、それらを含むセルだけを一度に選択できます。条件は［ホーム］タブの [検索と選択] ボタンの一覧から指定します。また、一覧に目的の条件がない場合は［条件を選択してジャンプ］をクリックすると、［選択オプション］ダイアログボックスが表示され、空白セル、最後のセルなども指定できます。

[検索と選択] ボタンをクリックして表示される一覧

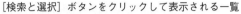

[選択オプション] ダイアログボックス

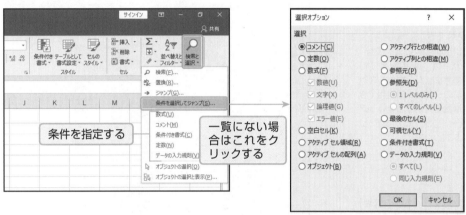

条件を指定する

一覧にない場合はこれをクリックする

操作手順

【操作 1】

❶ 名前ボックスの▼をクリックします。

❷ 一覧から［鈴木売上］をクリックします。

❸ セル B4 ～ B15 が選択されます。

❹ ［ホーム］タブの [塗りつぶしの色] ボタンの▼をクリックします。

❺ ［標準の色］の一覧から［オレンジ］をクリックします。

❻ セル B4 ～ B15 にオレンジの塗りつぶしの色が設定されます。

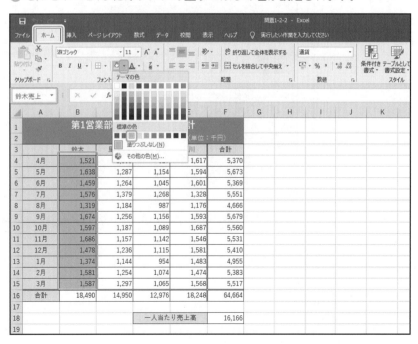

その他の操作方法

名前の登録

名前を登録する範囲を選択し、[数式] タブの [名前の定義] ボタンをクリックします。[新しい名前] ダイアログボックスが表示されるので、[名前] ボックスに名前を入力して、[OK] をクリックします（「2-3-1」参照）。

ポイント

名前に使用できない文字

名前の最初の文字には、文字、アンダーバー（＿）、円記号（¥）しか使用できません。また、スペースは名前の一部として使用できません。単語を区切るときは、アンダーバー（＿）やピリオド（.）を使用します。

ヒント

名前の削除

[数式] タブの [名前の管理] ボタンをクリックすると、[名前の管理] ダイアログボックスに登録されている名前の一覧が表示されます。削除する場合は、目的の名前をクリックし、[削除] をクリックします。

ヒント

ジャンプ機能の対象

検索やジャンプを行う際に、複数のセルが範囲選択されていると、その範囲だけが対象になります。シート全体を対象とする場合は、範囲選択を解除しておきます。

【操作 2】

❼ セル E4 ～ E15 を範囲選択します。

❽ 名前ボックス内をクリックします。

❾「森川売上」と入力し、**Enter** キーを押します。

❿ セル E4 ～ E15 の範囲が「森川売上」という名前で登録されます。

【操作 3】

⓫ 任意のセルをクリックして、範囲選択を解除します。

⓬ [ホーム] タブの [検索と選択] ボタンをクリックします。

⓭ 一覧から [数式] をクリックします。

⑭ セル F4 ～ F15、B16 ～ F16、F18 が選択されます。

⑮ ［ホーム］タブの **B** ［太字］ボタンをクリックします。

⑯ 選択された範囲が太字になります。

1-2-3 ハイパーリンクを挿入する、削除する

練習問題

問題フォルダー
└問題 1-2-3.xlsx

解答フォルダー
└解答 1-2-3.xlsx

【操作 1】 ワークシート「案内」のセル F4 に、ワークシート「予約表 4 月」のセル B1 へのハイパーリンクを挿入します。

【操作 2】 ワークシート「案内」のセル C9 に設定されているハイパーリンクを削除します。

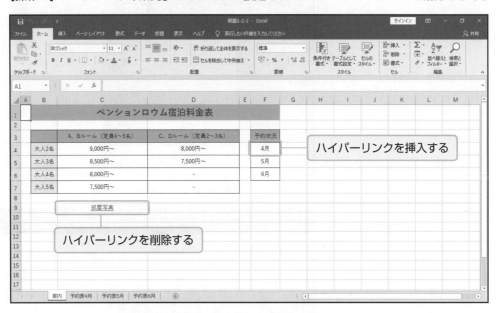

機能の解説

重要用語

□ ハイパーリンク
□ [リンク] ボタン
□ [ハイパーリンクの挿入]
　ダイアログボックス
□ [ハイパーリンクの削除]
□ [ハイパーリンクの編集]
□ [ハイパーリンクの編集]
　ダイアログボックス

ハイパーリンクとは、他のワークシートやブック、Web ページ、他のファイルなどの指定した場所にジャンプしたり表示したりする機能です。ハイパーリンクを挿入するには、[挿入] タブの [リンク] ボタンをクリックし、表示される [ハイパーリンクの挿入] ダイアログボックスでリンク先を指定します。指定したリンク先によって、ダイアログボックス内の表示が切り替わるので詳細な設定をします。

[ハイパーリンクの挿入] ダイアログボックス（[リンク先] で [このドキュメント内] を選択した状態）

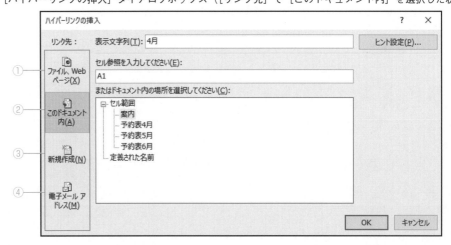

① ファイル、Web ページ

　他のファイルやインターネットの Web ページにハイパーリンクを設定します。

② このドキュメント内

　同じブック内の別の場所にハイパーリンクを設定します。

③ 新規作成

　新しいブックを作成して、そのブックにハイパーリンクを設定します。

④ 電子メールアドレス

　ハイパーリンクを設定したセルをクリックすると、送信先に設定したメールアドレスが入力された状態でメールソフトが起動します。

ハイパーリンクを削除するには、ハイパーリンクが設定されているセルを右クリックし、ショートカットメニューの［ハイパーリンクの削除］をクリックします。

ハイパーリンクを編集するには、同様にショートカットメニューの［ハイパーリンクの編集］をクリックします。［ハイパーリンクの編集］ダイアログボックスが表示され、リンク先などハイパーリンクの内容を変更できます。

★ヒント

［新規作成］

Office のバージョンや更新によって、［新規作成］がない場合があります。

ハイパーリンクの設定されているセルを　　　　　［ハイパーリンクの編集］ダイアログボックス
右クリックした状態

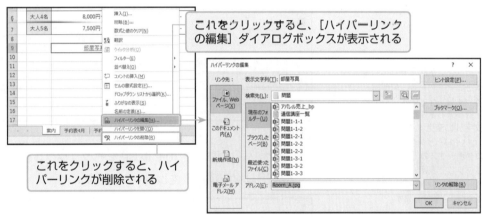

これをクリックすると、［ハイパーリンク
の編集］ダイアログボックスが表示される

これをクリックすると、ハイパーリンクが削除される

操作手順

【操作 1】

❶ ワークシート「案内」のセル F4 をクリックします。

❷［挿入］タブの ［リンク］ボタンをクリックします。

❸［ハイパーリンクの挿入］ダイアログボックスが表示されるので、［リンク先］で［このドキュメント内］をクリックします。

❹［またはドキュメント内の場所を選択してください］の［セル範囲］の［予約表 4 月］をクリックします。

❺［セル参照を入力してください］ボックスに「B1」と入力します。

その他の操作方法

ハイパーリンクの挿入

ハイパーリンクを設定したいセルを右クリックして、ショートカットメニューの［リンク］をクリックしても［ハイパーリンクの挿入］ダイアログボックスが表示されます。

その他の操作方法

ショートカットキー

Ctrl + K キー

（［ハイパーリンクの挿入］ダイアログボックスの表示）

左段

★ヒント

表示文字列

[ハイパーリンクの挿入] ダイアログボックスの [表示文字列] ボックスにはセルに入力されている文字列が表示されます。ここの文字列を書き換えるとセルの文字列も書き換わります。

✎ポイント

リンク先にジャンプ

ハイパーリンクが設定されているセルをポイントすると、マウスポインターの形が 🖑 に変わり、リンク先がポップアップ表示されます。セルをクリックするとリンク先にジャンプします。

★ヒント

ヒントの設定

ハイパーリンクが設定されているセルをポイントすると、初期値では上図のようにリンク先がポップアップ表示されますが、これを任意の文字列に変更することもできます。[ハイパーリンクの挿入] ダイアログボックスの [ヒント設定] をクリックし、表示される [ハイパーリンクのヒント設定] ダイアログボックスで設定します。

★ヒント

ハイパーリンクと書式設定

ハイパーリンクを設定すると、[セルのスタイル] の [データとモデル] の [ハイパーリンク] のスタイルが自動的に設定されます。ハイパーリンクを削除すると、[標準] のスタイルに戻り、書式設定もクリアされます。

◇◇その他の操作方法

ハイパーリンクの削除

ハイパーリンクが設定されているセルをクリックし、[挿入] タブの [リンク] ボタンをクリックします。[ハイパーリンクの編集] ダイアログボックスが表示されるので、[リンクの解除] をクリックします。

[リンク]ボタン

右段

❻ [OK] をクリックします。

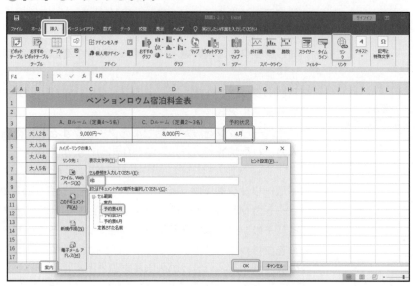

❼ セル F4 にハイパーリンクが設定され、フォントの色が青になり、下線が引かれたことを確認します。

	A	B	C	D	E	F	G	H
1			ペンションロウム宿泊料金表					
2								
3			A、Bルーム（定員4〜5名）	C、Dルーム（定員2〜3名）		予約状況		
4		大人2名	9,000円〜	8,000円〜		4月		
5		大人3名	8,500円〜	7,500円〜		5月		
6		大人4名	8,000円〜	-		6月		

【操作 2】

❽ ワークシート「案内」のセル C9 を右クリックし、ショートカットメニューの [ハイパーリンクの削除] をクリックします。

❾ セル C9 のハイパーリンクが削除され、フォントの色が黒になり、配置が初期値に戻り、下線がなくなります。

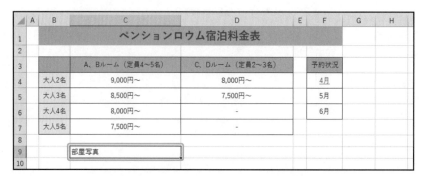

1-3 ワークシートやブックの書式を設定する

ページ設定を行って用紙サイズや印刷の向きなどを設定し、列の幅や行の高さを調整するなどして、ワークシートの書式を目的の表に合うように変更します。また、ヘッダーやフッターを挿入すると、ページの上下の余白に必要事項を印刷できます。

1-3-1 ページ設定を変更する

練習問題

問題フォルダー
└問題 1-3-1.xlsx

解答フォルダー
└解答 1-3-1.xlsx

【操作 1】ワークシートの用紙サイズを B5 に変更します。

【操作 2】ワークシートの印刷の向きを横に変更します。

【操作 3】ワークシートの上と左の余白を「2.5」cm に変更します。

機能の解説

- □ 用紙サイズ
- □ 印刷の向き
- □ 余白
- □ ページ設定
- □ [ページレイアウト] タブの [ページ設定] グループ
- □ [ページ設定] ダイアログボックス

用紙サイズ、印刷の向き、余白などの設定をすることをページ設定といいます。基本的なページ設定は、[ページ レイアウト] タブの [ページ設定] グループの各ボタンで行えます。

[ページレイアウト] タブの [ページ設定] グループ

詳細な設定をする場合は、[ページレイアウト] タブの [ページ設定] グループ右下の [ページ設定] ボタンをクリックして、[ページ設定] ダイアログボックスを表示します。

[ページレイアウト] タブの [余白] ボタンをクリックし [ユーザー設定の余白] をクリックすると、[ページ設定] ダイアログボックスの [余白] タブが表示されます。[サイズ] ボタンをクリックし [その他の用紙サイズ] をクリックすると、[ページ設定] ダイアログボックスの [ページ] タブが表示されます。

[ページ設定] ダイアログボックスの [ページ] タブ　　　[余白] タブ

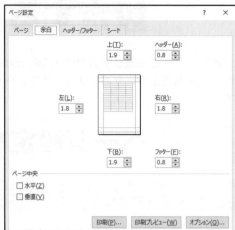

 [余白] ボタン

 [サイズ] ボタン

操作手順

ポイント

用紙サイズ

Excel の初期設定では用紙サイズが [A4] になっています。

【操作 1】

❶ [ページレイアウト] タブの [サイズ] ボタンをクリックします。

❷ 一覧から [⋯B5⋯] をクリックします。

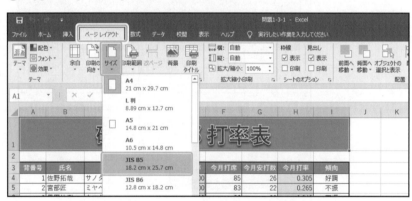

ヒント

サイズの表記

[サイズ] ボタンをクリックして表示される一覧のサイズの表記は、設定されているプリンターによって異なります。ここでは[B5]サイズをクリックします。

 [サイズ] ボタン

ヒント

ページの区切り

ページ設定を変更すると、ワークシートを印刷したときのページの区切りを示す点線が表示されます。

※ この操作によって、用紙サイズが B5 に変更されます。

【操作 2】

❸ [ページレイアウト] タブの [印刷の向き] ボタンをクリックします。

❹ 一覧から [横] をクリックします。

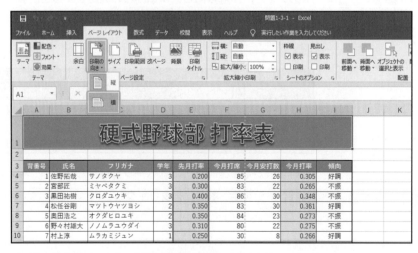

ポイント

印刷の向き

Excel の初期設定では印刷の向きが [縦] になっています。

※ この操作によって、印刷の向きが横になります。

【操作 3】

⑤ ［ページレイアウト］タブの 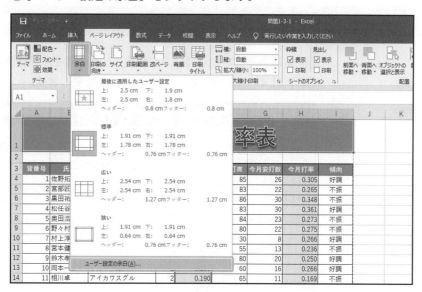 ［余白］ボタンをクリックします。

⑥ ［ユーザー設定の余白］をクリックします。

⑦ ［ページ設定］ダイアログボックスの［余白］タブが表示されるので、［上］ボックスと［左］ボックスにそれぞれ「2.5」と入力します。

⑧ ［OK］をクリックします。

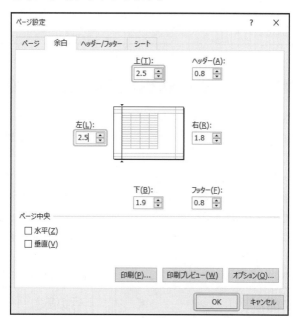

※ この操作によって、余白が変更されます。

★ヒント

印刷の向きや余白の確認

印刷の向きや余白などは、［印刷］画面の右側に表示される印刷プレビューで確認できます。［印刷］画面を表示するには、［ページ設定］ダイアログボックスの［印刷プレビュー］をクリックするか、［ファイル］タブをクリックして、［印刷］をクリックします。

列の幅や行の高さを調整する

練習問題

問題フォルダー
└問題 1-3-2.xlsx

解答フォルダー
└解答 1-3-2.xlsx

【操作 1】A ～ C 列の幅を 12 に変更、E 列の幅を自動調整します。

【操作 2】4 ～ 12 行目の行の高さを 22 に変更します。

機能の解説

重要用語

☐ 列の幅の変更

☐ 行の高さの変更

☐ 自動調整

☐ [列の幅]

☐ [行の高さ]

☐ [列の幅] ダイアログ
　ボックス

☐ [行の高さ] ダイアログ
　ボックス

列の幅や行の高さを変更するには、列番号の右や行番号の下の境界線をポイントし、マウスポインターの形が ✚ や ✚ になったらドラッグします。数値がポップアップ表示されるので参考にします。境界線上でダブルクリックすると、列内の一番長い文字列の幅や行内の一番大きい文字の高さに合わせて列の幅や行の高さが自動調整されます。

列の幅や行の高さを数値で指定して変更するには、列番号や行番号を右クリックし、ショートカットメニューの [列の幅] や [行の高さ] をクリックし、表示される [列の幅] ダイアログボックスや [行の高さ] ダイアログボックスを使用します。

[列の幅] ダイアログボックス

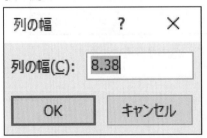

[行の高さ] ダイアログボックス

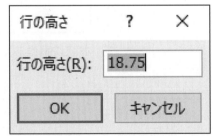

なお、複数の列の幅や行の高さをまとめて変更する場合は、列や行を選択し、選択範囲内のいずれかの境界線をドラッグ（自動調整の場合はダブルクリック）するか、右クリックして [列の幅] や [行の高さ] をクリックし、表示されるダイアログボックスで設定します。

操作手順

その他の操作方法

列の幅や行の高さの変更

列番号または行番号をクリック（複数列や複数行の場合は選択）し、［ホーム］タブの［書式］ボタンをクリックし、書式▼ ［セルのサイズ］の［列の幅］または［行の高さ］をクリックします。［列の幅］ダイアログボックスまたは［行の高さ］ダイアログボックスが表示されるので、数値を指定します。また、列の幅や行の高さを自動調整する場合は、［ホーム］タブの 書式▼ ［書式］ボタンをクリックし、［セルのサイズ］の［列の幅の自動調整］または［行の高さの自動調整］をクリックします。

【操作 1】

① A ～ C 列を選択します。

② 選択範囲内で右クリックし、ショートカットメニューの［列の幅］をクリックします。

③ ［列の幅］ダイアログボックスが表示されるので、［列の幅］ボックスに「12」と入力します。

④ ［OK］をクリックします。

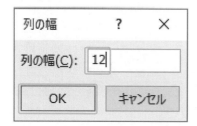

⑤ A ～ C 列の列幅が広がります。

	A	B	C	D	E	F	G	H	I
1	●売上成績表								
2									
3	担当者	目標金額	売上金額	達成率	別報酬対象				
4	鈴木正志	70,000	98,000	140.0%	○				
5	木村義一	50,000	35,000	70.0%					
6	荒井日菜子	65,000	75,000	115.4%	○				
7	藤沢和也	55,000	25,000	45.5%					
8	山田大輔	62,000	48,000	77.4%					
9	井上俊信	70,000	90,000	128.6%	○				
10	浜田奈美	68,000	50,000	73.5%					
11	久保田修二	58,000	79,000	136.2%	○				
12	合計	498,000	500,000	100.4%					
13									

⑥ E 列の列番号の右の境界線上をポイントし、マウスポインターの形が ↔ になったらダブルクリックします。

	A	B	C	D	E	F	G	H	I
1	●売上成績表								
2									
3	担当者	目標金額	売上金額	達成率	別報酬対象				
4	鈴木正志	70,000	98,000	140.0%	○				
5	木村義一	50,000	35,000	70.0%					
6	荒井日菜子	65,000	75,000	115.4%	○				
7	藤沢和也	55,000	25,000	45.5%					
8	山田大輔	62,000	48,000	77.4%					
9	井上俊信	70,000	90,000	128.6%	○				
10	浜田奈美	68,000	50,000	73.5%					
11	久保田修二	58,000	79,000	136.2%	○				
12	合計	498,000	500,000	100.4%					

❼ E 列の列幅が列内の一番長い文字列（セル E3）の幅に合わせて広がります。

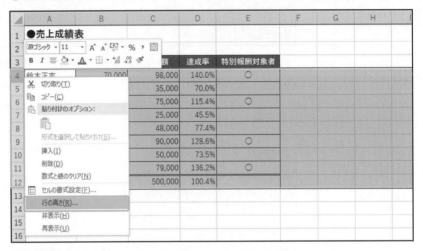

【操作2】

❽ 4 ～ 12 行目を選択します。

❾ 選択範囲内で右クリックし、ショートカットメニューの[行の高さ]をクリックします。

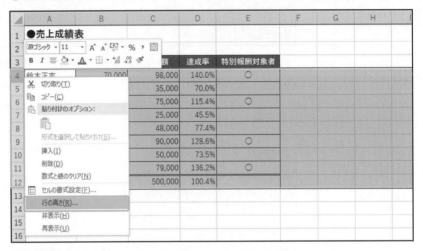

❿ [行の高さ] ダイアログボックスが表示されるので、[行の高さ] ボックスに「22」と入力します。

⓫ [OK] をクリックします。

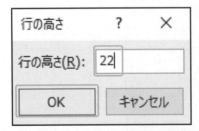

⓬ 4 ～ 12 行目の行の高さが広がります。

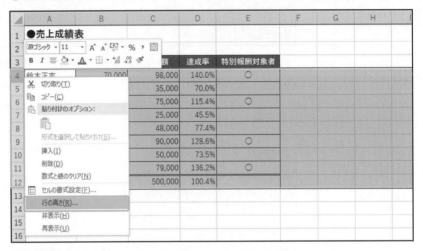

ヘッダーやフッターをカスタマイズする

練習問題

問題フォルダー
└ 問題 1-3-3.xlsx

解答フォルダー
└ 解答 1-3-3.xlsx

【操作 1】ヘッダーに「シート名，機密，1 ページ」の形式で表示するフィールドを追加します。

【操作 2】フッターの右側に現在の日付を表示します。

機能の解説

重要用語

- □ ヘッダー
- □ フッター
- □ [テキスト] ボタン
- □ [ヘッダーとフッター] ボタン
- □ ページレイアウト ビュー
- □ [ヘッダー / フッター ツール]の[デザイン] タブ

ページの上下の余白に日付やページ番号、任意の文字列などを印刷する場合は、ヘッダーやフッターを挿入します。ヘッダーやフッターは [ページ設定] ダイアログボックスの [ヘッダー / フッター] タブでも設定できますが、Excel にあらかじめ登録されている形式のフィールドを追加したり、ページレイアウトを見ながら文字や要素を配置したりするには、[挿入] タブの [テキスト] ボタンをクリックし、[ヘッダーとフッター] ボタンをクリックして、ページレイアウトビューに切り替えます。ヘッダー / フッター領域が表示されるので、文字列を入力したり、[ヘッダー / フッターツール] の [デザイン] タブの各ボタンを使用して要素を追加したりします。

[ヘッダー / フッターツール] の [デザイン] タブ

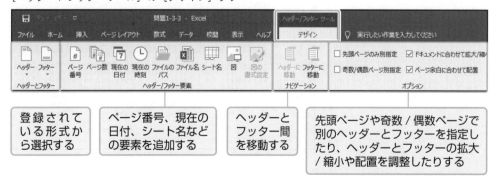

登録されている形式から選択する

ページ番号、現在の日付、シート名などの要素を追加する

ヘッダーとフッター間を移動する

先頭ページや奇数 / 偶数ページで別のヘッダーとフッターを指定したり、ヘッダーとフッターの拡大 / 縮小や配置を調整したりする

★ヒント

フィールド

[デザイン] タブのボタンを使って挿入した要素は、文字ではなく「フィールド」といい、ブックやコンピューターの情報を表示するものです。日付やシート名など元の情報が変更されると、自動的に更新されます。

★ヒント

[テキスト] ボタン

画面の解像度によっては、[テキスト] ボタンが [テキスト] グループとして表示される場合があります。

[テキスト] ボタン

その他の操作方法

ヘッダー / フッターの挿入

ヘッダー / フッターの挿入は、[ページレイアウト] タブの [ページ設定] グループ右下の [ページ設定] ボタンをクリックして [ページ設定] ダイアログボックスを表示し、[ヘッダー / フッター] タブでも行うことができます。

ポイント

[ヘッダー / フッターツール] の [デザイン] タブ

ヘッダー / フッター領域が選択されているときに表示されます。非表示の場合は、ヘッダー / フッターの任意の場所をクリックすると表示されます。

【操作 1】

❶ [挿入] タブの [テキスト] ボタンをクリックし、[ヘッダーとフッター] ボタンをクリックします。

❷ ページレイアウトビューに切り替わり、ヘッダー / フッター領域が表示されます。

❸ [デザイン] タブの [ヘッダー] ボタンをクリックします。

❹ 一覧から [取引先一覧 , 機密 , 1 ページ] をクリックします。

❺ ヘッダーに指定したフィールドが追加されます。

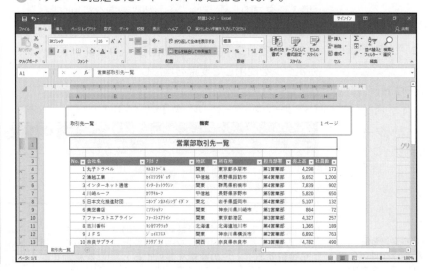

【操作 2】

⑥ 画面をスクロールして、フッターの右側部分をクリックします。

⑦ ［デザイン］タブの [現在の日付] ボタンをクリックします。

⑧ フッターに「＆［日付］」と入力されます。

⑨ 任意のセルをクリックして、フッターの選択を解除します。

⑩ フッターに現在の日付が表示されます。

1-4 オプションと表示を カスタマイズする

クイックアクセスツールバーによく使うボタンを登録したり、目的に応じてワークシートの表示を切り替えたりすると、効率よく作業ができます。また、ファイルの情報をプロパティに追加すると、ファイルの検索や整理に役立ちます。

1-4-1 クイックアクセスツールバーをカスタマイズする

練習問題

問題フォルダー
└問題 1-4-1.xlsx

解答フォルダー
└解答 1-4-1.xlsx
※ 練習問題の操作をすると、すべてのブックに追加したクイックアクセスツールバーのボタンが表示されますが、解答ファイルはこのブックのみに追加される設定にしています。

クイックアクセスツールバーに、[クイック印刷] ボタンと [PDF または XPS 形式で発行] ボタンを追加します。

機能の解説

重要用語

□ クイックアクセス
ツールバー

□ [クイックアクセスツールバーのユーザー設定]
ボタン

□ [Excel のオプション]
ダイアログボックスの
[クイックアクセスツールバー]

タイトルバーの左端のクイックアクセスツールバーはどのタブを表示しているときでも常に表示されており、この中のボタンはいつでも使うことができます。初期値では ![保存] [上書き保存]、![元に戻す] [元に戻す]、![やり直し] [やり直し] の３つのボタンがありますが、![設定] [クイックアクセスツールバーのユーザー設定] ボタンをクリックして表示される一覧から選択してボタンを追加できます。また、一覧の [その他のコマンド] をクリックすると、[Excel のオプション] ダイアログボックスの [クイックアクセスツールバー] が表示され、任意のコマンドのボタンを追加することができます。

クイックアクセスツールバー

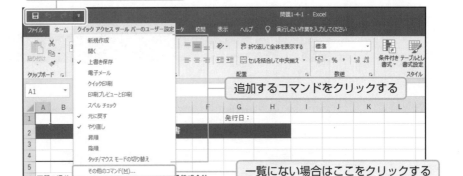

追加するコマンドをクリックする

一覧にない場合はここをクリックする

操作手順

❶ クイックアクセスツールバーの ⊡ [クイックアクセスツールバーのユーザー設定]
ボタンをクリックします。

❷ 一覧から [クイック印刷] をクリックします。

❸ クイックアクセスツールバーに ⟨ [クイック印刷] ボタンが追加されます。

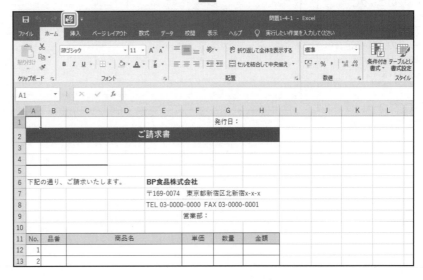

❹ クイックアクセスツールバーの ▾ ［クイックアクセスツールバーのユーザー設定］
　ボタンをクリックします。

❺ 一覧から［その他のコマンド］をクリックします。

❻ ［Excel のオプション］ダイアログボックスの［クイックアクセスツールバー］が表
　示されるので、［コマンドの選択］ボックスの▼をクリックします。

❼ 一覧から［ファイルタブ］をクリックします。

❽ 下側のボックスの一覧から［PDF または XPS 形式で発行］をクリックします。

❾ ［追加］をクリックします。

❿ 右側のボックスに［PDF または XPS 形式で発行］が追加されます。

⓫ ［OK］をクリックします。

🛈 ポイント

コマンドの選択

［コマンドの選択］ボックスは初
期値では［基本的なコマンド］が
表示されています。下側のボック
スの一覧に目的のコマンドがない
場合は▼をクリックし、コマンド
のあるリボンのタブがわかる場合
はタブを指定します。タブが不明
な場合やリボンにないコマンドを
含めてすべてのコマンドを表示す
る場合は［すべてのコマンド］を
指定します。

⭐ ヒント

ブックを指定して追加

［クイックアクセスツールバーの
ユーザー設定］ボックスは既定
値では［すべてのドキュメントに
適用（既定）］となっていて、追
加したボタンはすべてのブックに
表示されます。このボックスの▼
をクリックし、［（ファイル名）
.xlsx に適用］をクリックしてから、
ボタンの追加の操作を行うと、そ
のブックだけに表示されます。

⑫ クイックアクセスツールバーに ［PDF または XPS］ボタンが追加されます。

※ 解答操作が終了したら、クイックアクセスツールバーに追加した［クイック印刷］
ボタンと［PDF または XPS］ボタンを削除します。

1-4-2 ブックの表示を変更する

問題フォルダー
└ 問題 1-4-2.xlsx

解答フォルダー
└ 解答 1-4-2.xlsx

【操作 1】ワークシート「案内」をページレイアウトビューで表示します。

【操作 2】ワークシート「予約表 4 月」を改ページプレビューで表示し、A 列を除いた印刷範囲が 1 ページに収まるように改ページ位置を変更します。

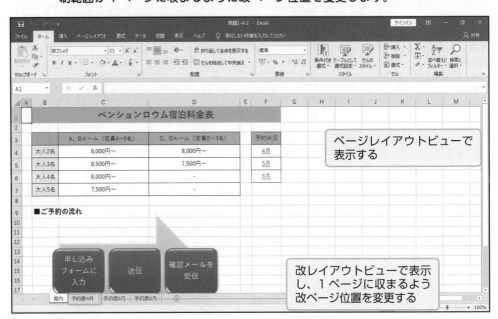

機能の解説

重要用語

□ 標準ビュー
□ ページレイアウトビュー
□ 改ページプレビュー
□ [ページレイアウト]
　ボタン
□ [改ページプレビュー]
　ボタン
□ [改ページ] ボタン
□ [標準] ボタン

Excel には、標準ビュー、ページレイアウトビュー、改ページプレビューの 3 つの表示モードが用意されていて、必要に応じて切り替えることができます。

ページレイアウトビューは、用紙単位での印刷結果に近いイメージで表示するモードです。ページレイアウトビューでは、用紙の余白部分も表示されるので、ヘッダーやフッターを確認でき、ヘッダーやフッターの領域をクリックすると編集が可能になります。ページレイアウトビューに切り替えるには、[表示] タブの [ページレイアウト] ボタンをクリックします。

ページレイアウトビュー

改ページプレビューでは、印刷範囲のみが表示され、改ページされる位置を確認することができます。また、印刷範囲や改ページの位置はマウスのドラッグ操作で変更することができます。改ページ位置を変更すると、その範囲に収まるように自動的に縮小率が設定されます。

改ページプレビューに切り替えるには、[表示] タブの ![改ページプレビューボタン] [改ページプレビュー] ボタンをクリックします。

改ページプレビュー

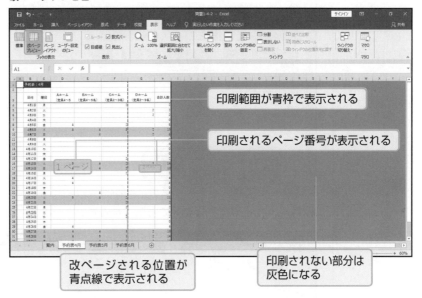

印刷範囲が青枠で表示される

印刷されるページ番号が表示される

改ページされる位置が
青点線で表示される

印刷されない部分は
灰色になる

任意の位置で改ページする場合は、改ページしたときに次ページの先頭になる行や列を選択し、[ページレイアウト] タブの ![改ページボタン] [改ページ] ボタンをクリックし、[改ページの挿入] をクリックします。選択した行の上や、列の左に改ページを示す境界線が引かれます。この操作は、標準ビューやページレイアウトビューでも行うことができます。

初期値の標準ビューに戻すには、[表示] タブの ![標準ボタン] [標準] ボタンをクリックします。

なお、ブックの表示の切り替えはステータスバーにある表示選択ショートカットのボタンを使っても行えます。

表示選択ショートカット

[改ページプレビュー]

[標準]　　[ページレイアウト]

【操作1】

① ワークシート「案内」が表示されていることを確認します。

② ［表示］タブの  ［ページレイアウト］ボタンをクリックします。

③ ページレイアウトビューで表示されます。

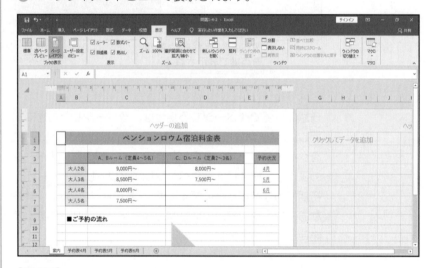

【操作2】

④ ワークシート「予約表4月」のシート見出しをクリックします。

⑤ ［表示］タブの ［改ページプレビュー］ボタンをクリックします。

❻ 改ページプレビューで表示されます。

❼ A列の左側の印刷範囲を表す青線をポイントし、マウスポインターの形が ↔ に変わったら、A列とB列の境界線までドラッグします。

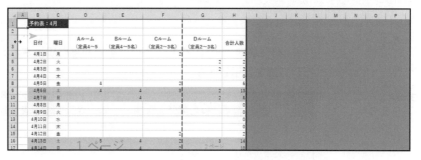

❽ F列とG列の間の改ページ位置を示す青点線をポイントし、マウスポインターの形が ↔ に変わったら、H列とI列の間の印刷範囲を表す青線までドラッグします。

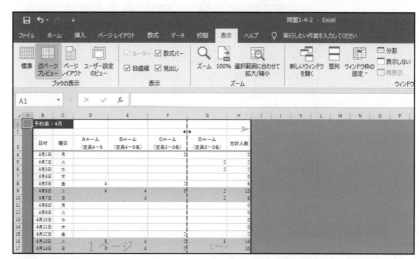

❾ 画面を下方向にスクロールして印刷範囲が1ページに収まっていることを確認します。

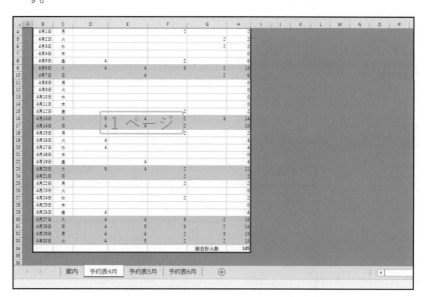

★ヒント

登録しているプリンターやワークシートの編集操作によって、印刷範囲や改ページ位置を示す境界線の表示位置が誌面と異なる場合があります。

★ヒント

縮小率の確認

改ページ位置を変更したことによって変更された縮小率は、[ページレイアウト]タブの[拡大/縮小]ボックスで確認できます。

ワークシートの行や列を固定する

練習問題

問題フォルダー
└問題 1-4-3.xlsx

解答フォルダー
└解答 1-4-3.xlsx

ウィンドウ枠を固定して 1 ～ 3 行目までが常に表示されるようにし、スクロールして 41 行目以降を表示します。

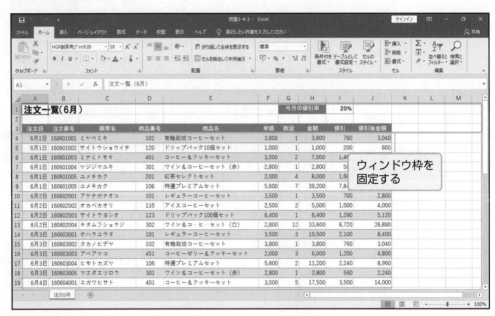

機能の解説

重要用語

□ ウィンドウ枠の固定

□ [ウィンドウ枠の固定] ボタン

□ [ウィンドウ枠の固定]

ワークシートの特定の行や列が常に表示されるように設定することができます。この機能をウィンドウ枠の固定といいます。大きな表のタイトルや見出しを常に表示したいときに使用します。行を選択してウィンドウ枠を固定するとその行より上の行が、列を選択して固定するとその列より左の列が、セルを選択して固定するとそのセルより上の行と左の列が、常に表示されるようになります。

ウィンドウ枠を固定するには、[表示] タブの [ウィンドウ枠の固定] ボタンをクリックし、[ウィンドウ枠の固定] をクリックします。常に表示される行や列とスクロールできる行や列の区切りに境界線が表示されます。

1 ～ 3 行目のウィンドウ枠が固定された状態

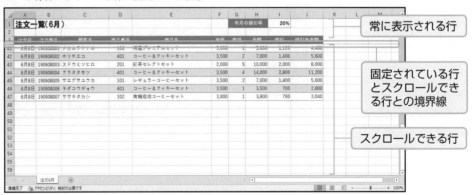

❶ 行番号 4 をクリックします。

❷ [表示] タブの [ウィンドウ枠の固定] ボタンをクリックします。

❸ 一覧から [ウィンドウ枠の固定] をクリックします。

★ヒント

先頭行／先頭列の固定

ワークシートに表示されている先頭行や先頭列を固定する場合は、[ウィンドウ枠の固定] ボタンの一覧から [先頭行の固定] または [先頭列の固定] をクリックします。この場合、行や列の選択は不要です。

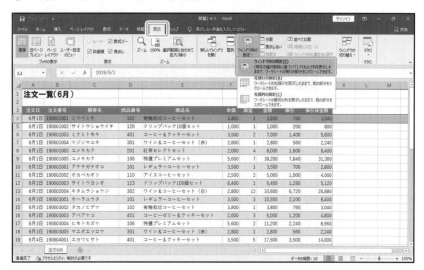

❹ 任意のセルをクリックし、行の選択を解除します。

❺ 3 行目と 4 行目の間に境界線が表示されたことを確認します。

★ヒント

ウィンドウ枠の固定の解除

設定されているウィンドウ枠の固定を解除するには、[ウィンドウ枠の固定] ボタンをクリックし、一覧から [ウィンドウ枠固定の解除] をクリックします。ウィンドウ枠が固定されている場合は [ウィンドウ枠の固定] コマンドが [ウィンドウ枠固定の解除] コマンドに変わります。

[ウィンドウ枠の固定] ボタン

❻ スクロールバーの▼をクリックするかスクロールボックスをドラッグして、41 行目以降を表示します。

❼ スクロールしても、1 〜 3 行目は常に表示されていることを確認します。

第 **1** 章　ワークシートやブックの管理

ウィンドウを分割する

練習問題

問題フォルダー
└ 問題 1-4-4.xlsx

解答フォルダー
└ 解答 1-4-4.xlsx

ウィンドウを上下に分割して、上のウィンドウには 1 ～ 9 行目、下のウィンドウには 41 行目以降を表示します。

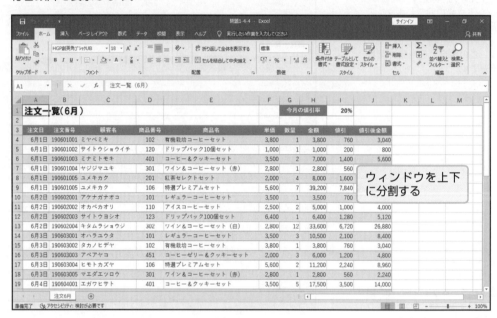

機能の解説

□ ウィンドウの分割
□ [分割] ボタン
□ 分割バー

ワークシートは、上下または左右にウィンドウを分割して表示することができます。各ウィンドウには、ワークシートの異なる部分を表示できるので、ワークシート上の離れた場所にあるデータを同時に表示することができます。

行を選択してウィンドウを分割するとその行の上で上下に分割され、列を選択して分割するとその列の左で左右に分割されます。セルを選択して分割するとそのセルの上と左で上下左右に 4 分割されます。

ウィンドウを分割するには、基点となる位置をクリックして、[表示] タブの □分割 [分割] ボタンをクリックします。分割した位置に分割バーが表示され、ウィンドウが分割されます。

★ヒント
左端のセルを選択した場合
表示されている左端のセルを選択して分割した場合は上下に分割されます。

[分割] ボタンをクリックして分割バーを表示した状態

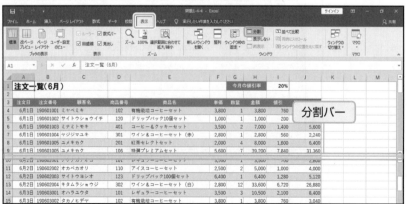

分割バーの位置は後から変更することも可能です。分割バーをポイントし、マウスポインターの形が ÷ または ╫ に変わったら、変更したい位置にドラッグします。

操作手順

❶ 行番号 10 をクリックします。

❷ ［表示］タブの ［分割］ボタンをクリックします。

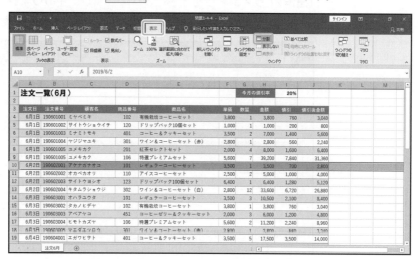

❸ 任意のセルをクリックして、行の選択を解除します。

❹ 9 行目と 10 行目の間に分割バーが表示されて、ウィンドウが分割されたことを確認します。

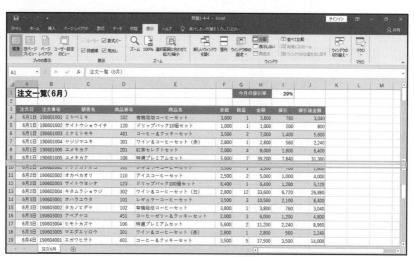

❺ 下のウィンドウのスクロールバーの▼をクリックするかスクロールボックスをドラッグして、41 行目以降を表示します。

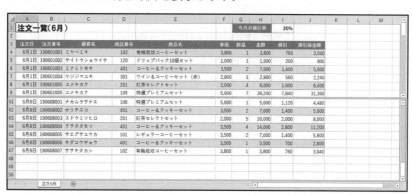

ヒント
分割の解除

ウィンドウの分割を解除するには、［表示］タブの ［分割］ボタンをクリックしてオフにするか、分割バーをポイントし、マウスポインターの形が ÷ または ╫ に変わったらダブルクリックします。

1-4-5 ウィンドウを整列する

練習問題

問題フォルダー
└問題 1-4-5.xlsx

解答フォルダー
└解答 1-4-5.xlsx

【操作 1】新しいウィンドウを開きます。
【操作 2】ウィンドウを左右に並べて表示し、左のウィンドウにワークシート「請求書」、右のウィンドウにワークシート「商品一覧」を表示します。

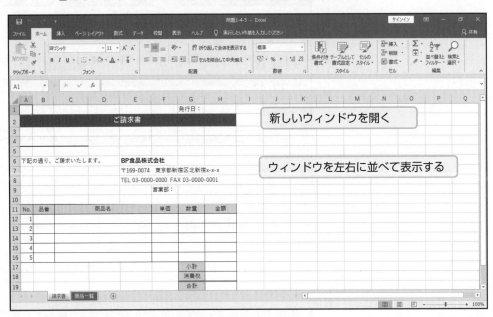

機能の解説

 重要用語

□ ウィンドウを並べて表示

□ [整列] ボタン

□ [ウィンドウの整列]
ダイアログボックス

□ 新しいウィンドウ

□ [新しいウィンドウを開く]
ボタン

複数のブックを開いている場合、ウィンドウを並べて表示することができます。表示したいブックを開き、[表示] タブの 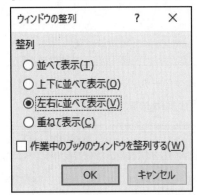 [整列] ボタンをクリックします。[ウィンドウの整列] ダイアログボックスが表示されるので、整列方法を指定します。なお、最小化されているウィンドウは、整列の対象になりません。

[ウィンドウの整列] ダイアログボックス

同一のブック内の別のワークシートを別のウィンドウとして並べて表示するときには、作業中のブックを新しいウィンドウで開き、ウィンドウを整列します。新しいウィンドウを開くには、[表示] タブの  [新しいウィンドウを開く] ボタンをクリックします。新しいウィンドウを開くと、タイトルバーのファイル名の右側に「：1」「：2」のような連番が表示され、それぞれのウィンドウを区別することができます。どのウィンドウで作業しても、作業結果はブックに反映されます。

操作手順

【操作 1】

❶ [表示] タブの [新しいウィンドウ を開く] [新しいウィンドウを開く] ボタンをクリックします。

★ヒント

ウィンドウを閉じる

× [閉じる] ボタンをクリックすると、ウィンドウが閉じます。残ったウインドのタイトルバーからは「：1」や「：2」の表示も消えます。

❷ タイトルバーのファイル名の右側に「：2」と表示され、新しいウィンドウが表示されたことが確認できます。

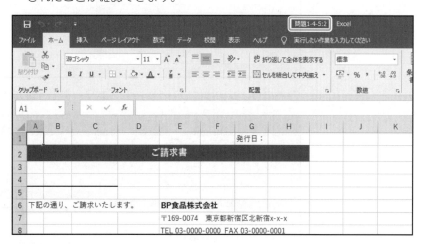

【操作 2】

❸ [表示] タブの [整列] ボタンをクリックします。

❹［ウィンドウの整列］ダイアログボックスが表示されるので、［整列］の［左右に並べて表示］をクリックします。

❺［OK］をクリックします。

★ヒント

［並べて表示］と
［左右に並べて表示］の違い

開いているウィンドウが２つの場合は、［並べて表示］をクリックしても、ウィンドウが左右に並べて表示されます。開いているウィンドウが３つ以上の場合は、［左右に並べて表示］をクリックするとウィンドウが左右に並べて表示されるのに対し、［並べて表示］をクリックすると左右と上下に並べて表示されます。

★ヒント

［作業中のウィンドウを整列する］チェックボックス

同じブックのウィンドウを複数開いていて、別のブックも開いている場合に、このチェックボックスをオンにすると作業中のブックのウィンドウのみが整列されます。オフの場合は、別のブックのウィンドウも整列されます。

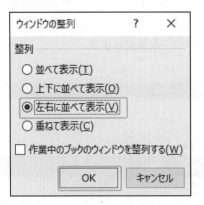

❻ 左右のウィンドウともワークシート「請求書」が表示されていることを確認します。

❼ 右のウィンドウ内のコマンド以外の場所をクリックしてアクティブにします。

❽ ワークシート「商品一覧」のシート見出しをクリックします。

❾ 右のウィンドウにワークシート「商品一覧」が表示されます。

1-4-6 ブックの基本的なプロパティを変更する

問題フォルダー
└問題 1-4-6.xlsx

解答フォルダー
└解答 1-4-6.xlsx

【操作 1】ブックのプロパティのタイトルを「請求書」にします。
【操作 2】ブックのプロパティの会社名を「BP 食品」にします（「BP」は半角英大文字）。

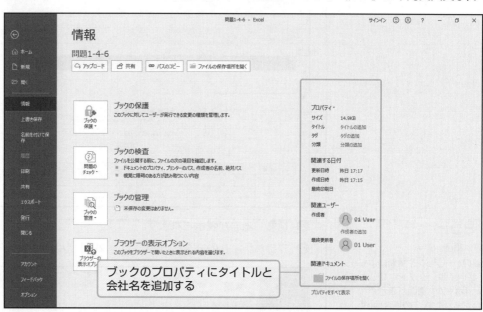

ブックのプロパティにタイトルと会社名を追加する

機能の解説

重要用語

□ ブックのプロパティ
□ ［情報］画面
□ ［プロパティをすべて表示］

プロパティとは、シートに保存されているデータとは別に、ブックの属性として記録される各種の情報のことです。ファイルサイズ、更新日時や作成日時、作成者や最終更新者などは自動的に設定されます。タイトル、サブタイトル、会社名、コメントなどは必要に応じてユーザーが設定します。ブックのプロパティは、［ファイル］タブの［情報］画面で確認と設定ができます。初期状態では一部のプロパティの内容しか表示されませんが、［プロパティをすべて表示］をクリックすると、すべての情報を表示、確認できます。情報の種類によっては、ここでその値を入力または変更することができます。

［情報］画面の［プロパティ］

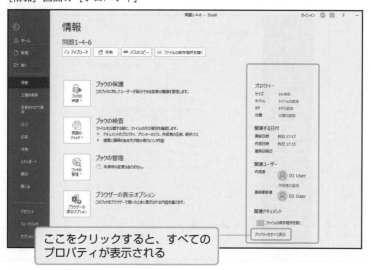

ここをクリックすると、すべてのプロパティが表示される

【操作1】

❶［ファイル］タブをクリックします。

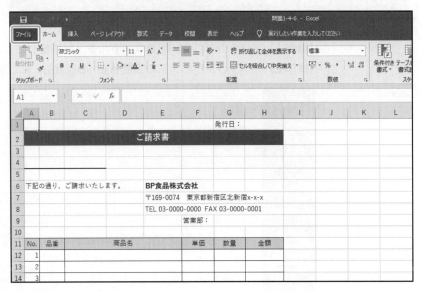

❷［情報］画面が表示されます。

❸［プロパティ］の［タイトル］の［タイトルの追加］をクリックします。

❹「請求書」と入力します。

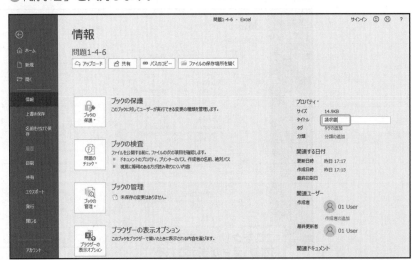

★ヒント

［情報］画面

Office のバージョンや更新によって、［ファイル］タブをクリックすると［ホーム］画面が表示される場合があります。その場合は［情報］をクリックして［情報］画面を表示します。

◇その他の操作方法◇

プロパティの表示

プロパティはフォルダーウィンドウでも確認できます。エクスプローラーで目的のファイルが保存されているフォルダーウィンドウを開き、［表示］タブの ▦ 詳細ウィンドウ ［詳細ウィンドウ］ボタンをクリックします。ファイルの一覧からファイルをクリックすると、右側の詳細ウィンドウにプロパティが表示されます。
または、ファイルを右クリックし、ショートカットメニューの［プロパティ］をクリックすると、［（ファイル名）のプロパティ］ダイアログボックスが表示されます。その［全般］タブや［詳細］タブで、各プロパティの情報を確認できます。

【操作 2】

❺［プロパティ］の一番下の［プロパティをすべて表示］をクリックします。

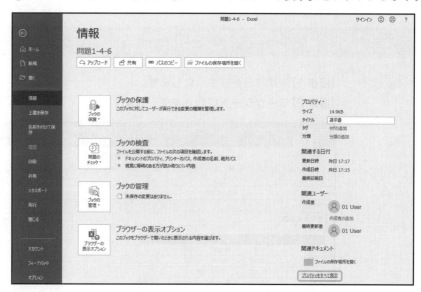

❻ すべてのプロパティが表示されます。

❼［会社］の［会社名の指定］をクリックします。

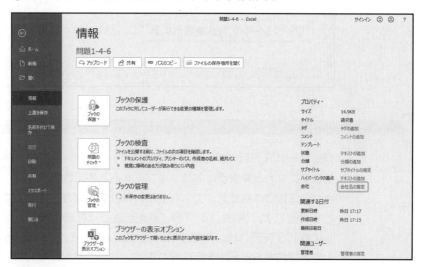

❽「BP 食品」と入力します（「BP」は半角英大文字）。

❾ プロパティ以外の場所をクリックして入力を確定します。

数式を表示する

練習問題

問題フォルダー
└問題 1-4-7.xlsx

解答フォルダー
└解答 1-4-7.xlsx

【操作 1】数式バーを非表示にします。
【操作 2】ワークシートに数式を表示します。

機能の解説

重要用語

□ 数式バーの非表示
□ [数式バー] チェックボックス
□ 数式の表示
□ [数式の表示] ボタン

数式バーは非表示にすることができます。[表示] タブの [数式バー] チェックボックスをオフにすると非表示になり、オンにすると表示されます。

また、既定では数式を入力したセルには計算結果が表示されますが、数式を表示させることも可能です。[数式] タブの 数式の表示 [数式の表示] ボタンをクリックすると、セルに数式が表示され、列幅が自動的に広がります。[数式の表示] ボタンを再びクリックしてオフにすると元の表示に戻ります。

数式バーを非表示にして、数式を表示した状態

【操作 1】

❶ 数式バーが表示されていることを確認します。

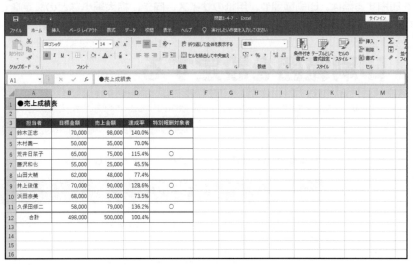

❷ [表示] タブの [数式バー] チェックボックスをオフにします。

❸ 数式バーが非表示になります。

【操作 2】

❹ [数式] タブの 数式の表示 [数式の表示] ボタンをクリックします。

❺ 数式が入力されていたセルに、結果ではなく数式が表示されます。

※ 操作が終了したら、[表示] タブの [数式バー] チェックボックスをオンにし、数式バーを表示します。

1-5 共同作業のためのコンテンツを設定する

作成したブックを印刷する際は、印刷範囲や、用紙のサイズ、向き、拡大縮小などの設定をして必要な情報を見やすくします。また、ファイルで配布する際には、適切なファイル形式に変更したり、個人情報を削除したりするなどの注意を払います。

1-5-1 印刷範囲を設定する

練習問題

問題フォルダー
└問題 1-5-1.xlsx

解答フォルダー
└解答 1-5-1.xlsx

セル範囲 A1:H19 を印刷範囲として設定します。

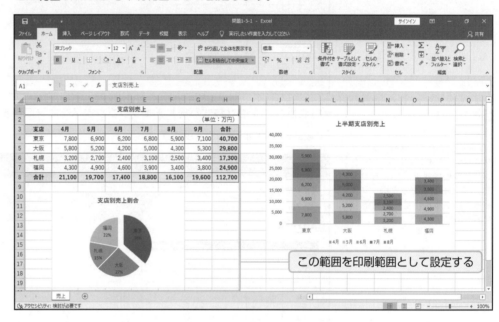

この範囲を印刷範囲として設定する

機能の解説

□ 印刷範囲の設定

□ [印刷範囲] ボタン

□ [印刷範囲の設定]

□ ワークシートの枠線
（目盛線）の非表示

□ [目盛線]チェック
ボックス

□ 印刷プレビュー

□ [印刷範囲のクリア]

ワークシートの一部分のみを印刷する場合は、印刷範囲を設定します。目的の範囲を選択し、[ページレイアウト] タブの [印刷範囲] ボタンをクリックし、[印刷範囲の設定] をクリックします。

[ページレイアウト] タブの [印刷] ボタン

印刷範囲を設定すると、ワークシートに印刷範囲を示す枠線が表示されます。枠線は細い実線なので、ワークシートの枠線（目盛線）を非表示にすると確認しやすくなります。ワークシートの枠線を非表示にするには、[表示] タブの [目盛線] チェックボックスをオフにします。

また、ブックを保存し再度開くと印刷範囲を示す枠線が表示されません。このような場合は印刷プレビューで確認します。[ファイル] タブをクリックし、[印刷] をクリックすると、[印刷] 画面が表示され、印刷範囲として設定した部分だけが印刷プレビューに表示されます。

印刷範囲を解除する場合は、[ページレイアウト] タブの 📄 [印刷範囲] ボタンをクリックし、[印刷範囲のクリア] をクリックします。

操作手順

① セル A1 ～ H19 を範囲選択します。

② [ページレイアウト] タブの 📄 [印刷範囲] ボタンをクリックします。

③ [印刷範囲の設定] をクリックします。

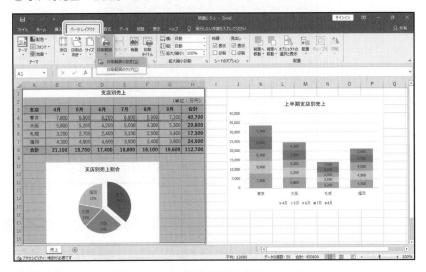

④ 任意のセルをクリックして、範囲選択を解除します。

⑤ 印刷範囲を示す枠線が表示されていることを確認します。

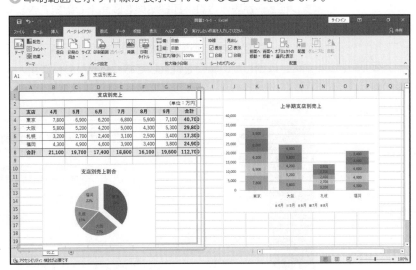

★ヒント

選択した部分を印刷

印刷範囲を設定せずに、ワークシートの一部分のみを印刷する場合は、目的の範囲を選択し、[ファイル] タブをクリックし、[印刷] をクリックします。[印刷] 画面が表示されるので、[設定] の [作業中のシートを印刷] をクリックし、[選択した部分を印刷] をクリックします（「1-5-2」参照）。

第1章 ワークシートやブックの管理

練習問題

問題フォルダー
└問題 1-5-2.xlsx

解答フォルダー
└解答ファイルなし
※P.56 の上図で確
認してください。

ブック全体を印刷する設定にします。

ブック全体を印刷する

機能の解説

重要用語

- □ [印刷]
- □ [印刷] 画面
- □ 印刷プレビュー
- □ [作業中のシートを印刷]
- □ [ブック全体を印刷]
- □ [選択した部分を印刷]

ブックは、ワークシート単位で印刷するのが既定の設定ですが、ブック全体をまとめて印刷したり、ワークシートの選択した範囲だけを印刷したりすることができます。[ファイル]タブをクリックし、[印刷]をクリックすると、[印刷]画面が表示されます。右側に印刷プレビューが表示され、印刷結果を画面上で確認できます。印刷する対象は、中央の[設定]のオプションで[作業中のシートを印刷]、[ブック全体を印刷]、[選択した部分を印刷]から指定します。選択した部分を印刷する場合は、[ファイル]タブをクリックする前に、印刷したい範囲を選択しておく必要があります。

[印刷] 画面

★ヒント
印刷範囲の設定
印刷範囲をブックに保存する場合は、目的の範囲を選択し、[ページレイアウト]タブの[印刷範囲]ボタンをクリックして、[印刷範囲の設定]をクリックします（「1-5-1」参照）。

[印刷範囲] ボタン

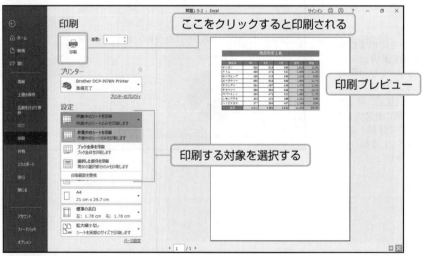

ここをクリックすると印刷される

印刷プレビュー

印刷する対象を選択する

❶ ブックに「商品別売上」と「商品説明」の2枚のワークシートがあり、ワークシート「商品別売上」が表示されていることを確認します。

❷ [ファイル] タブをクリックします。

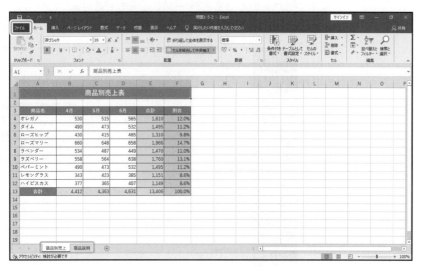

その他の操作方法

ショートカットキー

Ctrl + **P** キー

（[印刷] 画面を表示）

❸ [印刷] をクリックします。

❹ [印刷] 画面が表示されます。

❺ 右側にワークシート「商品別売上」の印刷プレビューが表示されます。

❻ 印刷プレビューの下に「1/1 ページ」と表示されていることを確認します。

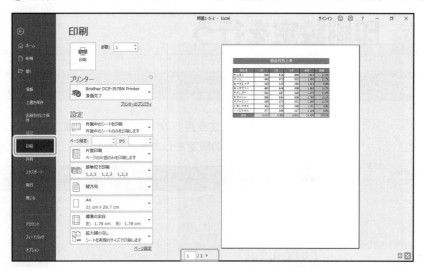

❼ ［設定］の［作業中のシートを印刷］をクリックし、［ブック全体を印刷］をクリックします。

❽ 印刷プレビューの下のページが「1/2 ページ」に変わります。

❾ ▶［次のページ］ボタンをクリックします。

❿ ページが「2/2 ページ」に変わります。

⓫ ワークシート「商品説明」の印刷プレビューが表示されたことを確認します。

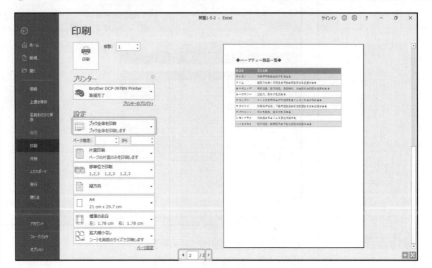

★ヒント
ページを指定して印刷
一部のページだけを印刷するには、［設定］の［ページ指定］ボックスで印刷したいページ範囲を指定します。

1-5-3 印刷設定を行う

練習問題

問題フォルダー
└ 問題 1-5-3.xlsx

解答フォルダー
└ 解答 1-5-3.xlsx

ワークシート「注文 6 月」の印刷の向きを「横方向」にし、A4 用紙 1 ページに収まるように拡大縮小印刷の設定をします。さらに枠線が印刷される設定にします。

このシートを、横向き、枠線付きで、A4 用紙 1 枚に収まるように印刷の設定をする

機能の解説

重要用語

- [ ] [印刷]
- [ ] [印刷] 画面
- [ ] 印刷の向き
- [ ] 用紙サイズ
- [ ] 余白
- [ ] 拡大縮小印刷
- [ ] 枠線
- [ ] [ページ設定]
  ダイアログボックス

その他の操作方法

印刷範囲と印刷タイトル

[印刷] 画面から表示した [ページ設定]ダイアログボックスの[シート] タブでは、[印刷範囲] と [印刷タイトル] のボックスは淡色表示になっていて使用できません。これらの設定を行うときは、[ページレイアウト] タブの [印刷範囲] ボタン、[印刷タイトル] ボタンを使用します(「1-5-1」、「1-5-4」参照)。

[印刷範囲] ボタン

[印刷タイトル] ボタン

[ファイル] タブをクリックし、[印刷] をクリックすると、[印刷] 画面が表示されます。この画面の [設定] で、印刷の向き、用紙サイズ、余白、拡大縮小印刷の設定ができます。用紙に対して水平、垂直方向の中央に印刷したり、枠線を印刷したりする場合は、[ページ設定] ダイアログボックスで設定します。[ページ設定] ダイアログボックスは、[設定] の右下にある [ページ設定] をクリックすると表示されます。

[印刷] 画面

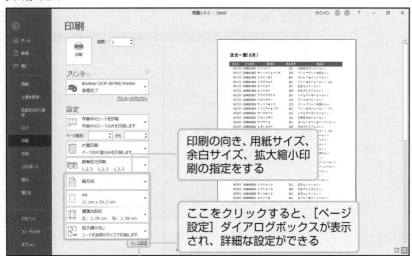

> 印刷の向き、用紙サイズ、余白サイズ、拡大縮小印刷の指定をする

> ここをクリックすると、[ページ設定] ダイアログボックスが表示され、詳細な設定ができる

[ページ設定]ダイアログボックスの[余白]タブ

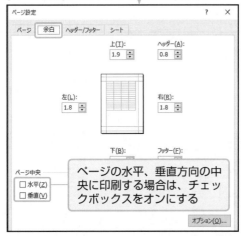

> ページの水平、垂直方向の中央に印刷する場合は、チェックボックスをオンにする

[ページ設定]ダイアログボックスの[シート]タブ

> ワークシートの枠線を印刷する場合は、チェックボックスをオンにする

印刷の向き、用紙サイズ、余白、拡大縮小印刷の設定はワークシート単位です。ブック全体に対して適用したいときはワークシートごとに設定する必要があります。

❶ワークシート「注文 6 月」が表示されていることを確認します。

❷［ファイル］タブをクリックします。

その他の操作方法

ショートカットキー

Ctrl ＋ **P** キー
（［印刷］画面を表示）

❸［印刷］をクリックします。

❹［印刷］画面が表示されます。

❺右側にワークシート「注文 6 月」の印刷プレビューが表示されます。

❻印刷プレビューで用紙の向きが縦方向、下の表示が「1/2 ページ」になっていることを確認します。

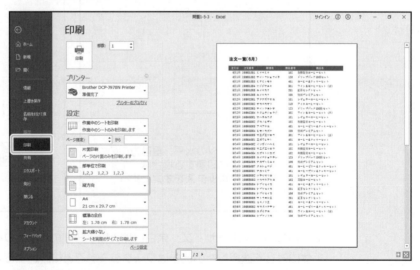

その他の操作方法

印刷の向きの設定

［ページレイアウト］タブの［印刷の向き］ボタンをクリックして、［縦］、［横］を指定します。

　［印刷の向き］ボタン

❼［設定］の［縦方向］をクリックし、一覧から［横方向］をクリックします。

❽印刷プレビューで用紙の向きが横方向になったことを確認します。

❾用紙サイズが「A4」になっていることを確認します。

❿［拡大縮小なし］をクリックして、一覧から［シートを 1 ページに印刷］をクリックします。

⓫印刷プレビューの下の表示が「1/1 ページ」になり、シート全体が 1 ページに収まったことを確認します。

その他の操作方法

用紙サイズの設定

[ページレイアウト]タブの[サイズ]ボタンをクリックして、一覧から選択します。

[サイズ] ボタン

その他の操作方法

1 ページに印刷

[ページレイアウト] タブの [横]、[縦] の各ボックスをそれぞれ [1 ページ] にします。

その他の操作方法

枠線の印刷

[ページレイアウト] タブの [枠線] の [印刷] チェックボックスをオンにします。

⑫ [ページ設定] をクリックします。

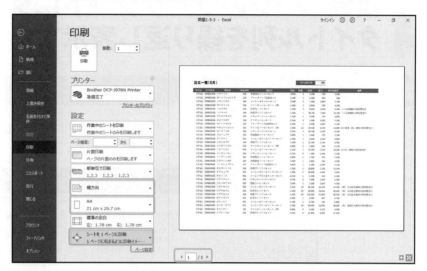

⑬ [ページ設定] ダイアログボックスが表示されるので、[シート] タブの [印刷] の [枠線] チェックボックスをオンにします。

⑭ [OK] をクリックします。

⑮ 印刷プレビューで、ワークシートの枠線が表示されたことを確認します。

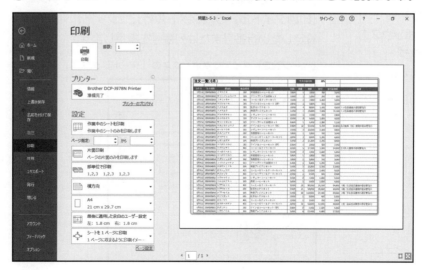

複数ページのワークシートにタイトル行と
タイトル列を繰り返し表示する

練習問題

1～3行目がタイトル行として繰り返し印刷されるように設定し、印刷プレビューで2ページを表示して確認します。

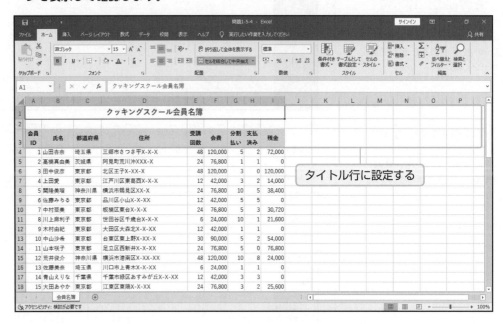

機能の解説

□ 印刷タイトル
□ [印刷タイトル] ボタン
□ [ページ設定]
　 ダイアログボックスの
　 [シート] タブ
□ [タイトル行] ボックス
□ [タイトル列] ボックス

表が複数ページにわたって印刷される場合、表のタイトルは最初のページにしか印刷されませんが、印刷タイトルを設定するとすべてのページに共通のタイトルを印刷することができます。

印刷タイトルを設定するには、[ページレイアウト] タブの  [印刷タイトル] ボタンをクリックします。[ページ設定] ダイアログボックスの [シート] タブが表示されるので、[印刷タイトル] の [タイトル行]、[タイトル列] の各ボックスに、印刷タイトルとして設定したい行番号または列番号を指定します。

[ページ設定] ダイアログボックスの [シート] タブ

❶ ［ページレイアウト］タブの  ［印刷タイトル］ボタンをクリックします。

❷ ［ページ設定］ダイアログボックスの［シート］タブが表示されるので、［印刷タイ
トル］の［タイトル行］ボックスをクリックします。

❸ 行番号 1 ～ 3 をドラッグします。

❹ ［タイトル行］ボックスに「$1:$3」と表示されます。

❺ ［印刷プレビュー］をクリックします。

❻ ［印刷］画面が表示されます。

❼ 印刷プレビューの「1/2 ページ」の右側の ▶ ［次のページ］ボタンをクリックします。

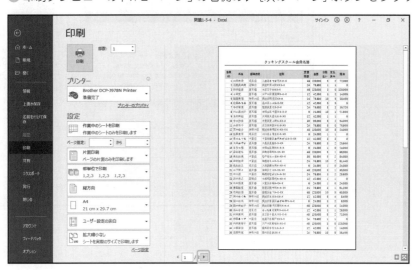

⑧ ページが「2/2ページ」に変わり、2ページ目が表示されます。

⑨ 1～3行目がタイトル行として表示されていることを確認します。

1-5-5 別のファイル形式でブックを保存する

練習問題

問題フォルダー
└ 問題 1-5-5.xlsx

解答フォルダー
└ 請求書
　（解答 1-5-5）.pdf

ワークシート「請求書」を［Excel365&2019（実習用）］フォルダーに「請求書」という名前で、PDFとして保存します。

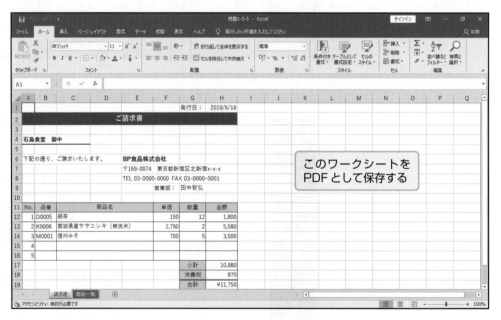

このワークシートを
PDFとして保存する

- □ PDF
- □ Excel97-2003 ブック
- □ ファイルの種類の変更
- □ [エクスポート]
- □ [エクスポート] 画面
- □ [PDF/XPS ドキュメント の作成]
- □ [ファイルの種類の変更]

Excel ブックは、PDF や以前の Excel のバージョンと下位互換性を保つ Excel97-2003 ブックなどに、ファイルの種類を変更して保存することができます。PDF は、パソコンに Excel がインストールされていない環境でも、Windows 10 に付属しているブラウザーの Edge やアドビシステムズ社から提供されている Acrobat Reader などの無料のアプリケーションを使って閲覧や印刷することができるファイル形式です。

ブックの種類を変更して保存するには、[ファイル] タブをクリックし、[エクスポート] を クリックして [エクスポート] 画面を表示します。[PDF/XPS ドキュメントの作成] を使用 すると PDF ファイルとして保存できます。[ファイルの種類の変更] を使用すると、 [Excel97-2003 ブック]、[テンプレート]、[テキスト (タブ区切り)] などの一覧が表示さ れ、選択した形式でファイルを保存できます。

[エクスポート] 画面

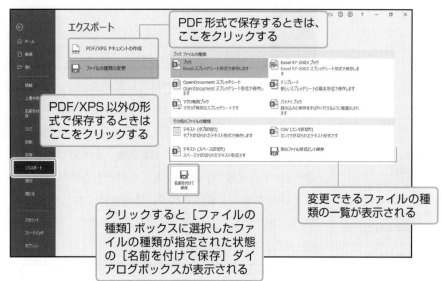

操作手順

❶ ワークシート「請求書」が表示されていることを確認します。

❷ [ファイル] タブをクリックします。

その他の操作方法
ファイルの種類の変更

[ファイル] タブをクリックし、[名前を付けて保存] をクリックして、[名前を付けて保存] 画面を表示します。[参照] をクリックすると [名前を付けて保存] ダイアログボックスが表示されるので [ファイルの種類] ボックスの▼をクリックし、一覧からファイルの種類を選択し、[保存] をクリックします。

ヒント
XPS 形式

XPS 形式は、PDF と同様に、パソコンに Excel がインストールされていない環境でも、無料のアプリケーションを使って閲覧や印刷することができるファイル形式です。表示には Windows に XPS ビューアーの機能を追加して使用します。

ヒント
ブック全体を PDF にする

ここで紹介した方法でブックを PDF で保存すると、アクティブなワークシートだけが保存されます。ブック全体を PDF にする場合は、[PDF または XPS 形式で発行] ダイアログボックスの [オプション] をクリックします。[オプション] ダイアログボックスが表示されるので、[発行対象]の[ブック全体] をクリックし、[OK] をクリックします。

③ [エクスポート] をクリックします。

④ [エクスポート] 画面が表示されます。

⑤ [PDF/XPS ドキュメントの作成] が選択されていることを確認します。

⑥ [PDF/XPS ドキュメントの作成] の [PDF/XPS の作成] ボタンをクリックします。

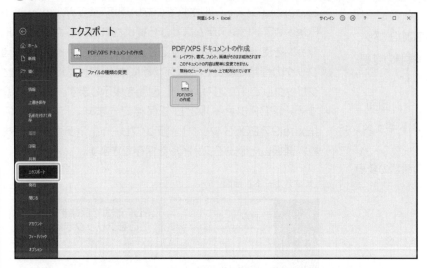

⑦ [PDF または XPS 形式で発行] ダイアログボックスが表示されるので、[ファイルの場所] ボックスの [Excel365&2019（実習用）] をクリックします。

⑧ ファイルの保存場所が「Excel365&2019（実習用）」になります。

⑨ [ファイル名] ボックスに「請求書」と入力します。

⑩ [ファイルの種類] ボックスに「PDF」と表示されていることを確認します。

※「XPS 文書」と表示されている場合は、クリックして、一覧から [PDF] をクリックします。

⑪ [発行] をクリックします。

⑫ PDF ファイルが作成され、[Excel365&2019（実習用）] フォルダーに保存されます。

⑬ [PDF または XPS 形式で発行] ダイアログボックスの［発行後にファイルを開く］
チェックボックスがオンになっている場合は、Windows 10 付属のブラウザー
Edge など、PDF 閲覧用の既定のアプリケーションが起動して PDF ファイルが表
示されるので、確認して、［×］閉じるボタンをクリックします。

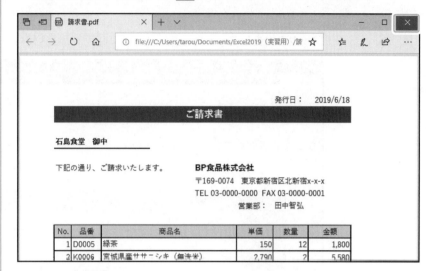

※ 解答操作が終了したら、[Excel365&2019（実習用）] フォルダーに保存した PDF
ファイルを削除しておきます。

非表示のプロパティや
個人情報を見つけて削除する

練習問題

ブックを検査して、ドキュメントのプロパティと個人情報を削除します。

ブックに含まれるプロパティと個人情報を削除する

機能の解説

☐ ドキュメントの
　　プロパティと個人情報

☐ ドキュメント検査

ドキュメント検査を行うと、ブックに非表示のデータや個人情報が含まれていないかを調べて、必要に応じて削除することができます。ブックを共有したり、配布したりする場合は、事前にドキュメント検査を行い、知られたくない情報を削除しておきます。
ドキュメント検査で検出して削除できる主な内容は次の通りです。

ドキュメント検査の項目名	検出される内容
コメント	コメントの内容や作業者名
ドキュメントのプロパティと個人情報	作成者、タイトル、コメントなどブックについての詳細情報と Office プログラムによって自動的に保存されたブックの最終保存者名や作成日など
カスタム XML データ	ブックに含まれるカスタム XML データ
ヘッダーとフッター	ヘッダーやフッターの情報
非表示の行、列、ワークシート	非表示になっている行、列、ワークシート
非表示のコンテンツ	非表示になっているグラフ、図形、画像、SmartArt などのオブジェクト

ドキュメント検査では、ピボットテーブル、ピボットグラフ、スライサー、タイムライン、埋め込みドキュメント、マクロ、他のファイルへのリンク、フィルターなども検出できますが、ブックが正しく動作しなくなる可能性があるため一括で削除することはできません。必要に応じて手動で削除します。

❶ ［ファイル］タブをクリックします。

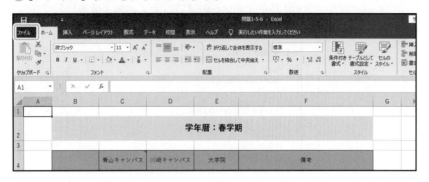

❷ ［情報］画面が表示されるので、右側の［プロパティ］にタイトル「学年暦」、［関連ユーザー］に作成者名と最終更新者名が表示されていることを確認します。

❸ ［問題のチェック］ボタンをクリックします。

❹ 一覧から［ドキュメント検査］をクリックします。

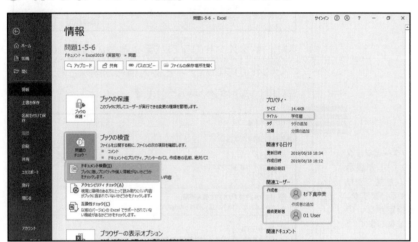

※ ファイルの保存を確認するメッセージが表示された場合は、［はい］をクリックします。

❺ ［ドキュメント検査］ダイアログボックスが表示されるので、［ドキュメントのプロパティと個人情報］チェックボックスがオンになっていることを確認します。

❻ ［検査］をクリックします。

[情報] 画面

Office のバージョンや更新によって、［ファイル］タブをクリックすると［ホーム］画面が表示される場合があります。その場合は[情報]をクリックして［情報］画面を表示します。

プロパティの確認

ファイルのプロパティは、［情報］画面の右側に表示されます。［プロパティをすべて表示］をクリックすると、さらに詳しいプロパティが表示されます（「1-4-6」参照）。

⑦ドキュメント検査が実行され、[ドキュメントのプロパティと個人情報]の先頭に赤の「！」が表示され、「次のドキュメント情報が見つかりました」と表示されていることを確認します。

⑧［ドキュメントのプロパティと個人情報］の［すべて削除］をクリックします。

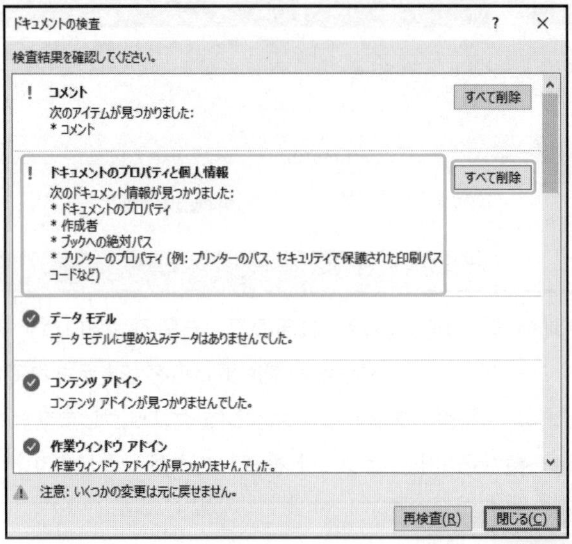

⑨［ドキュメントのプロパティと個人情報］の先頭がチェックマークになり、「ドキュメントのプロパティと個人情報が削除されました。」と表示されます。

⑩［閉じる］をクリックします。

ポイント

他の検査結果

［コメント］と［ヘッダーとフッター］の先頭にも赤の「！」が表示され、「次のアイテムが見つかりました」と表示されていますが、問題文で削除する指定がないので、ここではそのままにします。

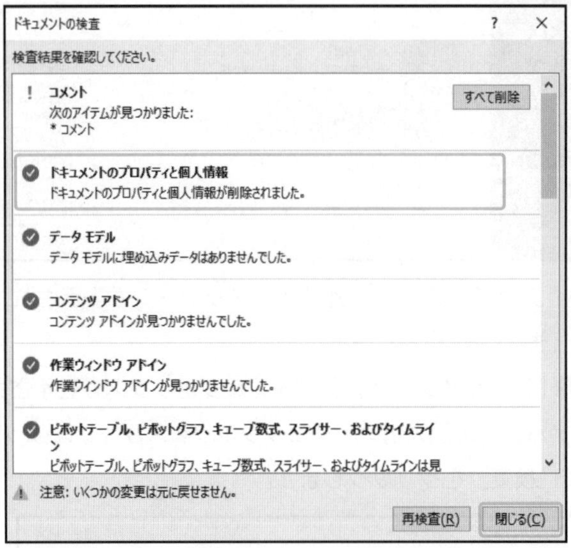

⑪［情報］画面の右側の［プロパティ］のタイトル、［関連ユーザー］の作成者名と最終更新者名がなくなったことを確認します。

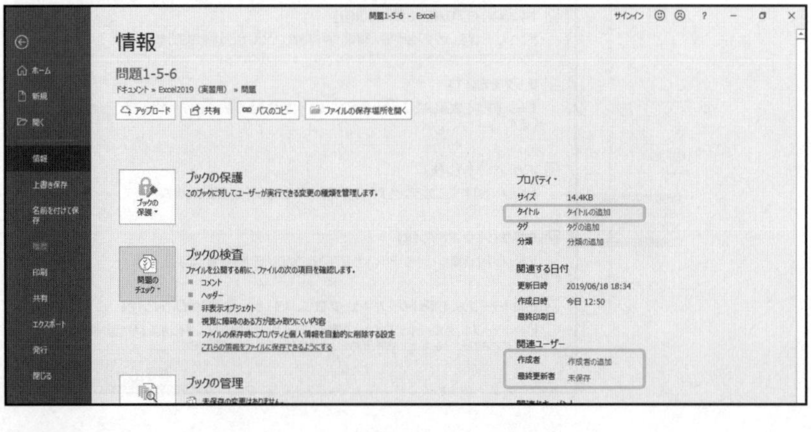

練習問題

互換モードであるこのブックを、Excel 2019 のすべての機能が利用できるファイル形式に変換します。

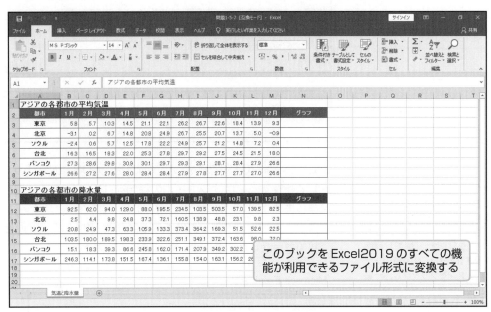

このブックを Excel2019 のすべての機能が利用できるファイル形式に変換する

機能の解説

重要用語

□ [互換モード]
□ [変換] ボタン
□ Excel 97-2003 ブック
□ [Microsoft Excel- 互換性チェック] ダイアログボックス

Excel のファイル形式は、Excel 2003 以前と、Excel 2007 以降で異なります。Excel 2003 以前の形式で保存されたブックを Excel 2019 で開くと、タイトルバーのファイル名の後ろに「[互換モード]」と表示されます。また、[挿入] タブの [3D マップ] ボタンや、[アドイン] グループ、[スパークライン] グループ、[フィルター] グループなどのボタンが淡色表示され、操作できなくなります。これらは Excel 2007 以降に追加された機能で、互換モードでは利用することができないからです。
利用できるようにするには、[ファイル] タブをクリックし、[情報] 画面に [互換モード] の [変換] ボタンがあるので、クリックします。

[情報] 画面

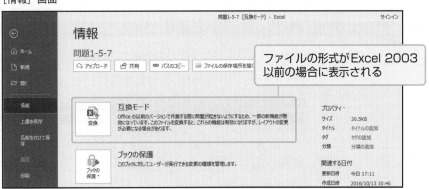

ファイルの形式が Excel 2003 以前の場合に表示される

ブックが最新のファイル形式に変換され、元のブックが削除されるというメッセージが表示された場合は、[OK] をクリックします。次に表示される正常にファイル形式が変換されたというメッセージの [はい] をクリックします。ブックがいったん閉じて、再表示されます。タイトルバーの「[互換モード]」の表示はなくなり、淡色表示になっていたボタンが表示され、Excel 2019 のすべての機能が利用できるようになります。

互換モードのブックを変換するときに表示されるメッセージ

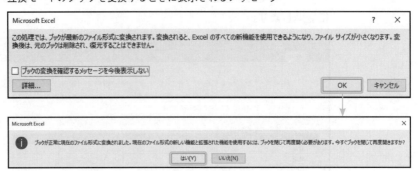

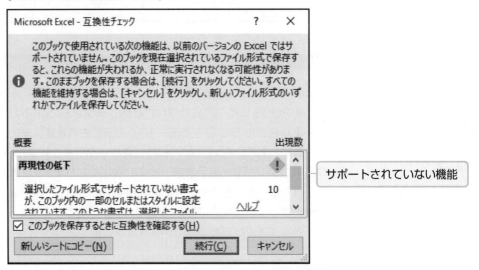

★ ヒント

互換性チェック

互換モードでの保存はせずに、互換性チェックだけを行う場合は、[ファイル] タブの [情報] をクリックします。[情報] 画面が表示されるので、[問題のチェック] ボタンをクリックし、一覧から [互換性チェック] をクリックします。[Microsoft Excel- 互換性チェック] ダイアログボックス（右図）が表示されます。

[問題のチェック] ボタン

逆に、Excel 2019 で作成したブックを 2003 以前の Excel で開けるように「互換モード」で保存するには、ファイルの種類を「Excel 97-2003 ブック」の形式に変更して保存します（「1-5-5」参照）。保存時に [Microsoft Excel- 互換性チェック] ダイアログボックスが表示され、このブックに含まれていて、2003 以前の Excel で開いたときに利用できなくなる機能の一覧が表示されます。

[Microsoft Excel- 互換性チェック] ダイアログボックス

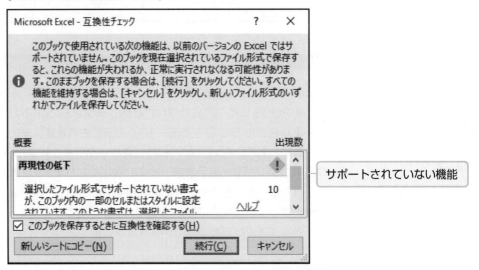

サポートされていない機能

操作手順

❶ タイトルバーのファイル名の後に「[互換モード]」と表示されていることを確認します。

❷ [ファイル] タブをクリックします。

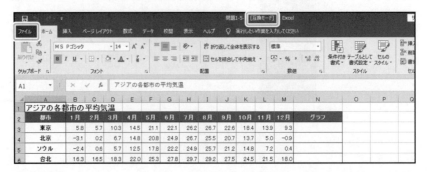

❸ [情報] 画面が表示されるので、[互換モード] の 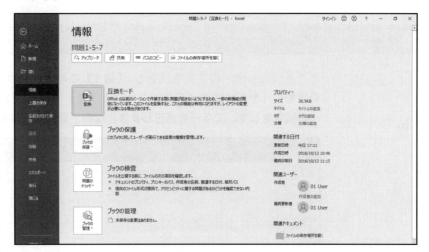 [変換] ボタンをクリックします。

❹「この処理では、ブックが最新のファイル形式に変換されます。変換されると、…」というメッセージが表示された場合は [OK] をクリックします。

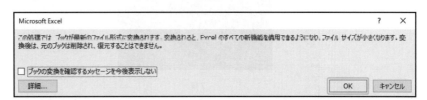

❺「ブックが正常に現在のファイル形式に変換されました。現在のファイル形式の…」というメッセージが表示されるので、[はい] をクリックします。

❻ ブックが再表示されます。タイトルバーに「[互換モード]」の表示がないことを確認します。

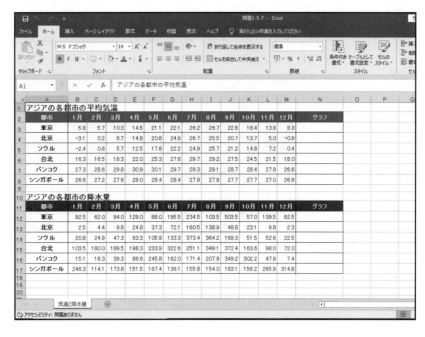

1-5-8 アクセシビリティの問題を見つけて修正する

練習問題

問題フォルダー
└問題 1-5-8.xlsx

解答フォルダー
└解答 1-5-8.xlsx

アクセシビリティの問題を検査し、「図1」の写真に「ハワイの写真」、「グループ化2」の図形に「ヤシの木のイラスト」という代替テキスト、「四角形：メモ3」の図形に装飾用の設定をして、エラーを修正します。なお、警告はそのままにします。

機能の解説

重要用語

□ アクセシビリティ

□ アクセシビリティの
  問題を検査

□ [アクセシビリティ
  チェック]

□ [問題のチェック]
  ボタン

□ [アクセシビリティ
  チェック]作業ウィンドウ

アクセシビリティとは、情報やサービスの利用しやすさのことです。特に、高齢者や障害者などハンディキャップを持つ人が利用したときに問題が生じないかという意味で使われます。

Excel のブックのアクセシビリティの問題を検査するには、アクセシビリティチェックを行います。[ファイル]をクリックし、[情報]画面の  [問題のチェック]ボタンをクリックして、[アクセシビリティチェック]をクリックすると実行されます。検査結果は[アクセシビリティチェック]作業ウィンドウに一覧表示されます。見つかった問題は「エラー」、「警告」、「ヒント」に分類され、問題を解決すると消えます。

分類	問題の内容
エラー	障害のあるユーザーにとって、理解が難しいか、または不可能なコンテンツ
警告	障害のあるユーザーにとって、理解しにくい可能性のあるコンテンツ
ヒント	障害のあるユーザーにとって、理解可能だが、わかりやすくするために構成や表示を改善したほうがよいコンテンツ

[アクセシビリティチェック] 作業ウィンドウ

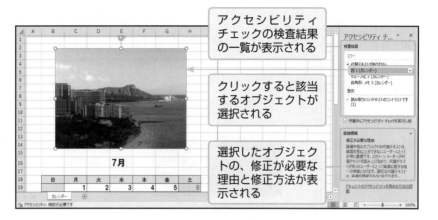

アクセシビリティチェックの検査結果の一覧が表示される

クリックすると該当するオブジェクトが選択される

選択したオブジェクトの、修正が必要な理由と修正方法が表示される

操作手順

❶ [ファイル] タブをクリックします。

❷ [情報] 画面が表示されるので、[ブックの検査] の [問題のチェック] ボタンをクリックします。

❸ 一覧から [アクセシビリティチェック] をクリックします。

④ ［アクセシビリティチェック］作業ウィンドウが表示されるので、［検査結果］の［エラー］の［代替テキストがありません（3）］をクリックし、代替テキストがないオブジェクトの一覧を表示します。

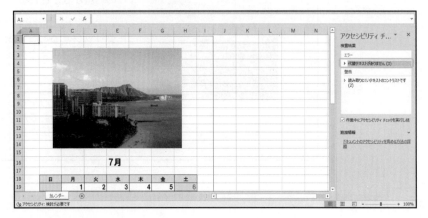

⑤ 一覧から［図1（カレンダー）］をクリックします。

⑥ 写真が選択されます。

⑦ 作業ウィンドウの下部に［追加情報］として修正が必要な理由と修正方法が表示されるので確認します。

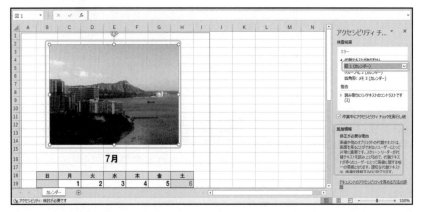

⑧ 写真を右クリックし、ショートカットメニューの［代替テキストの編集］をクリックします。

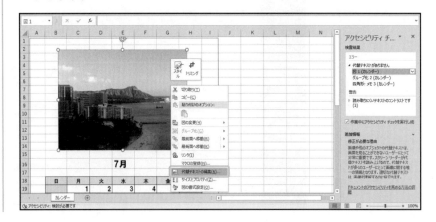

★ヒント

代替テキスト

代替テキストは、読み上げソフトが使う情報としても使用されます。また、Webページとして保存した場合に、Webブラウザーで読み込んでいる間、オブジェクトの代わりに表示されます。

★ヒント

オブジェクト名

オブジェクトの一覧には、「オブジェクト名（ワークシート名）」が表示されます。オブジェクト名は［名前ボックス］で変更することが可能です。

★ヒント

修正方法

問題を解決するための修正手順が表示されるので、参考にして改善します。まったく同じ手順で操作しなくてもかまいません。

▶その他の操作方法

代替テキストの設定

写真が選択されている状態で、［図の形式］タブの［代替テキスト］ボタンをクリックしても、手順⑨の［代替テキスト］作業ウィンドウが表示され、代替テキストを設定できます。

［代替テキスト］ボタン

❾ ［代替テキスト］作業ウィンドウが表示されるので、ボックスに「ハワイの写真」と入力します。

❿ ［アクセシビリティチェック］作業ウィンドウの［検査結果］の［エラー］の［代替テキストがありません］の一覧から［図1（カレンダー）]）がなくなります。

⓫ ［エラー］の［代替テキストがありません］の一覧の［グループ化2（カレンダー）］をクリックします。

⓬ ヤシの木のイラストが選択されます。

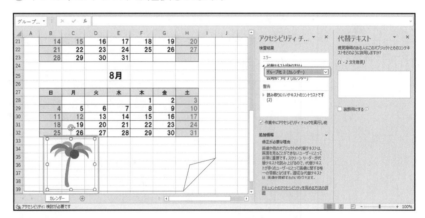

⓭ ［代替テキスト］作業ウィンドウのボックスに「ヤシの木のイラスト」と入力します。

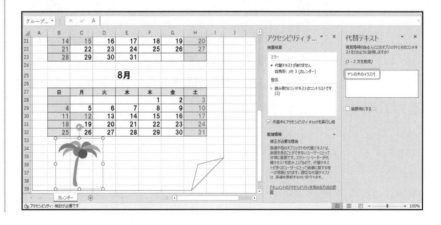

⑭ ［アクセシビリティチェック］作業ウィンドウの［検査結果］の［エラー］の［代替テキストがありません］の一覧から［グループ化２（カレンダー）］がなくなります。

⑮ ［エラー］の［代替テキストがありません］の一覧の［四角形：メモ３（カレンダー）］をクリックします。

⑯ メモの図形が選択されます。

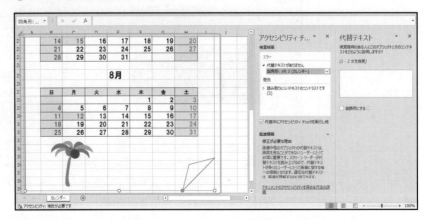

★ヒント

装飾用

単なる装飾用のオブジェクトの場合は、［装飾用］チェックボックスをオンすると、エラーから除外されます。

⑰ ［代替テキスト］作業ウィンドウの［装飾用にする］チェックボックスをオンにします。

⑱ ［アクセシビリティチェック］作業ウィンドウの［検査結果］の［エラー］の表示がなくなります。

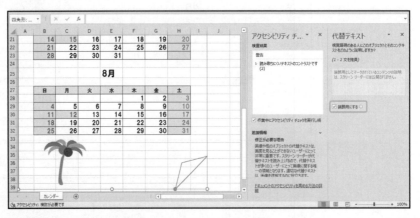

※ 解答操作が終了したら、［アクセシビリティチェックボックス］の作業ウィンドウを閉じるために、 ✕ 閉じるボタンをクリックします。

セルやセル範囲のデータの管理

2-1 シートのデータを操作する

既存のデータを再利用する際は、元のデータの特定の書式だけを含んでコピーしたり、必要な列や行を増やしたり、不要な列や行を削除したりして、効率よく作業します。また、別のファイルから取り込んだデータなどで、セルの位置がずれている場合は、セルの挿入、削除で修正できます。

2-1-1 形式を選択してデータを貼り付ける

練習問題

問題フォルダー
└問題 2-1-1.xlsx

解答フォルダー
└解答 2-1-1.xlsx

【操作 1】セル範囲 C4:D7 をコピーして、セル範囲 C11:D14 にリンク貼り付けします。

【操作 2】セル範囲 K4:L8 をコピーして、数式と数値の書式をセル範囲 K11:L15 に貼り付けます。

【操作 3】D 列の列幅を、K～L 列に貼り付けます。

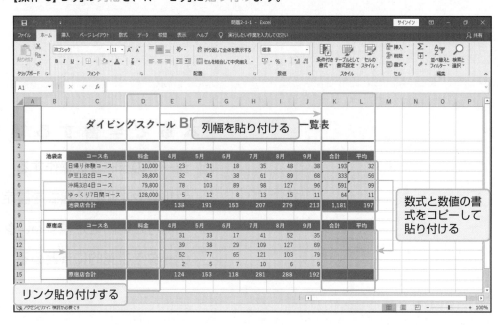

機能の解説

重要用語

- □ 形式を選択して貼り付ける
- □ [貼り付け] ボタンの▼
- □ [貼り付けのオプション] ボタン
- □ [形式を選択して貼り付け]
- □ [形式を選択して貼り付け] ダイアログボックス

セルのデータを移動したり、コピーしたりする場合、標準ではデータの書式を含めて貼り付けるのに対し、セルの値のみ、数式のみ、書式のみ、などのように形式を選択して貼り付けることもできます。貼り付けの際に [ホーム] タブの [貼り付け] ボタンの▼をクリックし、表示される一覧から形式を選択するか、[貼り付け] ボタンをクリックして貼り付けた後に表示される (Ctrl)▼ [貼り付けのオプション] ボタンをクリックし、表示される一覧から形式を選択します。

[貼り付け] ボタンの▼の一覧

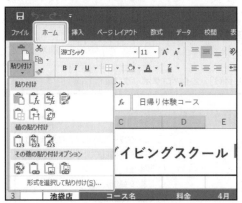

[貼り付けのオプション] ボタンの一覧

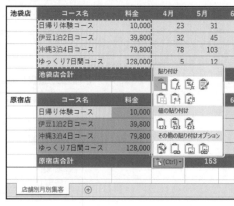

ポイント

貼り付け結果のプレビュー
[貼り付け] ボタンの▼の一覧に
表示されるアイコンをポイントす
ると、貼り付け後のイメージがプ
レビューされ、貼り付け結果を確
認することができます。

[貼り付け] ボタン

[貼り付け] ボタンの▼や [貼り付けのオプション] ボタンをクリックして表示される一覧のアイコン

アイコン	名称	内容
[貼り付け]		
	貼り付け	セルのデータと書式をすべて貼り付ける
	数式	数式のみを貼り付ける
	数式と数値の書式	数式と数値の表示形式のみを貼り付ける
	元の書式を保持	罫線を含めてコピー元の書式を保持して貼り付ける
	罫線なし	罫線以外のコピー元の書式を保持して貼り付ける
	元の列幅を保持	コピー元の列幅を保持して貼り付ける
	行 / 列の入れ替え	行と列を入れ替えて貼り付ける
[値の貼り付け]		
	値	数式の結果の値のみを貼り付ける
	値と数値の書式	数式の結果の値と数値の表示形式のみを貼り付ける
	値と元の書式	コピー元の書式を保持して数式の結果の値を貼り付ける
[その他の貼り付けオプション]		
	書式設定	書式のみを貼り付ける
	リンク貼り付け	コピー元のデータにリンクして更新される形式で貼り付ける
	図	図に変換して貼り付ける
	リンクされた図	図に変換して、コピー元のデータと書式にリンクして更新される形式で貼り付ける

第2章
セルやセル範囲のデータの管理

2-1 シートのデータを操作する | 79

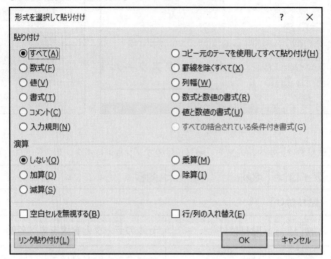

[貼り付け] ボタンの▼をクリックし、[形式を選択して貼り付け] をクリックすると、[形式を選択して貼り付け] ダイアログボックスが表示され、一覧のアイコンにないさらに詳細な形式での貼り付けも指定できます。

[形式を選択して貼り付け] ダイアログボックス

操作手順

【操作 1】

❶ セル C4 ～ D7 を範囲選択します。

❷ [ホーム] タブの [コピー] ボタンをクリックします。

❸ 選択したセルが点線で囲まれます。

その他の操作方法

コピー

選択範囲内で右クリックし、ショートカットメニューの [コピー] をクリックします。

その他の操作方法

ショートカットキー

Ctrl + C キー（コピー）

ヒント

[貼り付け] ボタン

[貼り付け] ボタンをクリックすると、コピー元のデータと書式がすべて貼り付けられます。貼り付けた後に、[Ctrl] [貼り付けのオプション] ボタンをクリックすると、貼り付ける形式を変更できます。

[貼り付け] ボタン

その他の操作方法

リンク貼り付け

貼り付け先のセルを右クリックし、ショートカットメニューの [貼り付けのオプション] の一覧から [リンク貼り付け] をクリックします。

ポイント

リンク貼り付け

セルをリンク貼り付けすると、コピー先のセルにはコピー元のセル番地を表す数式「＝セル番地」が入力されます（異なるシートの場合は「＝シート名！セル番地」という形でシート名を含めた数式が入力されます）。コピー元のセルの値を変更すると、コピー先のセルの値もそれに合わせてコピー元と同じ値に変更されます。

ヒント

エラー表示

セル K4 ～ L7 の左上にエラーインジケーター（）が表示されています。セルをアクティブにすると、 [エラー] ボタンが表示され、ポイントすると「このセルにある数式は、隣接したセル以外の範囲を参照します。」と表示されます。これは合計と平均の範囲が隣接する料金のセルを含んでいないためです。数式は正しいのでこのままにします。

④ セル C11 をクリックします。

⑤ [ホーム] タブの [貼り付け] ボタンの▼をクリックします。

⑥ [その他の貼り付けオプション] の一覧から [リンク貼り付け]（左から2番目）をクリックします。

⑦ セル C11 ～ D14 にリンク貼り付けされます。

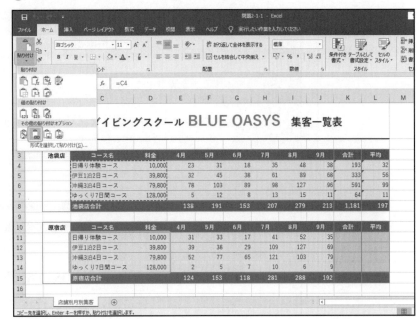

【操作2】

⑧ セル K4 ～ L8 を範囲選択します。

⑨ [ホーム] タブの [コピー] ボタンをクリックします。

⑩ 選択したセルが点線で囲まれます。

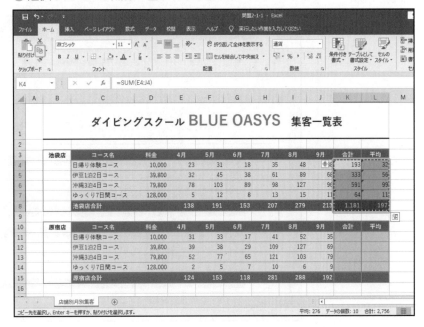

⑪ セル K11 をクリックします。

⑫ ［ホーム］ タブの ![貼り付け] [貼り付け］ボタンの▼をクリックします。

⑬ ［貼り付け］の一覧から ![数式と数値の書式] ［数式と数値の書式］（一番上、左から 3 番目）をクリックします。

⑭ セル K11 ～ L15 にセル K4 ～ L8 の数式と数値の書式が貼り付けられます。

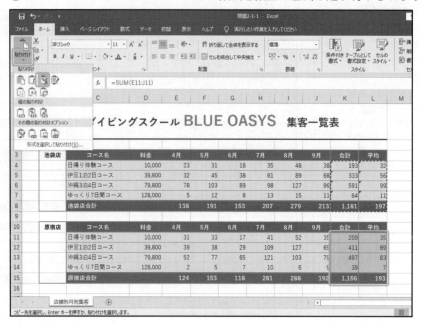

【操作 3】

⑮ 列番号 D をクリックします。

⑯ ［ホーム］ タブの ![コピー] ［コピー］ボタンをクリックします。

⑰ D 列が点線で囲まれます。

★ヒント

列幅のコピー元の指定
列幅をコピーする場合、コピー元は列でなく、セルを指定しても構いません。そのセルの列幅がコピーされます。

⑱ 列番号 K ～ L を選択します。

⑲ [ホーム] タブの [貼り付け] ボタンの▼をクリックします。

⑳ [形式を選択して貼り付け] をクリックします。

≫その他の操作方法≫

[形式を選択して貼り付け]
ダイアログボックスの表示

貼り付け先のセルを右クリック
し、ショートカットメニューの [形
式を選択して貼り付け] をクリッ
クします。

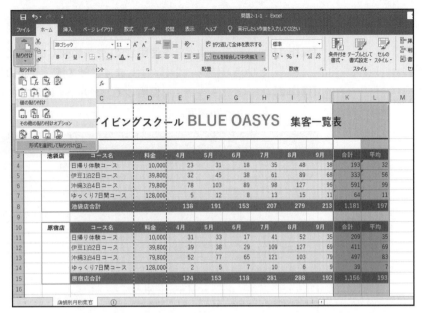

㉑ [形式を選択して貼り付け] ダイアログボックスが表示されるので、[貼り付け] の [列幅] をクリックします。

㉒ [OK] をクリックします。

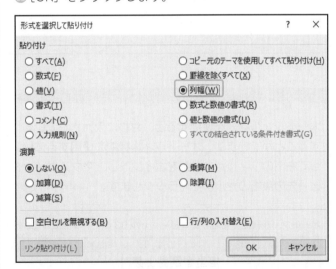

㉓ K ～ L 列の列幅が、D 列と同じになります。

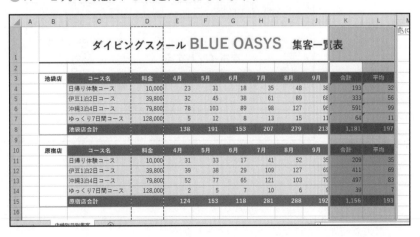

練習問題

問題フォルダー
└問題 2-1-2.xlsx

解答フォルダー
└解答 2-1-2.xlsx

【操作 1】オートフィル機能を使用して、セル範囲 C3:E3 に「第 2 四半期」～「第 4 四半期」
という連続データを入力します。その際、セルの書式はコピーしません。

【操作 2】オートフィル機能を使用して、セル F4 に入力されている数式をセル範囲 F5:F9
にコピーします。

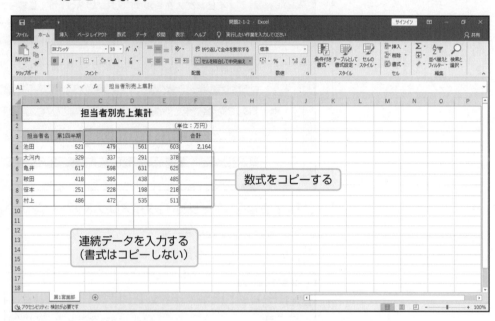

機能の解説

重要用語

□ オートフィル機能
□ コピー
□ フィルハンドル
□ 連続データ
□ [オートフィルオプション] ボタン
□ [フラッシュフィル]

オートフィル機能を使用すると、セルに入力されている値や数式を隣接するセルにコピーすることができます。オートフィル機能を使用するには、コピー元となるセルをクリックして右下のフィルハンドルをポイントし、マウスポインターの形が **+** に変わったら、コピー先の最後のセルまでドラッグします。

オートフィル機能を使用したコピー（セル B3 のデータをセル C3 ～ E3 にコピー）

ポイント

フィルハンドル

アクティブセルまたは選択範囲の右下隅の緑色の四角形のことです。フィルハンドルをポイントすると、マウスポインターの形が**+**に変わります。

次の表のような日付や時刻などの規則性のあるデータや文字列と数値を組み合わせた値をオートフィル機能を使ってコピーすると、連続データが入力されます。

基準となるセル	連続データ
1 月	2 月、3 月、4 月、5 月、6 月…11 月、12 月、1 月…
1 月 1 日	1 月 2 日、1 月 3 日、1 月 4 日…1 月 31 日、2 月 1 日…
1 週目	2 週目、3 週目、4 週目、5 週目…
月	火、水、木、金、土、日、月…
月曜日	火曜日、水曜日、木曜日、金曜日、土曜日、日曜日、月曜日…
1:00	2:00、3:00、4:00…23:00、0:00、1:00…
第 1	第 2、第 3、第 4、第 5…

オートフィル機能を使うとセルに設定されている書式もコピーされますが、操作後に表示される 🖵 ［オートフィルオプション］ボタンをクリックして表示される一覧から、データをコピーするのか、連続データを作成するのか、書式をコピーするのかなどを選択することができます。

🖵 ［オートフィルオプション］ボタンの一覧にある［フラッシュフィル］は、入力したデータから Excel が規則性を認識し、ほかのセルにその規則でデータを自動的に埋め込む機能です。

フラッシュフィルを使用したデータの入力

セル A2 の「姓」とセル B2 の「名」を続けて入力する

オートフィル機能を使用してデータをコピーし、［オートフィルオプション］ボタンの一覧から［フラッシュフィル］を選択する

各行の A 列の「姓」と B 列の「名」を続ける、という規則だと Excel が判断し、その規則を 3 行目以降にも適用する

操作手順

【操作 1】
❶ セル B3 をクリックして、セルの右下のフィルハンドルをポイントします。
❷ マウスポインターの形が ✚ に変わったら、セル E3 までドラッグします。

	A	B	C	D	E	F	G	H	I
1		担当者別売上集計							
2						（単位：万円）			
3	担当者名	第1四半期				合計			
4	池田	521	479	561	603	第4四半期 64			
5	大河内	329	337	291	378				
6	亀井	617	598	631	625				
7	鞍田	418	395	438	485				
8	笹本	251	228	198	218				
9	村上	486	472	535	511				
10									
11									

❸ セルC3～E3に「第2四半期」～「第4四半期」が入力されます。

❹ [オートフィルオプション] ボタンをクリックします。

❺ 一覧から [書式なしコピー（フィル）] をクリックします。

	A	B	C	D	E	F	G	H	I
1			担当者別売上集計						
2						（単位：万円）			
3		担当者名	第1四半期	第2四半期	第3四半期	第4四半期	合計		
4	池田	521	479	561	603	2,164			
5	大河内	329	337	291	378				
6	亀井	617	598	631	625				
7	鞍田	418	395	438	485				
8	笹本	251	228	198	218				
9	村上	486	472	535	511				
10									
11									

○ セルのコピー(C)
◉ 連続データ(S)
○ 書式のみコピー (フィル)(F)
○ 書式なしコピー (フィル)(O)

❻ 任意のセルをクリックして、範囲選択を解除し、セルE3の右側の縦線が二重線になっていることを確認します。

	A	B	C	D	E	F	G	H	I
1			担当者別売上集計						
2						（単位：万円）			
3		担当者名	第1四半期	第2四半期	第3四半期	第4四半期	合計		
4	池田	521	479	561	603	2,164			
5	大河内	329	337	291	378				
6	亀井	617	598	631	625				

【操作2】

❼ セルF4をクリックして、セルの右下のフィルハンドルをポイントします。

❽ マウスポインターの形が ✛ に変わったら、セルF9までドラッグします。

F4		▼	:	×	✓	fx	=SUM(B4:E4)		

	A	B	C	D	E	F	G	H	I
1			担当者別売上集計						
2						（単位：万円）			
3		担当者名	第1四半期	第2四半期	第3四半期	第4四半期	合計		
4	池田	521	479	561	603	2,164			
5	大河内	329	337	291	378				
6	亀井	617	598	631	625				
7	鞍田	418	395	438	485				
8	笹本	251	228	198	218				
9	村上	486	472	535	511				
10									

❾ セルF4の数式がセルF5～F9にコピーされます。

F4		▼	:	×	✓	fx	=SUM(B4:E4)		

	A	B	C	D	E	F	G	H	I
1			担当者別売上集計						
2						（単位：万円）			
3		担当者名	第1四半期	第2四半期	第3四半期	第4四半期	合計		
4	池田	521	479	561	603	2,164			
5	大河内	329	337	291	378	1,335			
6	亀井	617	598	631	625	2,471			
7	鞍田	418	395	438	485	1,736			
8	笹本	251	228	198	218	895			
9	村上	486	472	535	511	2,004			
10									

2-1-3 複数の列や行を挿入する、削除する

第
2
章

セルやセル範囲のデータの管理

練習問題

問題フォルダー
└問題 2-1-3.xlsx

解答フォルダー
└解答 2-1-3.xlsx

【操作 1】B 列と C 列の間に空白列を 2 列挿入して右側と同じ書式を適用し、セル C4 に「旬の季節」、セル D4 に「開花時期」と入力します。

【操作 2】6 行目と 9 ～ 10 行目を削除します。

機能の解説

□ 列の挿入
□ 行の挿入
□［挿入］
□［挿入オプション］ボタン
□ 列の削除
□ 行の削除
□［削除］

列や行を挿入するには、挿入する位置の列番号または行番号を右クリックし、ショートカットメニューの［挿入］をクリックします。複数の列や行を挿入する場合は、挿入したい数の列や行を選択してから同様の操作をします。列を挿入した場合は左側の列と同じ書式、行を挿入した場合は上の行と同じ書式が適用されます。右側の列や下の行と同じ書式を適用したり、書式を適用しない場合は、列や行の挿入後に表示される 📎 ［挿入オプション］ボタンをクリックして指定します。

列の挿入

列の挿入後に［挿入オプション］ボタンをクリックした状態

列や行を削除するには、削除する列や行を選択して右クリックし、ショートカットメニューの［削除］をクリックします。

操作手順

その他の操作方法
列や行の挿入

挿入する位置の列番号または行
番号をクリック（複数列や複数
行の場合は選択）し、[ホーム]タブ
の [挿入 ▾] [挿入] ボタンの▼
をクリックし、[シートの列を挿入]
または [シートの行を挿入] をク
リックします。

【操作1】

❶ 列番号 C ～ D を選択します。

❷ 選択範囲内で右クリックし、ショートカットメニューの [挿入] をクリックします。

❸ C ～ D 列に空白列が挿入されます。

❹ [挿入オプション] ボタンをクリックします。

❺ 一覧から [右側と同じ書式を適用] をクリックします。

❻ C ～ D 列の幅が E 列と同じになります。

❼ セル C4 に「旬の季節」、D4 に「開花時期」と入力します。

【操作 2】

❽ 行番号 6 をクリックします。

❾ **Ctrl** キーを押しながら行番号 9 ～ 10 を選択します。

❿ 選択範囲内で右クリックし、ショートカットメニューの［削除］をクリックします。

⓫ 6 行目と 9 ～ 10 行目が削除されます。

★ヒント

複数箇所の選択

1 カ所目を選択後、2 カ所目以降を **Ctrl** キーを押しながら選択します。

その他の操作方法

列や行の削除

削除したい列または行にあるセルを選択し、［ホーム］タブの [削除] ［削除］ボタンの▼をクリックし、［シートの列を削除］または［シートの行を削除］をクリックします。

第 **2** 章

セルやセル範囲のデータの管理

2-1-4 セルを挿入する、削除する

問題フォルダー
└ 問題 2-1-4.xlsx

解答フォルダー
└ 解答 2-1-4.xlsx

【操作 1】セル A8 に空白セルを挿入して右方向にシフトします。
【操作 2】セル範囲 C4:C7 およびセル C16 のセルを削除して左方向にシフトします。

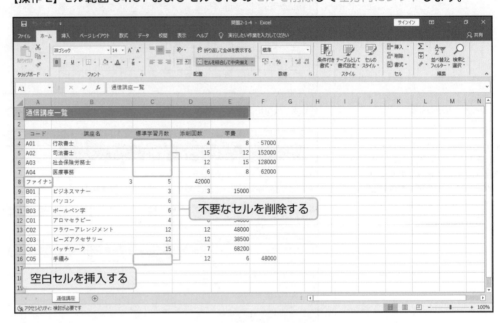

機能の解説

重要用語

☐ セルの挿入
☐ セルの削除
☐ [挿入]
☐ [セルの挿入] ダイアログ
　ボックス
☐ [削除]
☐ [削除] ダイアログ
　ボックス

テキストファイルなど Excel 以外のアプリで作成したファイルのデータを取り込んだり、長い文字列のデータを列幅を調整して表示してみると、セルがずれて入力されている場合があります。このような場合には空白のセルを挿入したり、不要なセルを削除して、修正します。

セルを挿入するには、空白セルを挿入する位置のセルを右クリックし、ショートカットメニューの [挿入] をクリックします。[セルの挿入] ダイアログボックスが表示されるので、セルを挿入したことによって現在のセルが移動する方向を指定します。セルを削除するには、削除するセルを右クリックし、ショートカットメニューの [削除] をクリックします。[削除] ダイアログボックスが表示されるので、セルを削除することによって現在のセルが移動する方向を指定します。複数のセルを挿入、削除する場合は、挿入したい数のセル、削除したいセル範囲を選択してから同様の操作をします。

★ヒント
行や列の挿入、削除
[セルの挿入] ダイアログボックスで [行全体] もしくは [列全体] を指定した場合は、現在選択されているセルの位置に空白の行もしくは列が挿入されます。削除も同様です。

[セルの挿入] ダイアログボックス

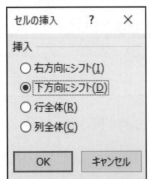

[削除] ダイアログボックス

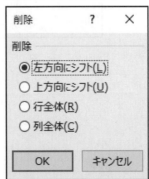

操作手順

その他の操作方法

セルの挿入

セルを選択し、[ホーム] タブの
[挿入 ▼] [挿入] ボタンの▼をク
リックし、[セルの挿入] をクリ
ックしても、[セルの挿入] ダイ
アログボックスが表示されます。

【操作 1】

❶ セル A8 を右クリックし、ショートカットメニューの [挿入] をクリックします。

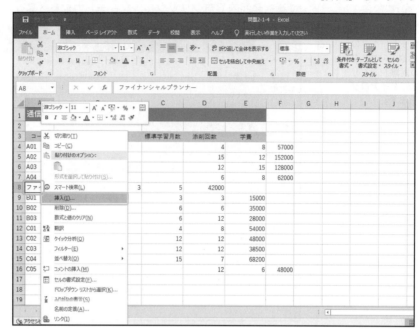

❷ [セルの挿入] ダイアログボックスが表示されるので、[挿入] の [右方向にシフト] をクリックします。

❸ [OK] をクリックします。

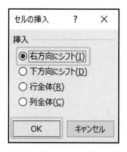

❹ セル A8 に空白セルが挿入され、セル A8 〜 D8 に入力されていたデータが 1 つ右 のセル B8 〜 E8 に移動します。

【操作2】

⑤ セル C4 〜 C7 を範囲選択します。

⑥ **Ctrl** キーを押しながら、セル C16 をクリックします。

⑦ 選択範囲内で右クリックし、ショートカットメニューの［削除］をクリックします。

▼その他の操作方法

セルの削除

セルを選択し、［ホーム］タブの
［削除］［削除］ボタンの▼をク
リックし、［セルの削除］をクリ
ックしても、［削除］ダイアログ
ボックスが表示されます。

⑧ ［削除］ダイアログボックスが表示されるので、［削除］の［左方向にシフト］が選択されていることを確認します。

⑨ ［OK］をクリックします。

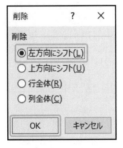

⑩ セル C4 〜 C7、セル C16 の空白セルが削除され、セル D4 〜 F7、セル D16 〜 F16 に入力されていたデータが 1 つ左のセル C4 〜 E7、セル C16 〜 E16 に移動します。

2-2 セルやセル範囲の書式を設定する

表は、文字列の配置を調整したり、罫線や網かけを設定したりすると、見やすくなります。さらに複数の書式を登録したスタイルや書式のコピー機能などを使うと、すばやく書式を設定することができます。

2-2-1 セルを結合する、セルの結合を解除する

練習問題

問題フォルダー
└ 問題 2-2-1.xlsx

解答フォルダー
└ 解答 2-2-1.xlsx

【操作 1】セル範囲 A1:F1 を結合し、文字列を中央に配置します。
【操作 2】文字列の配置を変更せずに、セル範囲 A4:A8 および A9:A13 を結合します。
【操作 3】セル A14（結合セル）のセルの結合と文字列の配置を解除します。

機能の解説

重要用語

☐ セルの結合

☐ ［セルを結合して中央揃え］
　 ボタン

☐ ［横方向に結合］

☐ ［セルの結合］

☐ セルの結合の解除

☐ ［セル結合の解除］

複数のセルを結合して 1 つのセルにし、その中のデータの配置を変更することができます。［ホーム］タブの ⊞ セルを結合して中央揃え ▾ ［セルを結合して中央揃え］ボタンを使用します。左側のボタン部分をクリックすると、範囲選択した複数のセルが 1 つに結合され、入力されているデータが横方向の中央に配置されます。データの配置を変更せずにセルを結合する場合は、⊞ セルを結合して中央揃え ▾ ［セルを結合して中央揃え］ボタンの▼をクリックして、［横方向に結合］または［セルの結合］をクリックします。［横方向に結合］を選択すると行単位でセルが結合され、［セルの結合］をクリックすると範囲選択したセルが 1 つのセルとして結合されます。

［セルを結合して中央揃え］ボタンの▼の一覧

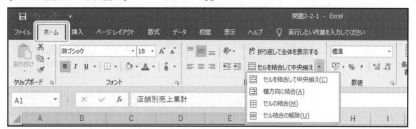

結合されているセルを選択すると、 ☐ セルを結合して中央揃え ▾ ［セルを結合して中央揃え］
ボタンが灰色に変わり、結合されていることが確認できます。セルの結合を解除するには、
結合されているセルを選択し、 ☐ セルを結合して中央揃え ▾ ［セルを結合して中央揃え］ボタ
ンをクリックしてオフにします。セルの結合と中央揃えが解除され、データの配置が初期
値に戻ります。なお、データの配置を変更せずにセルの結合を解除する場合は、
☐ セルを結合して中央揃え ▾ ［セルを結合して中央揃え］ボタンの▼をクリックし、［セル結合
の解除］をクリックします。

操作手順

【操作1】

❶ セルA1～F1を範囲選択します。

❷ ［ホーム］タブの ☐ セルを結合して中央揃え ▾ ［セルを結合して中央揃え］ボタンをクリッ
クします。

❸ セルA1～F1が結合され、文字列が中央に配置されます。

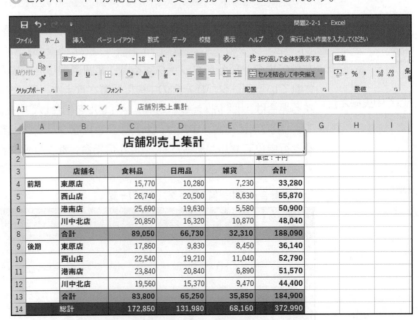

★ヒント

縦方向の配置

［セルを結合して中央揃え］ボタンをクリックした場合、データは横方向の中央に配置され、縦方向の配置は元の設定（初期設定では上下中央揃え）が保持されます。

【操作 2】

❹ セル A4 ～ A8 を範囲選択します。

❺ **Ctrl** キーを押しながら、セル A9 ～ A13 を範囲選択します。

❻ ［ホーム］タブの 田 セルを結合して中央揃え ▾ ［セルを結合して中央揃え］ボタンの▼をクリックします。

❼ 一覧から［セルの結合］をクリックします。

❽ セル A4 ～ A8 およびセル A9 ～ A13 が結合されます。

【操作 3】

⑨ セル A14（結合セル）をクリックします。

⑩ [ホーム] タブの  [セルを結合して中央揃え] をクリックし
てオフにします。

⑪ セル A14 ～ B14 の結合が解除され、セル A14 に「総計」の文字列が左揃えで表
示されます。

セルの配置、方向、インデントを変更する

練習問題

問題フォルダー
└問題 2-2-2.xlsx

解答フォルダー
└解答 2-2-2.xlsx

【操作 1】セル F2 の文字列を右揃え、セル範囲 B8、B13 の文字列を中央揃えに設定します。

【操作 2】セル A4（結合セル）、A9（結合セル）を縦書きにします。

【操作 3】セル範囲 B4:B7、B9:B12 に 1 文字分のインデントを設定します。

機能の解説

重要用語

□ ［左揃え］ボタン

□ ［中央揃え］ボタン

□ ［右揃え］ボタン

□ ［インデントを減らす］
　ボタン

□ ［インデントを増やす］
　ボタン

□ ［上揃え］ボタン

□ ［上下中央揃え］ボタン

□ ［下揃え］ボタン

□ ［方向］ボタン

□ ［セルの書式設定］
　ダイアログボックスの
　［配置］タブ

セル内のデータの表示位置の初期設定では、文字列が左揃え、数値が右揃えで配置されます。また、縦位置は文字列、数値とも上下中央に配置されます。セルを選択して、［ホーム］タブの［配置］グループの各ボタンをクリックすると、セル内のデータの配置を変更できます。

［ホーム］タブの［配置］グループ

①［左揃え］ボタン	：データをセルの左に表示します。
②［中央揃え］ボタン	：データをセルの横方向の中央に表示します。
③［右揃え］ボタン	：データをセルの右に表示します。
④［インデントを減らす］ボタン	：1 回クリックするごとに、1 文字分のインデントを解除します。
⑤［インデントを増やす］ボタン	：1 回クリックするごとに、データの先頭を 1 文字分ずつ右にずらして表示します。
⑥［上揃え］ボタン	：データをセルの上に表示します。
⑦［上下中央揃え］ボタン	：データをセルの縦方向の中央に表示します。
⑧［下揃え］ボタン	：データをセルの下に表示します。
⑨［方向］ボタン	：データを斜めまたは縦方向に回転します。

[セルの書式設定] ダイアログボックスの [配置] タブの [文字の配置] の [横位置] ボックスの▼をクリックし、一覧から [左詰め（インデント）] または [右詰め（インデント）] を選択し、[インデント] ボックスで文字数を指定すると、左詰めまたは右揃えにしたうえに、データの先頭を指定した文字数分右または左にずらして表示することができます。

[セルの書式設定] ダイアログボックスの [配置] タブを使用すると、横位置と縦位置など複数の配置の指定を一括で行ったり、均等割り付けなどリボンのボタンでは指定できないセル内の配置を設定することができます。[セルの書式設定] ダイアログボックスの [配置] タブを表示するには、[ホーム] タブの [配置] グループ右下の ⊿ [配置の設定] ボタンをクリックします。

[セルの書式設定] ダイアログボックスの [配置] タブ

操作手順

【操作 1】
① セル F2 をクリックします。

② [ホーム] タブの ≡ [右揃え] ボタンをクリックします。

③ セル F2 の文字列が右揃えになります。

右揃えや中央揃えが設定されているセルを選択すると、≡ [右揃え] ボタン、≡ [中央揃え] ボタンが灰色に変わり、設定されていることが確認できます。ボタンを再度クリックすると、元の配置に戻ります。

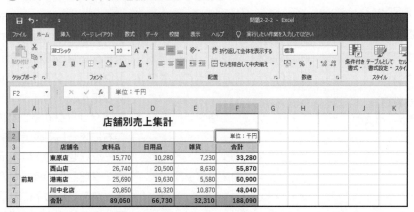

④ セル B8 をクリックします。

⑤ **Ctrl** キーを押しながらセル B13 をクリックします。

⑥ ［ホーム］タブの ≡ ［中央揃え］ボタンをクリックします。

⑦ セル B8 とセル B13 の文字列が中央揃えになります。

【操作 2】

⑧ セル A4（結合セル）～ A9（結合セル）を範囲選択します。

⑨ ［ホーム］タブの ≫ ・ ［方向］ボタンをクリックします。

⑩ 一覧から［縦書き］をクリックします。

⑪ セル A4（結合セル）、セル A9（結合セル）の文字列が縦書きになります。

【操作 3】

⑫ セル B4 〜 B7 を範囲選択します。

⑬ **Ctrl** キーを押しながら、セル B9 〜 B12 を範囲選択します。

⑭ ［ホーム］タブの [インデントを増やす] ボタンをクリックします。

⑮ セル B4 〜 B7、セル B9 〜 B12 に 1 文字分のインデントが設定されます。

★ヒント

インデントの解除
インデントを設定したセルを選択
し、 [インデントを減らす] ボ
タンをクリックします。

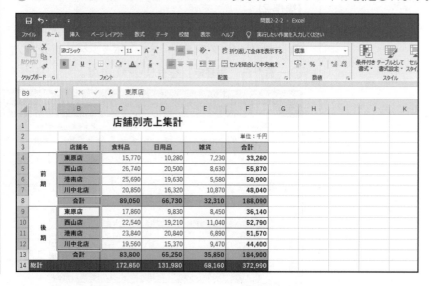

2-2-3 セル内の文字列を折り返して表示する

練習問題

問題フォルダー
└ 問題 2-2-3.xlsx

解答フォルダー
└ 解答 2-2-3.xlsx

セル F8 に入力されている文字列をセル内で折り返して表示します。

折り返して表示する

機能の解説

□ [折り返して全体を表示する] ボタン

文字列がセルの幅より長い場合、[ホーム] タブの [折り返して全体を表示する] [折り返して全体を表示する] ボタンをクリックすると、文字列を折り返してすべて表示することができます。折り返しを解除するには、文字列の折り返しを設定しているセルを選択し、再度 [折り返して全体を表示する] [折り返して全体を表示する] ボタンをクリックしてオフにします。

操作手順

★ヒント
行の高さ
文字列を折り返して表示すると自動的に行の高さが変更されます。行の高さを手動で変更している場合は、自動的に行の高さが調整されず、文字列の一部が表示されないことがあります。

★ヒント
ボタンの色
文字列の折り返しが設定されているセルを選択すると [折り返して全体を表示する] [折り返して全体を表示する] ボタンが灰色に変わり、設定されていることが確認できます。

❶ セル F8 をクリックします。

❷ [ホーム]タブの [折り返して全体を表示する] [折り返して全体を表示する]ボタンをクリックします。

❸ セル内で文字列が折り返して表示されます。

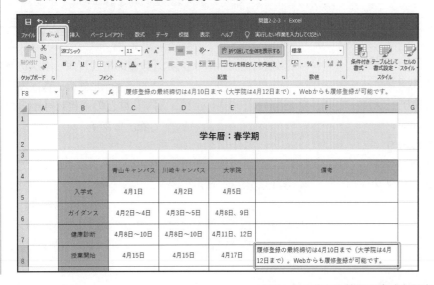

第**2**章 セルやセル範囲のデータの管理

数値の書式を適用する

練習問題

問題フォルダー
└問題 2-2-4.xlsx

解答フォルダー
└解答 2-2-4.xlsx

【操作 1】セル範囲 B4:C12 に桁区切りスタイルを設定します。

【操作 2】セル範囲 D4:D12 がパーセントスタイルで小数点以下第 2 位まで表示されるように設定します。

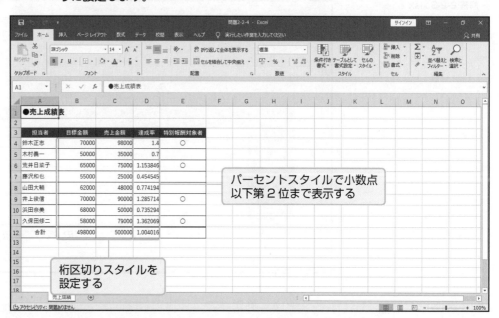

パーセントスタイルで小数点以下第 2 位まで表示する

桁区切りスタイルを設定する

機能の解説

重要用語

□ 表示形式

□ [数値の書式] ボックス

□ [通貨表示形式] ボタン

□ [パーセントスタイル] ボタン

□ [桁区切りスタイル] ボタン

□ [小数点以下の表示桁数を増やす] ボタン

□ [小数点以下の表示桁数を減らす] ボタン

□ [セルの書式設定] ダイアログボックスの [表示形式] タブ

セルに入力されている数値データは、「¥」（円記号）や 3 桁ごとに「,」（カンマ）を付けたり、小数点以下の表示桁数を変更したりするなど表示形式を変更することができます。表示形式は、セルを選択して、[ホーム] タブの [数値] グループのボックスやボタンで設定します。

[ホーム] タブの [数値] グループ

ここをクリックすると、[セルの書式設定] ダイアログボックスの [表示形式] タブが表示される

① [数値の書式] ボックス：[数値の書式] ボックスの▼をクリックすると、よく使用される表示形式の一覧が表示され、選択できます。

② [通貨表示形式] ボタン：「¥」などの通貨記号と 3 桁ごとに「,」（カンマ）を付けて表示します。

③ [パーセントスタイル] ボタン

：パーセントスタイルにして、「%」を付けて表示します。

④ [桁区切りスタイル] ボタン　　　：3 桁ごとに「,」（カンマ）を付けて表示します。

⑤ [小数点以下の表示桁数を増やす] ボタン：小数点以下の桁数を 1 桁ずつ増やします。

⑥ [小数点以下の表示桁数を減らす] ボタン：小数点以下の桁数を 1 桁ずつ減らします。

［セルの書式設定］ダイアログボックスの［表示形式］タブを使用すると、リボンのボタンにない表示形式も設定できます。［セルの書式設定］ダイアログボックスの［表示形式］タブを表示するには、［ホーム］タブの［数値］グループ右下の ［表示形式］ボタンをクリックします。

［セルの書式設定］ダイアログボックスの［表示形式］タブ

操作手順

【操作 1】

❶ セル B4 ～ C12 を範囲選択します。

❷ ［ホーム］タブの ❨❩［桁区切りスタイル］ボタンをクリックします。

❸ セル B4 ～ C12 の数値に 3 桁ごとに「,」（カンマ）が付きます。

【操作 2】

❹ セル D4 ～ D12 を範囲選択します。

❺ ［ホーム］タブの ％ ［パーセントスタイル］ボタンをクリックします。

🖈 その他の操作方法

ショートカットキー

Ctrl ＋ Shift ＋ 5 キー
（パーセントスタイル）

❻ セル D4 ～ D12 の数値がパーセントスタイルで表示されます。

	担当者	目標金額	売上金額	達成率	特別報酬対象者
4	鈴木正志	70,000	98,000	140%	○
5	木村義一	50,000	35,000	70%	
6	荒井日菜子	65,000	75,000	115%	○
7	藤沢和也	55,000	25,000	45%	
8	山田大輔	62,000	48,000	77%	
9	井上俊信	70,000	90,000	129%	○
10	浜田奈美	68,000	50,000	74%	
11	久保田修二	58,000	79,000	136%	○
12	合計	498,000	500,000	100%	

❼ [ホーム]タブの ⬸.0̤0 [小数点以下の表示桁数を増やす]ボタンを2回クリックします。

★ ヒント

表示形式をクリアする

[数値の書式] ボックスの▼をクリックし、一覧から [標準] をクリックすると表示形式をクリアすることができます。

❽ セルD4〜D12の数値が、パーセントスタイルで小数点以下第2位まで表示されます。

練習問題

問題フォルダー
└問題 2-2-5.xlsx

解答フォルダー
└解答 2-2-5.xlsx

【操作 1】セル範囲 A3:C3 を中央揃えにし、パターンの色「テーマの色」の「青、アクセント 5」、パターンの種類「12.5%灰色」の塗りつぶしを設定します。

【操作 2】セル範囲 A3:C8 に色「青、アクセント 5」の格子、商品名を区切る横線にスタイル「‥‥‥‥‥」の点線の罫線を引きます。

【操作 3】セル範囲 B4:B8 のフォントの色を「標準の色」の「赤」にし、取り消し線を設定します。

機能の解説

☞ 重要用語

□ [セルの書式設定]
　ダイアログボックス

□ [セルの書式設定]
　ダイアログボックスの
　[フォント] タブ

□ ～の [配置] タブ

□ ～の [表示形式] タブ

□ 罫線

□ [罫線] ボタン

□ [塗りつぶしの色]ボタン

□ [セルの書式設定]
　ダイアログボックスの
　[罫線] タブ

□ ～の [塗りつぶし] タブ

セルの書式は、[ホーム] タブの [フォント] グループや [配置] グループ、[数値] グループなどのボタンやボックスを使って設定できますが、[セルの書式設定] ダイアログボックスを使用すると、複数の書式を一括で設定したり、リボンのボタンやボックスにない書式を設定したりすることができます。[セルの書式設定] ダイアログボックスを表示するには、[ホーム] タブの各グループ右下の ⤵ をクリックします。[フォント] グループ右下の ⤵ [フォントの設定] ボタンをクリックすると [セルの書式設定] ダイアログボックスの [フォント] タブが、[配置] グループ右下の ⤵ [配置の設定] ボタンをクリックすると [配置] タブが、[数値] グループ右下の ⤵ [表示形式] ボタンをクリックすると [表示形式] タブが表示されます。

[ホーム] タブ

ここをクリックすると、[セルの書式設定]
ダイアログボックスが表示される

[セルの書式設定]ダイアログボックスの[フォント]タブ　　[配置]タブ

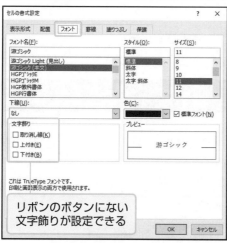

リボンのボタンにない
文字飾りが設定できる

詳細な配置が設定できる

ワークシートの枠線は初期値では印刷されません。表のセルに枠線を印刷する場合は、罫線を設定します。また、セルに塗りつぶしの色を設定すると、表のデータが一目で区別できるようになります。[ホーム]タブの[罫線]ボタン、[塗りつぶしの色]ボタンで設定することができますが、[セルの書式設定]ダイアログボックスの[罫線]タブ、[塗りつぶし]タブを使用すると、線の引き方や、塗りつぶしの種類などの詳細な設定ができて便利です。

[セルの書式設定]ダイアログボックスの[罫線]タブ　　　[塗りつぶし]タブ

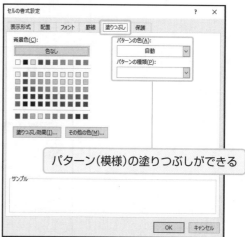

罫線を引く位置を細かく指定できる

パターン(模様)の塗りつぶしができる

その他の操作方法
中央揃え

[ホーム] タブの 三 [中央揃え]
ボタンをクリックします。
ここでは、同じ範囲に塗りつぶし
も設定するため、[セルの書式設
定] ダイアログボックスを使用し
ています。

【操作 1】

❶ セル A3 ～ C3 を範囲選択します。

❷ [ホーム] タブの [配置] グループ右下の ⌐ [配置の設定] ボタンをクリックします。

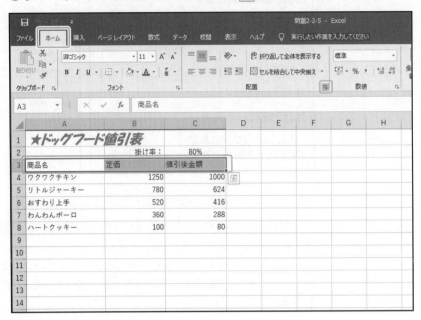

❸ [セルの書式設定] ダイアログボックスの [配置] タブが表示されるので、[横位置]
ボックスの▼をクリックします。

❹ 一覧から [中央揃え] をクリックします。

❺ [塗りつぶし] タブをクリックします。

❻ [パターンの色] ボックスの▼をクリックします。

❼ [テーマの色] の一覧から [青、アクセント 5] をクリックします。

⑧ [パターンの種類] ボックスの▼をクリックします。

⑨ [テーマの色] の一覧から [12.5% 灰色] をクリックします。

⑩ [サンプル] に指定したパターンが表示されるので、確認します。

⑪ [OK] をクリックします。

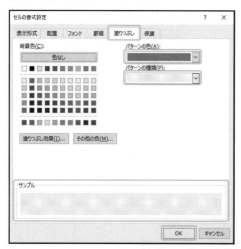

⑫ セル A3 ～ C3 が中央揃えになり、指定したパターンの塗りつぶしが設定されます。

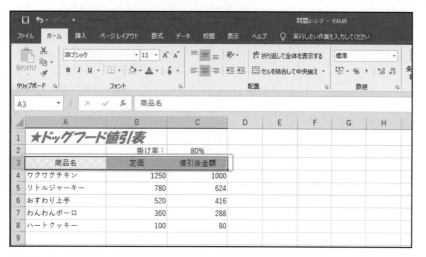

【操作 2】

⑬ セル A3 ～ C8 を範囲選択します。

⑭ [ホーム] タブの [フォント] グループ右下の ⬛ [フォントの設定] ボタンをクリックします。

その他の操作方法

[セルの書式設定] ダイアログボックスの [罫線] タブの表示

[ホーム] タブの ⬛ ▼ 罫線のボタンの▼をクリックし、[その他の罫線] クリックしても表示できます。

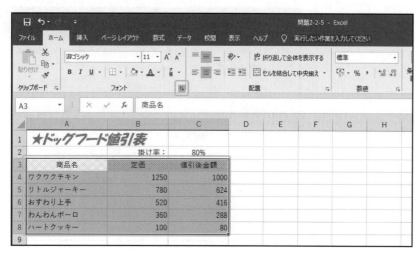

⑮ [セルの書式設定] ダイアログボックスが表示されるので、[罫線] タブをクリック
します。

⑯ [色] ボックスの▼をクリックします。

⑰ [テーマの色] の一覧から [青、アクセント 5] をクリックします。

⑱ [プリセット] の [外枠] をクリックします。

⑲ [プリセット] の [内側] をクリックします。

⑳ [罫線] のプレビューに青色の格子線が表示されたことを確認します。

㉑ [OK] をクリックします。

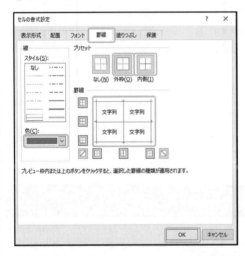

㉒ 任意のセルをクリックして、範囲選択を解除します。

㉓ セル A3 ～ C8 に青色の格子線が引かれたことを確認します。

㉔ セル A4 ～ C8 を範囲選択します。

㉕ [ホーム] タブの [フォント] グループ右下の ⬚ [フォントの設定] ボタンをクリッ
クします。

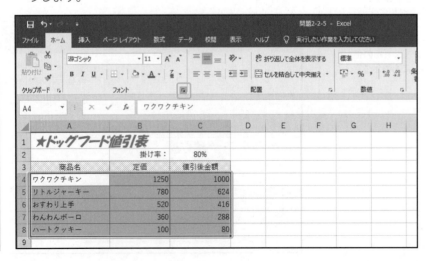

㉖ ［セルの書式設定］ダイアログボックスが表示されるので、［罫線］タブをクリックします。

㉗ ［線］の［スタイル］の一覧から ………………（左上から2番目）をクリックします。

㉘ ［色］ボックスに青色が表示されていることを確認します。

㉙ ［罫線］のプレビューの内側の横線をクリックします。

㉚ 内側の横線が点線に変わったことを確認します。

㉛ ［OK］をクリックします。

〉その他の操作方法〉
罫線の変更
プレビューの左側の ⊞ をクリックしても、表の内側の横線を指定した罫線に変更できます。

㉜ 任意のセルをクリックして、範囲選択を解除します。

㉝ 商品名を区切る横線が点線に変わったことを確認します。

	A	B	C	D	E	F	G	H
1	★ドッグフード値引表							
2		掛け率：	80%					
3	商品名	定価	値引後金額					
4	ワクワクチキン	1250	1000					
5	リトルジャーキー	780	624					
6	おすわり上手	520	416					
7	わんわんボーロ	360	288					
8	ハートクッキー	100	80					
9								

【操作3】

㉞ セルB4〜B8を範囲選択します。

㉟ ［ホーム］タブの［フォント］グループ右下の ◻ ［フォントの設定］ボタンをクリックします。

〉その他の操作方法〉
ショートカットキー
Ctrl + Shift + P
（［セルの書式設定］ダイアログボックスの［フォント］タブを表示）

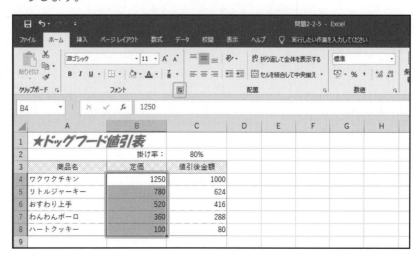

㊱ [セルの書式設定] ダイアログボックスの [フォント] タブが表示されるので、[色] ボックスをクリックします。

㊲ [標準の色] の一覧から [赤] をクリックします。

㊳ [文字飾り] の [取り消し線] チェックボックスをオンにします。

㊴ [プレビュー] の文字列の色が赤になり、取り消し線が引かれたことを確認します。

㊵ [OK] をクリックします。

㊶ セル B4 ～ B8 の文字列の色が赤になり、取り消し線が引かれます。

2-2-6 セルのスタイルを適用する

練習問題

問題フォルダー
└ 問題 2-2-6.xlsx

解答フォルダー
└ 解答 2-2-6.xlsx

【操作 1】セル範囲 A1:E1 にセルのスタイル「見出し 1」を適用します。
【操作 2】セル範囲 A5:E5 にセルのスタイル「薄い黄 , 60% – アクセント 4」を適用します。

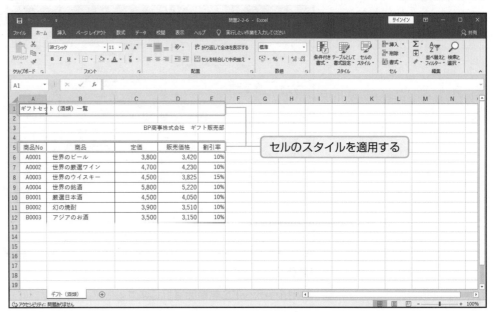

機能の解説

☐ セルのスタイル
☐ [セルのスタイル]
　 ボタン

セルのスタイルは、表示形式、配置、フォント、罫線、塗りつぶし、保護などの書式をまとめたものです。セルのスタイルを適用すると、セルに複数の書式をまとめて設定することができます。Excel にはあらかじめ多くの種類のセルのスタイルが登録されています。セルのスタイルを適用するには、設定したいセルを選択し、[ホーム] タブの 📋 [セルのスタイル] ボタンをクリックし、一覧からスタイルを選択します。

[セルのスタイル] ボタンの一覧

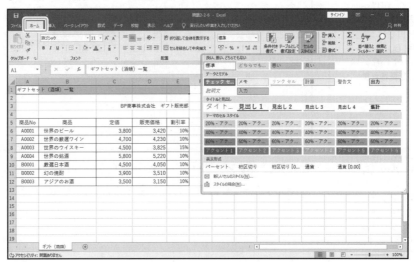

【操作 1】

① セル A1 〜 E1 を範囲選択します。

② [ホーム] タブの [セルのスタイル] ボタンをクリックします。

③ [タイトルと見出し] の一覧から [見出し 1] をクリックします。

④ セル A1 に指定したスタイルが適用されます。

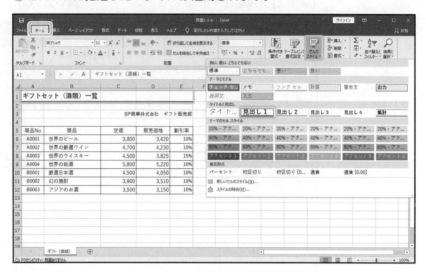

【操作 2】

⑤ セル A5 〜 E5 を範囲選択します。

⑥ [ホーム] タブの [セルのスタイル] ボタンをクリックします。

⑦ [テーマのセルスタイル] の一覧から [薄い黄 , 60% - アクセント 4] をクリックします。

⑧ セル A5 〜 E5 にスタイルが適用されます。

ポイント

設定済みの書式とセルのスタイル

あらかじめ書式が設定されているセルにスタイルを適用すると、スタイルに登録されている書式に変更されます。この例の場合、セル A5 〜 E5 のフォントサイズは「12」ですが、「薄い黄 , 60% - アクセント 4」に登録されているサイズが適用されて「11」になります。配置は「薄い黄 60% - アクセント 4」に登録されていないので、中央揃えのまま変更されません。

ヒント

セルのスタイルの解除

適用したセルのスタイルを解除するには、セルのスタイルの [良い、悪い、どちらでもない] の一覧から [標準] (左端) をクリックするか、[ホーム] タブの [クリア] ボタンをクリックし、[書式のクリア] をクリックします。ただし、セルのスタイルを適用する前に設定した書式も含め、すべての書式が解除されるので注意しましょう。

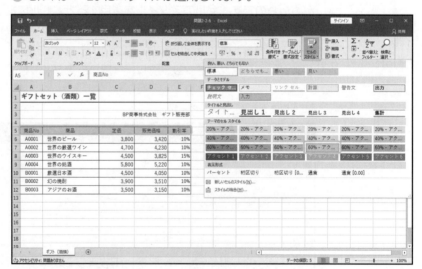

⑨ 任意のセルをクリックし、範囲選択を解除します。

⑩ セル A5 〜 E5 に指定したスタイルが適用されたことを確認します。

2-2-7 書式のコピー / 貼り付け機能を使用して セルに書式を設定する

練習問題

問題フォルダー
└問題 2-2-7.xlsx

解答フォルダー
└解答 2-2-7.xlsx

セル範囲 B3:K8 の書式をコピーして、セル範囲 B10:K15、B17:K22、B24:K29 に貼り付けます。

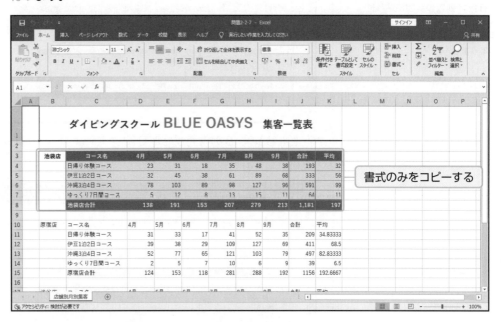

機能の解説

 重要用語

☐ 書式のコピー / 貼り付け
☐ ［書式のコピー/貼り付け］
　ボタン

［ホーム］タブの  ［書式のコピー / 貼り付け］ボタンを使用すると、セルに設定されている書式だけをコピー / 貼り付けすることができます。書式だけをコピー / 貼り付けするには、コピーしたい書式が設定されているセルを選択して、［ホーム］タブの  ［書式のコピー / 貼り付け］ボタンをクリックします。マウスポインターの形が 🔲 に変わるので、貼り付け先のセルをクリックまたはドラッグします。

なお、 ［書式のコピー / 貼り付け］ボタンをダブルクリックすると、再度  ［書式のコピー / 貼り付け］ボタンをクリックするか、**Esc** キーを押すまで同じ書式を何度でも貼り付けることができます。

ポイント

書式の貼り付け先の
セルの指定

書式の貼り付け先としては、左上
端の1つのセルだけをクリックし
て指定します。するとコピー元と
同じ行数×列数の範囲に貼り付
けられます。コピー元と同じ行数
×列数のセル範囲を指定する必
要はありません。

❶ セル B3 ～ K8 を範囲選択します。

❷ ［ホーム］タブの ┃ ［書式のコピー / 貼り付け］ボタンをダブルクリックします。

❸ マウスポインターの形が 🔹 になるので、セル B10 をクリックします。

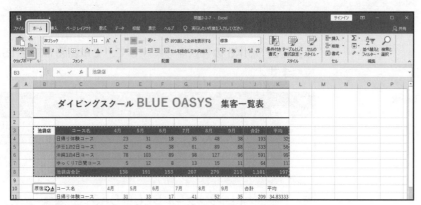

❹ セル B3 ～ K8 の書式がセル B10 ～ K15 に貼り付けられます。

❺ 続けてセル B17 と B24 をクリックします。

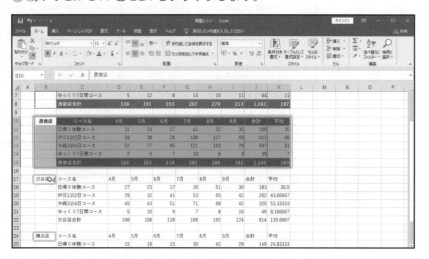

❻ セル B3 ～ K8 の書式がセル B17 ～ K22、B24 ～ K29 に貼り付けられます。

❼ ［ホーム］タブの ┃ ［書式のコピー / 貼り付け］ボタンをクリックして、マウスポ
インターの形を元に戻します。

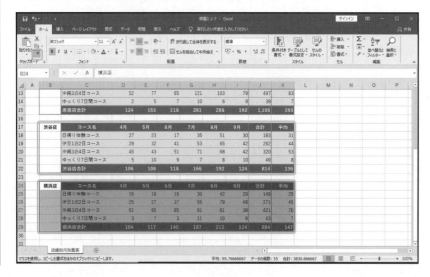

練習問題

セル B2（結合セル）に設定されている書式設定をクリアします。

機能の解説

□ 書式設定をクリア

□ ［クリア］ボタン

□ ［書式のクリア］

セルに設定されている書式設定をすべて解除して、初期値の状態に戻すには、書式のクリアを行います。書式設定を解除する範囲を選択し、［ホーム］タブの　［クリア］ボタンをクリックし、一覧から［書式のクリア］をクリックします。

【操作1】

① セルB2（結合セル）をクリックします。

② ［ホーム］タブの ✏ ▼ ［クリア］ボタンをクリックします。

③ 一覧から［書式のクリア］をクリックします。

④ セルB2の書式設定がクリアされ、フォントサイズが初期値の「11」に戻り、セル
の結合、中央揃え、塗りつぶしの色が解除されます。

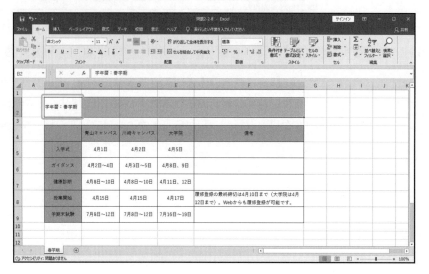

★ ヒント

列の幅と行の高さ

書式のクリアでは、列の幅と行の
高さは初期値には戻りません。

2-3 名前付き範囲を定義する、参照する

セルやセル範囲に名前を付けると、範囲選択を素早く行えたり、数式で使用できたりして便利です。また、テーブル名も変更しておくと、数式で使用するときにわかりやすくなります。

2-3-1 名前付き範囲を定義する

練習問題

問題フォルダー
└ 問題 2-3-1.xlsx

解答フォルダー
└ 解答 2-3-1.xlsx

セル範囲 A4:I54 の列ごとの範囲に名前を付けて登録します。その際、セル範囲 A3:I3 の項目名を名前として使用します。

列ごとの範囲に項目名の名前を付ける

機能の解説

重要用語

□ 名前

□ 名前ボックス

□ [名前の定義] ボタン

□ [新しい名前] ダイアログ
　ボックス

□ [選択範囲から作成]
　ボタン

□ [数式で使用] ボタン

セルやセル範囲に名前を付けて登録し、数式に使用することができます。名前を登録するには、目的のセルや範囲を選択し、名前ボックスに直接名前を入力するか（「1-2-2」参照）、[数式] タブの [名前の定義] ▼ [名前の定義] ボタンをクリックして表示される [新しい名前] ダイアログボックスで指定します。

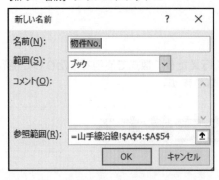
すでに作成されている表の見出しを利用すると、複数範囲に一度に名前を付けることができます。見出しも含めて名前を付けるセル範囲を選択し、[数式] タブの 選択範囲から作成 [選択範囲から作成] ボタンをクリックします。表示される [選択範囲から名前を作成] ダイアログボックスで見出しの位置を指定すると、見出しを除いたセル範囲が見出し名と同じ名前で登録されます。

選択範囲から名前を作成

選択範囲の見出し位置を指定すると、名前として使用される

登録した名前は、数式バーの左端の名前ボックスの▼をクリックすると一覧表示され、クリックするとその範囲が選択されます。また、数式に直接入力したり、[数式] タブの 数式で使用 ▾ [数式で使用] ボタンをクリックして表示される一覧から選択して挿入し、数式に使用することができます。（「4-1-2」参照）

[名前ボックス] の▼の一覧

名前ボックス

クリックするとその範囲が選択される

[数式で使用] ボタンの一覧

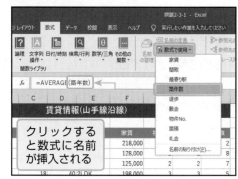

クリックすると数式に名前が挿入される

操作手順

その他の操作方法
ショートカットキー

表全体を選択するときは、表内の任意のセルをクリックし、**Ctrl** + **Shift** + **:** キー

【操作1】

① セル A3 ～ I54 を範囲選択します。

② ［数式］タブの 📋 選択範囲から作成 ［選択範囲から作成］ボタンをクリックします。

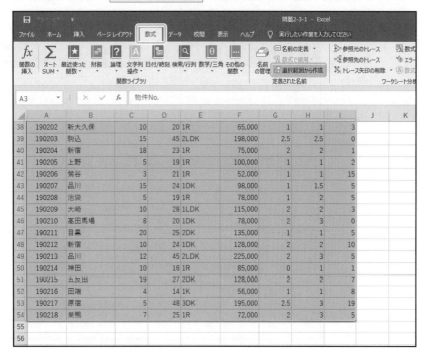

③ ［選択範囲から名前を作成］ダイアログボックスが表示されるので、［以下に含まれる値から名前を作成］の［上端行］チェックボックスがオンになっていることを確認します。

④ ［OK］をクリックします。

ヒント
定義した名前の確認

名前ボックスの▼をクリックすると名前の一覧が表示され、クリックするとその範囲が選択されます。また、［数式］タブの［名前の管理］ボタンをクリックすると、［名前の管理］ダイアログボックスが表示され、登録されている名前と参照範囲を一覧で確認できます。

 ［名前の管理］ボタン

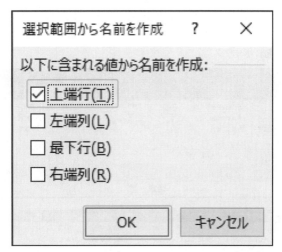

2-3-2 テーブルに名前を付ける

練習問題

問題フォルダー
└問題 2-3-2.xlsx

解答フォルダー
└解答 2-3-2.xlsx

ワークシート「請求一覧」のテーブルのテーブル名を「請求一覧」に変更します。

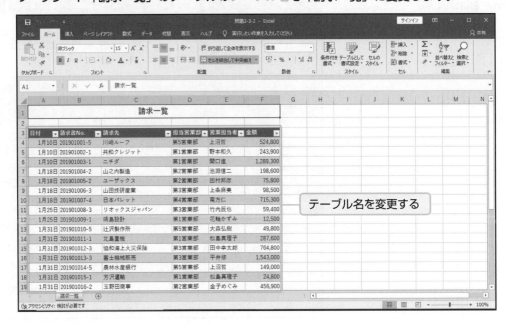

機能の解説

重要用語

□ テーブル名
□ [テーブル名] ボックス

テーブルは作成した順に「テーブル 1」「テーブル 2」…という名前が付き、数式などで使用されます。テーブル名を変更するには、テーブル内の任意のセルをクリックし、[テーブル] ツールの [デザイン] タブの [テーブル名] ボックスに入力します。

[テーブル名] ボックス

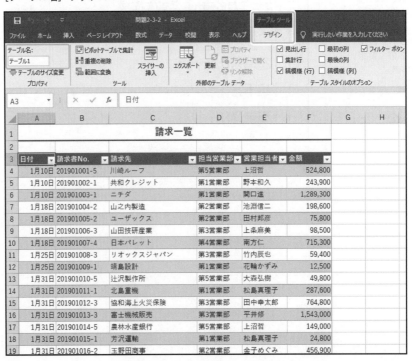

【操作 1】

❶ ワークシート「請求一覧」のテーブル内の任意のセルをクリックします。

❷ ［デザイン］タブの［テーブル名］ボックスをクリックします。

❸ ［テーブル 1］が反転表示され選択されます。

★ヒント

テーブル名の入力

テーブル名が選択されている状態で入力すると、上書きされます。

❹ 「請求一覧」と入力し、**Enter** キーを押します。

❺ テーブル名が「請求一覧」に変更されます。

2-4 データを視覚的にまとめる

スパークライン機能を使うと、1 つのセル内にグラフを表示して、値の推移を表すことができます。また、表に条件付き書式を適用すると、表のデータの傾向を色やアイコンなどで視覚的に表すことができます。

2-4-1 スパークラインを挿入する

練習問題

問題フォルダー
└問題 2-4-1.xlsx

解答フォルダー
└解答 2-4-1.xlsx

【操作 1】セル範囲 N3:N8 に、1 月から 12 月の平均気温の変化を表す折れ線スパークラインを作成します。

【操作 2】セル範囲 N12:N17 に、1 月から 12 月の降水量を表す縦棒スパークラインを作成します。

【操作 3】縦棒スパークラインに頂点（山）を表示します。

機能の解説

 重要用語

□ スパークライン

□ 折れ線スパークライン

□ 縦棒スパークライン

□ 勝敗スパークライン

□ ［挿入］タブの
　［スパークライン］グループ

□ ［スパークラインツール］
　の［デザイン］タブ

スパークラインは、1 行のセル範囲の数値を 1 系列として、1 つのセルにグラフを表示する機能です。スパークラインのグラフには、折れ線、縦棒、勝敗の 3 種類があります。目的に合わせて適切なグラフを選びます。

折れ線スパークライン

時間の経過に対する数値の変化を見る

	A	B	C	D	E	F	G	H	I	J	K	L	M	N	O	P	Q
1	アジアの各都市の平均気温																
2	都市	1月	2月	3月	4月	5月	6月	7月	8月	9月	10月	11月	12月	グラフ			
3	東京	5.8	5.7	10.3	14.5	21.1	22.1	26.2	26.7	22.6	18.4	13.9	9.3				
4	北京	-3.1	0.2	6.7	14.8	20.8	24.9	26.7	25.5	20.7	13.7	5.0	-0.9				
5	ソウル	-2.4	0.6	5.7	12.5	17.8	22.2	24.9	25.7	21.2	14.8	7.2	0.4				
6	台北	16.3	16.5	18.3	22.0	25.3	27.8	29.7	29.2	27.5	24.5	21.5	18.0				
7	バンコク	27.3	28.6	29.8	30.9	30.1	29.7	29.3	29.1	28.7	28.4	27.9	26.6				
8	シンガポール	26.6	27.2	27.6	28.0	28.4	28.4	27.9	27.8	27.7	27.7	27.0	26.6				

縦棒スパークライン

項目間の数値を比較する

	A	1月	2月	3月	4月	5月	6月	7月	8月	9月	10月	11月	12月	グラフ
10	**アジアの各都市の降水量**													
11	都市	1月	2月	3月	4月	5月	6月	7月	8月	9月	10月	11月	12月	グラフ
12	東京	92.5	62.0	94.0	129.0	88.0	195.5	234.5	103.5	503.5	57.0	139.5	82.5	
13	北京	2.5	4.4	9.8	24.8	37.3	72.1	160.5	138.9	48.8	23.1	9.8	2.3	
14	ソウル	20.8	24.9	47.3	63.3	105.9	133.3	373.4	364.2	169.3	51.5	52.6	22.5	
15	台北	103.5	180.0	189.5	198.3	233.9	322.6	251.1	349.1	372.4	163.6	98.0	72.0	
16	バンコク	15.1	18.3	39.3	86.6	245.8	162.0	171.4	207.9	349.2	302.2	47.9	7.4	
17	シンガポール	246.3	114.1	173.8	151.5	167.4	136.1	155.8	154.0	163.1	156.2	265.9	314.8	
18														

勝敗スパークライン

数値の正負を判別する

	A	1月	2月	3月	4月	5月	6月	推移
1				クッキングスクール会員数増減表				
2								
3		1月	2月	3月	4月	5月	6月	推移
4	入会	55	82	35	105	76	40	
5	退会	38	75	47	65	38	46	
6	増減	17	7	-12	40	38	-6	
7								

スパークラインを作成するには、［挿入］タブの［スパークライン］グループの各ボタンを使用します。

［挿入］タブの［スパークライン］グループ

スパークラインは、作成後に種類を変更する、頂点やマーカーを表示する、線やマーカーの色を変更するなどの書式設定が可能です。スパークラインのセルを選択して表示される［スパークラインツール］の［デザイン］タブの各ボタンで設定します。

［スパークラインツール］の［デザイン］タブ

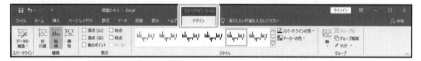

操作手順

▶ポイント

スパークラインのグループ化

❶～❼のような手順で一度に作成した複数のスパークラインは、グループ化され、スパークラインの1つのセルをクリックすると、他のスパークラインのセルも含んで青枠が表示されます。この状態でスパークラインの種類やスタイルを変更すると、他のセルのスパークラインにも変更が適用されます。

【操作 1】

❶ セル N3 ～ N8 を範囲選択します。

❷ ［挿入］タブの [折れ線]ボタンをクリックします。

▶▷その他の操作方法

［クイック分析］ボタンを使用したスパークラインの作成

スパークラインの作成元のセルを範囲選択して、右下に表示される [クイック分析]ボタンをクリックし、［スパークライン］をクリックすると、スパークラインの種類のボタンが表示されます。目的の種類のボタンをクリックすると、選択範囲の右隣のセルにスパークラインが作成されます。

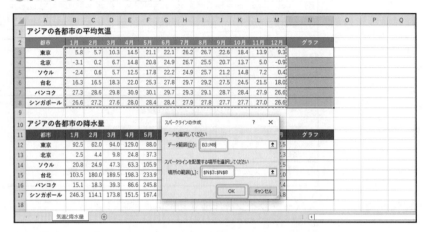

❸ [スパークラインの作成] ダイアログボックスが表示されるので、[データ範囲] ボックスにカーソルがあることを確認し、 セル B3 ～ M8 をドラッグします。

❹ [データ範囲] ボックスに「B3:M8」と表示されます。

❺ [場所の範囲] ボックスに「$N$3:$N$8」と表示されていることを確認します。

❻ [OK] をクリックします。

★ヒント
ダイアログボックスの移動
データ範囲をドラッグする際に、[スパークラインの作成] ダイアログボックスでデータが隠れている場合は、ダイアログボックスのタイトルバーをドラッグして移動するか、[データ範囲] ボックスの ⬆ ボタンをクリックしてダイアログボックスを一時的に小さくします。

❼ セル N3 ～ N8 にスパークラインの折れ線グラフが作成されます。

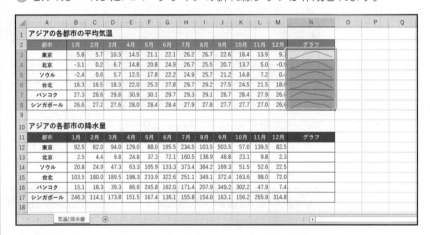

【操作 2】

❽ セル N12 ～ N17 を範囲選択します。

❾ [挿入] タブの [縦棒] ボタンをクリックします。

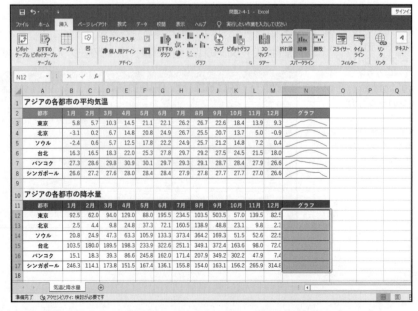

⑩ ［スパークラインの作成］ダイアログボックスが表示されるので、［データ範囲］ボックスにカーソルがあることを確認し、セル B12 ～ M17 をドラッグします。

⑪ ［データ範囲］ボックスに「B12:M17」と表示されます。

⑫ ［場所の範囲］ボックスに「$N$12:$N$17」と表示されていることを確認します。

⑬ ［OK］をクリックします。

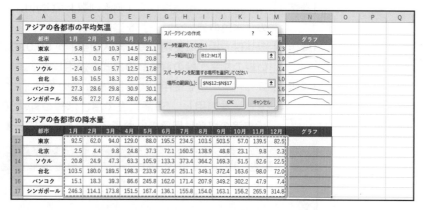

⑭ セル N12 ～ N17 にスパークラインの縦棒グラフが作成されます。

第 2 章 セルやセル範囲のデータの管理

ヒント
スパークラインの削除
スパークラインを選択し、［デザイン］タブの ［クリア］ ［クリア］ボタンをクリックします。

（表・グラフ画像）

【操作 3】

⑮ セル N12 ～ N17 を選択した状態のまま、［デザイン］タブの［頂点（山）］チェックボックスをオンにします。

⑯ 降水量の一番多いデータの系列の色が変更されます。

ヒント
頂点の表示
［頂点（山）］チェックボックスまたは［頂点（谷）］チェックボックスをオンにすると、各セル内のスパークラインの最大値または最小値が強調表示されます。縦棒スパークラインの場合は、最大値、最小値を表す系列（棒）の色が変わります。この色は、［デザイン］タブの ［マーカーの色］ ［マーカーの色］ボタンをクリックし、［頂点（山）］または［頂点（谷）］をポイントして表示される一覧から選択して変更できます。

ヒント
スタイル
スパークラインの線とマーカーの色の組み合わせは、スタイルとして登録されています。設定するには、［デザイン］タブの［スタイル］グループの ［その他］ボタンをクリックして、表示される一覧から選択します。

2-4-2 組み込みの条件付き書式を適用する

練習問題

問題フォルダー
└問題 2-4-2.xlsx

解答フォルダー
└解答 2-4-2.xlsx

【操作 1】 条件付き書式を使用して、「購入回数」のセルに「塗りつぶし（グラデーション）」の「水色のデータバー」を適用します。

【操作 2】 条件付き書式を使用して、「購入金額」が 80,000 円を超える場合、そのセルに「濃い緑の文字、緑の背景」の書式を適用します。

【操作 3】 条件付き書式を使用して、「年齢」のセルに「3 つの信号（枠なし）」のアイコンセットを適用し、50 歳以上の場合は緑の丸、30 歳以上の場合は黄色の丸、30 歳未満の場合は灰色の丸が表示されるようにします。

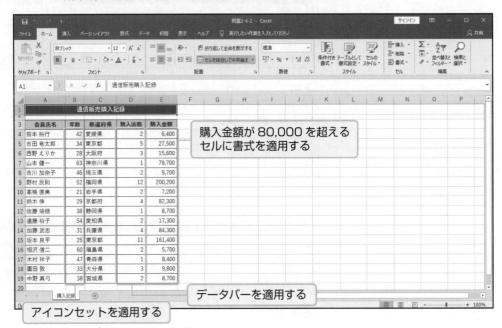

機能の解説

■ 重要用語

□ 条件付き書式
□ ［条件付き書式］ボタン
□ セルの強調表示ルール
□ 上位 / 下位ルール
□ データバー
□ カラースケール
□ アイコンセット
□ ［ルールの管理］
□ ［条件付き書式ルールの
　管理］ダイアログ
　ボックス
□ ［ルールの編集］
□ ［書式ルールの編集］
　ダイアログボックス

条件付き書式を使用すると、バーや色、アイコンなどを使ってセルの値の傾向を視覚的に表したり、指定した条件を満たすセルのみに自動的に特定の書式を適用したりすることができます。セルの値が変更されると、それに合わせて各セルの書式も自動的に変更されます。

条件付き書式を適用するには、セル範囲を選択し、［ホーム］タブの ［条件付き書式］ボタンをクリックします。

[条件付き書式] ボタンをクリックし、[セルの強調表示ルール] をポイントした状態

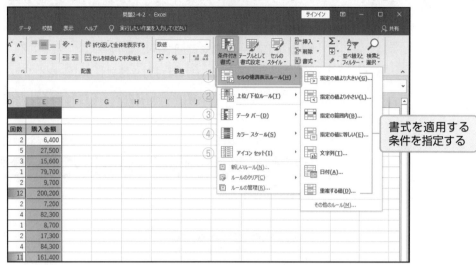

書式を適用する
条件を指定する

《その他の操作方法》

[クイック分析] ボタンを
使用した条件付き書式

数値の入力されているセルを範
囲選択して右下に表示される 圉
[クイック分析] ボタンをクリッ
クすると、[書式設定] に [デー
タバー]、[カラー]、[アイコン]、[指
定の値]、[上位]、[クリア...] が
表示されます。クリックすると、
選択範囲に該当する書式が設定
されます（[クリア...] をクリック
すると、条件付き書式が解除さ
れます）。なお、このボタンを使
用した場合、既定のスタイルが
設定されます。

①セルの強調表示ルール：指定の値より大きい / 小さい、指定した文字列もしくは日付で
　　　　　　　　　　　　あるなどの 条件を満たすセルに書式を設定します。

②上位 / 下位ルール　　：全体の中の上位 / 下位（項目数や割合）のセル、平均より上 /
　　　　　　　　　　　　下の値のセルに書式を設定します。

③データバー　　　　　：セルの値を色付きのバーの長さで表します。

④カラースケール　　　：セルの値の大小を色の違いや濃淡で表します。

⑤アイコンセット　　　：セルの値やランクやレベルをアイコンで表します。

ルールを適用したあとでも、書式や条件を変更することができます。条件付き書式が設定
されているセルを選択し、[ホーム] タブの 　　 [条件付き書式] ボタンをクリックし、[ル
ールの管理] をクリックします。[条件付き書式ルールの管理] ダイアログボックスが表
示されるので、ルールを選択し、[ルールの編集] をクリックします。[書式ルールの編集]
ダイアログボックスが表示されるので、ルールの内容を編集します。

[条件付き書式ルールの管理] ダイアログボックス

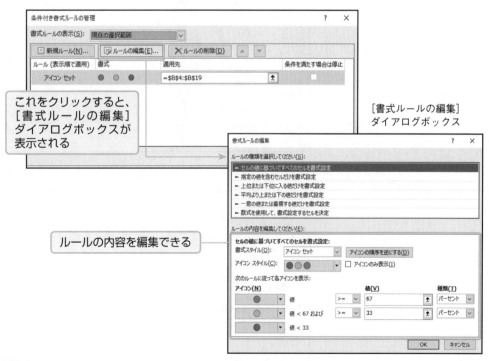

これをクリックすると、
[書式ルールの編集]
ダイアログボックスが
表示される

[書式ルールの編集]
ダイアログボックス

ルールの内容を編集できる

【操作1】

① セルD4～D19を範囲選択します。

② ［ホーム］タブの ［条件付き書式］ボタンをクリックします。

③ ［データバー］の［塗りつぶし（グラデーション）］の一覧から［水色のデータバー］をクリックします。

④ セルD4～D19に、値に対応した長さの水色のバーが表示されます。

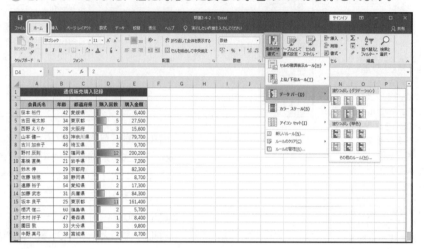

【操作2】

⑤ セルE4～E19を範囲選択します。

⑥ ［ホーム］タブの ［条件付き書式］ボタンをクリックします。

⑦ ［セルの強調表示ルール］の［指定の値より大きい］をクリックします。

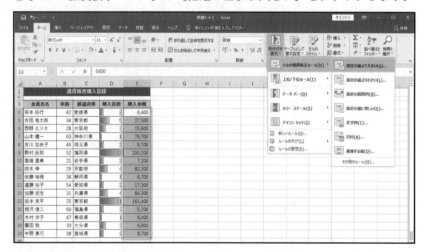

⑧ ［指定の値より大きい］ダイアログボックスが表示されるので、［次の値より大きいセルを書式設定］ボックスに「80000」と入力します。

⑨ ［書式］ボックスをクリックします。

⑩ 一覧から［濃い緑の文字、緑の背景］をクリックします。

⑪ ［OK］をクリックします。

⑫ 任意のセルをクリックして、範囲選択を解除します。

⑬ 「購入金額」が 80,000 を超えるセルに「濃い緑の文字、緑の背景」の書式が適用されたことを確認します。

	A	B	C	D	E
1			通信販売購入記録		
3	会員氏名	年齢	都道府県	購入回数	購入金額
4	笹本 裕行	42	愛媛県	2	6,400
5	吉田 竜太郎	34	東京都	5	27,500
6	西野 えりか	28	大阪府	3	15,600
7	山本 健一	63	神奈川県	1	79,700
8	吉川 加奈子	46	埼玉県	2	9,700
9	野村 辰則	52	福岡県	12	200,200
10	高橋 直美	21	岩手県	2	7,200
11	鈴木 伸	29	京都府	4	82,300
12	佐藤 瑞穂	38	静岡県	1	8,700
13	遠藤 裕子	54	愛知県	2	17,300
14	加藤 武志	31	兵庫県	4	84,300
15	坂本 良平	25	東京都	11	161,400
16	相沢 信二	60	福島県	2	5,700
17	木村 祥子	47	青森県	1	8,400
18	園田 敦	33	大分県	3	9,800
19	中野 真弓	38	宮城県	2	8,700
20					

【操作 3】

⑭ セル B4 ～ B19 を範囲選択します。

⑮ [ホーム] タブの [条件付き書式] ボタンをクリックします。

⑯ [アイコンセット] の [図形] の一覧から [3 つの信号（枠なし）] をクリックします。

⑰ セル B4 ～ B19 に、緑色、黄色、赤色の丸のアイコンセットが表示されます。

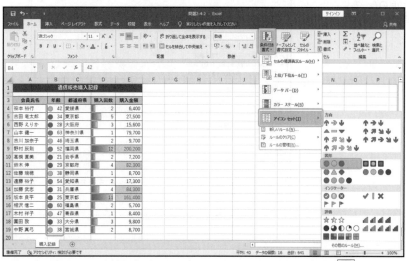

⑱ セル B4 ～ B19 を選択した状態のまま、[ホーム] タブの [条件付き書式] ボタンをクリックします。

⑲ 一覧から [ルールの管理] をクリックします。

⑳ ［条件付き書式ルールの管理］ダイアログボックスが表示されるので、ルールの一覧の ［アイコンセット］ が選択されていることを確認します。

㉑ ［ルールの編集］をクリックします。

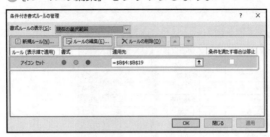

㉒ ［書式ルールの編集］ダイアログボックスが表示されるので、［次のルールに従って各アイコンを表示］ の１つ目のルールの ［アイコン］ に緑の丸が表示されていることを確認します。

㉓ ［種類］ の「パーセント」と表示されているボックスの▼をクリックします。

㉔ 一覧から ［数値］ をクリックします。

㉕ ［値］ ボックスに「50」と入力し、左側のボックスに「>=」が表示されていることを確認します。

㉖ 同様に２つ目のルールの ［アイコン］ に黄色の丸が表示されていることを確認し、［種類］ ボックスに ［数値］、［値］ ボックスに「30」を指定し、その左側のボックスに「>=」が表示されていることを確認します。

★ ヒント

ルールの設定

１つ目のルールとして「>=50」を指定したので、２つ目のルールには「値 <50 および」が自動的に表示されます。なお、２つ目のルールの ［値］ ボックス以外のボックスやボタンをクリックすると値が確定し、３つ目のルールには「値 <30」が自動的に表示されます。

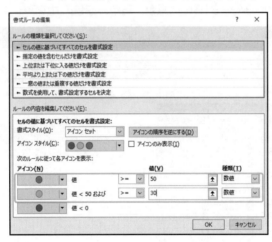

㉗ 3つ目のルールの［アイコン］に輪郭付きの赤い円が表示されていることを確認し、▼をクリックします。

㉘ 一覧から［灰色の丸］をクリックします。

㉙［OK］をクリックします。

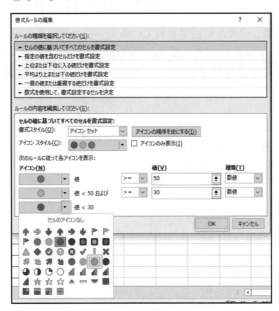

㉚［条件付書式ルールの管理］ダイアログボックスのアイコンセットの色が緑色、黄色、灰色に変更されたことを確認します。

㉛［OK］をクリックします。

㉜ 任意のセルをクリックして、範囲選択を解除します。

㉝「年齢」が 50 以上のセルに緑の丸、30 以上のセルに黄色の丸、30 未満のセルに灰色の丸が表示されたことを確認します。

第**2**章

セルやセル範囲のデータの管理

条件付き書式を削除する

問題フォルダー
└ 問題 2-4-3.xlsx

解答フォルダー
└ 解答 2-4-3.xlsx

「購入金額」のセルに設定されている条件付き書式を削除します。

条件付き書式を削除する

重要用語

☐ 条件付き書式の削除
☐ [条件付き書式] ボタン
☐ [ルールのクリア]
☐ [選択したセルから
　ルールをクリア]
☐ [シート全体からルール
　をクリア]

設定されている条件付き書式を削除するには、削除する範囲を選択し、[ホーム] タブの
[条件付き書式] ボタンをクリックし、[ルールのクリア] の [選択したセルからルールをクリア] をクリックします。また、[ルールのクリア] の [シート全体からルールをクリア] をクリックすると、シート全体の条件付き書式が解除されます。このときはセルの範囲選択は必要ありません。

[ホーム] タブの [条件付き書式] ボタンをクリックし、[ルールのクリア] をポイントした状態

【操作1】

❶ セルE4～E19を範囲選択します。

❷ ［ホーム］タブの ![条件付き書式] ［条件付き書式］ボタンをクリックします。

❸ ［ルールのクリア］の［選択したセルからルールをクリア］をクリックします。

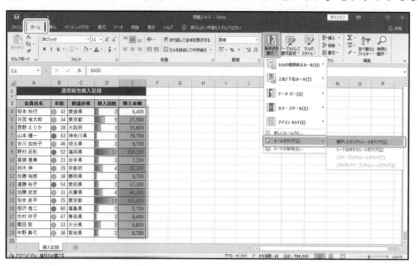

❹ セルE4～E19の条件付き書式が削除されます。

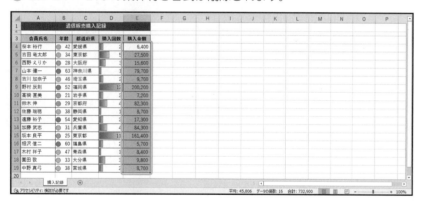

3

テーブルとテーブルのデータの管理

本章で学習する項目

- ☐ テーブルを作成する、書式設定する
- ☐ テーブルを変更する
- ☐ テーブルのデータをフィルターする、並べ替える

3-1 テーブルを作成する、書式設定する

ワークシートの表をもとにテーブルを作成すると、スタイルの設定が簡単にできます。またテーブルを解除して標準のセル範囲に変換することも可能です。

3-1-1 セル範囲から Excel のテーブルを作成する

練習問題

問題フォルダー
└問題 3-1-1.xlsx

解答フォルダー
└解答 3-1-1.xlsx

【操作 1】ワークシート「請求一覧」のセル範囲 A3:F32 をもとにテーブルを作成します。

【操作 2】ワークシート「取引先一覧」のセル範囲 A3:H45 にテーブルスタイルの [淡色] の [緑, テーブルスタイル（淡色）14] を適用し、テーブルを作成します。

この表をもとにテーブルを作成する

この表をもとに、スタイルを選択してテーブルを作成する

機能の解説

重要用語

- □ テーブル
- □ データベース
- □ テーブルスタイル
- □ [テーブル] ボタン
- □ [テーブルの作成] ダイアログボックス
- □ [テーブルとして書式設定] ボタン

ワークシートに作成された表からテーブルを作成すると、指定したセル範囲はデータベースとして扱われ、集計行の追加、スタイルの設定、データの抽出などが簡単にできるようになります。

テーブルは、既定のスタイルで作成する方法と、テーブルスタイルを選択して作成する方法があります。既定のスタイルのテーブルを作成するには、表内の任意のセルをクリックし、[挿入] タブの [テーブル] ボタンをクリックします。[テーブルの作成] ダイアログボックスが表示されるので、テーブルに変換するセル範囲を指定します。

[テーブルの作成] ダイアログボックス

テーブルの作成	?	×
テーブルに変換するデータ範囲を指定してください(W)		
=$A$3:$F$32	⬆	
☑ 先頭行をテーブルの見出しとして使用する(M)		
OK	キャンセル	

★ヒント

テーブルスタイル
罫線、塗りつぶしの色などのテーブルに設定する書式をまとめたものです。

★ヒント

スタイルの適用

すでにセルの書式が設定されている場合、テーブルスタイルよりも元の書式が優先されます。

テーブルスタイルを選択して作成するには、表内の任意のセルをクリックし、［ホーム］タブの ［テーブルとして書式設定］ボタンをクリックします。テーブルスタイルの一覧が表示されるのでスタイルを選択します。

［テーブルとして書式設定］ボタンをクリックした状態

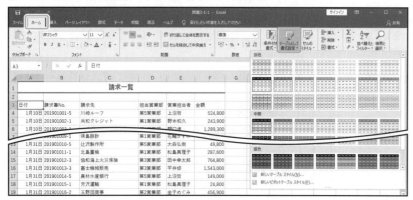

テーブルを作成すると、表にテーブルスタイルが設定され、列の見出しの各セルに▼（フィルターボタン）が表示され、データの抽出や並べ替えが簡単に操作できるようになります。

テーブルに変換された状態

列の見出しに▼
が表示される

テーブルスタイルが設定される

操作手順

【操作 1】

❶ ワークシート「請求一覧」のセル A3 ～ F32 の範囲内の任意のセルをクリックします。

❷ ［挿入］タブの  ［テーブル］ボタンをクリックします。

⟫その他の操作方法〉

ショートカットキー

Ctrl ＋ T

（［テーブルの作成］ダイアログボックスの表示）

⟫その他の操作方法〉

［クイック分析］ボタンを使用したテーブルの作成

セルを範囲選択して右下に表示される 📊 ［クイック分析］ボタンをクリックし、［テーブル］をクリックして ［テーブル］ボタンをクリックすると、選択範囲が既定のスタイルのテーブルに変換されます。

🖽 ［テーブル］ボタン

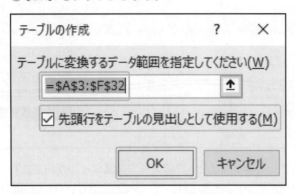 ★ヒント
データ範囲の自動認識

ワークシートのデータベースの範囲が自動認識されて点線で囲まれ、手順 ❸ の［テーブルに変換するデータ範囲を指定してください］ボックスには、このセル範囲が表示されます。範囲が正しくない場合は、ボックス右側の ↑ ボタンをクリックしてダイアログボックスを縮小し、手動で範囲を指定します。

★ヒント
［先頭行をテーブルの見出しとして使用する］チェックボックス

このチェックボックスがオンになっていると、列の見出しがあるセル範囲をもとにテーブルを作成した場合、自動的に先頭行が見出しとして認識されます。
列の見出しがないセル範囲をもとにテーブルを作成した場合、「列1」「列2」という見出しが付いたテーブルが作成されます。自動作成された見出しは、後で変更することもできます。

★ヒント
［テーブルツール］の ［デザイン］タブ

テーブル内のセルが選択されている状態では、リボンに［テーブルツール］の［デザイン］タブが表示されます。

❸ ［テーブルの作成］ダイアログボックスが表示されるので、［テーブルに変換するデータ範囲を指定してください］ボックスに「＝$A$3:$F$32」と表示されていることを確認します。

❹ ［先頭行をテーブルの見出しとして使用する］チェックボックスがオンになっていることを確認します。

❺ ［OK］をクリックします。

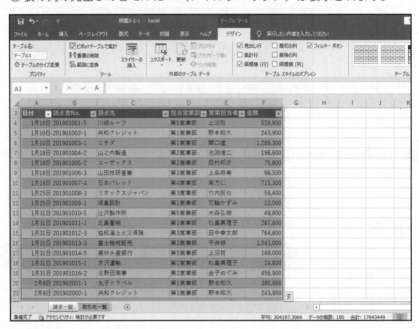

❻ 表がテーブルに変換され、既定のスタイルが設定されます。

❼ 表の列の見出しの各セルに▼（フィルターボタン）が表示されます。

【操作2】

❽ ワークシート「取引先一覧」のシート見出しをクリックします。

❾ ワークシート「取引先一覧」が表示されるので、セル A3 〜 H45 の範囲内の任意のセルをクリックします。

❿ ［ホーム］タブの ［テーブルとして書式設定］ボタンをクリックします。

⓫ ［淡色］の一覧の［緑, テーブルスタイル（淡色）14］をクリックします。

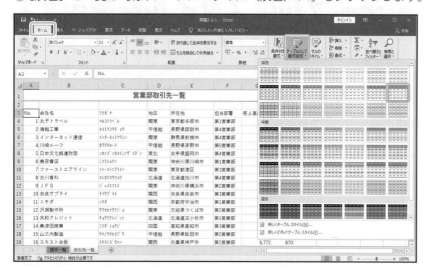

⓬ ［テーブルとして書式設定］ダイアログボックスが表示されるので［テーブルに変換するデータ範囲を指定してください］ボックスに「=$A$3:$H$45」と表示されていることを確認します。

⓭ ［先頭行をテーブルの見出しとして使用する］チェックボックスがオンになっていることを確認します。

⓮ ［OK］をクリックします。

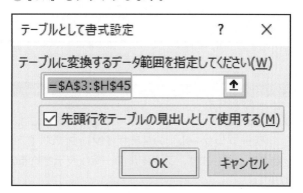

⓯ 表がテーブルに変換され、テーブルスタイルの［緑, テーブルスタイル（淡色）14］が適用されます。

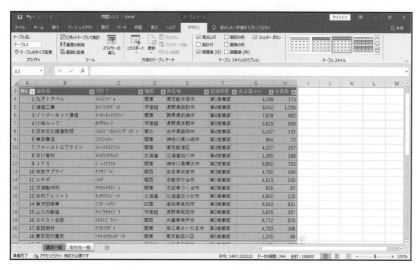

テーブルにスタイルを適用する

問題フォルダー
└問題 3-1-2.xlsx

解答フォルダー
└解答 3-1-2.xlsx

ワークシート「取引先一覧」のテーブルのテーブルスタイルを ［中間］の ［白，テーブルスタイル（中間）15］に変更します。

テーブルスタイル
を変更する

□ テーブルスタイル
□ ［テーブルスタイル］の
　　［その他］ボタン

テーブルに設定されたテーブルスタイルを変更するには、テーブル内の任意のセルをクリックし、［テーブルツール］の ［デザイン］タブの ［テーブルスタイル］の ▼ ［その他］ボタンをクリックします。スタイルの一覧が表示されるので適用するスタイルを選択します。

一覧から ［クリア］を選択すると、テーブルのスタイルを解除することができます。この場合、テーブルスタイルで設定した書式のみが解除され、あらかじめセルに設定していた数値や日付などの書式設定は解除されません。

テーブルスタイルの解除

テーブルのセル範囲を選択し、[ホーム] タブの ![消しゴムアイコン] [クリア] ボタンをクリックし、一覧から [書式のクリア] をクリックしてもテーブルに適用したスタイルを解除することができます。この方法では、テーブルスタイルで設定した書式だけでなく、数値や日付などのすべての書式設定が解除されます。

[テーブルスタイル] の一覧

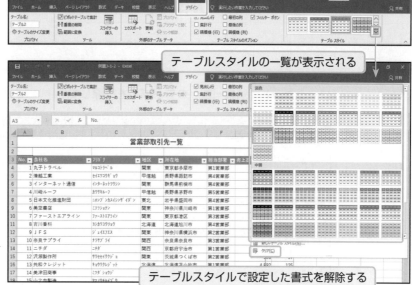

テーブルスタイルの一覧が表示される

テーブルスタイルで設定した書式を解除する

操作手順

テーブルスタイルの変更

[ホーム] タブの [テーブルとして書式設定] ボタンをクリックしてもテーブルスタイルの一覧が表示され、選択して変更することができます。

![テーブルとして書式設定ボタン] [テーブルとして書式設定] ボタン

① ワークシート「取引先一覧」のテーブル内の任意のセルをクリックします。
② [デザイン] タブの [テーブルスタイル] の ▼ [その他] ボタンをクリックします。

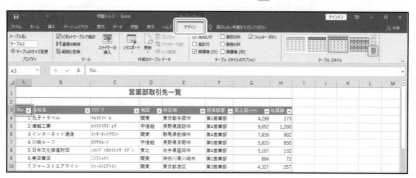

③ [中間] の一覧から [白,テーブルスタイル（中間）15] をクリックします。
④ テーブルのスタイルが変更されます。

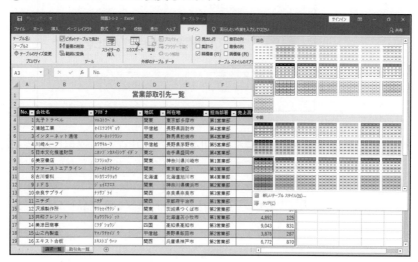

第**3**章　テーブルとテーブルのデータの管理

テーブルをセル範囲に変換する

問題フォルダー
└問題 3-1-3.xlsx

解答フォルダー
└解答 3-1-3.xlsx

ワークシート「請求一覧」のテーブルを解除して標準のセル範囲に変換します。

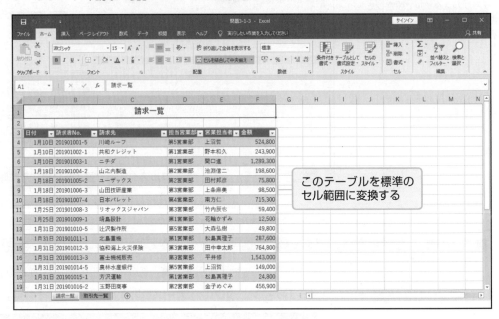

このテーブルを標準の
セル範囲に変換する

□ 標準のセル範囲に変換

□ [範囲に変換] ボタン

テーブルを解除して標準のセル範囲に変換することができます。テーブル内の任意のセル
をクリックし、[テーブルツール] の [デザイン] タブの 範囲に変換 [範囲に変換] ボタ
ンをクリックします。「テーブルを標準の範囲に変換しますか？」という確認のメッセー
ジが表示されるので [はい] をクリックします。

確認のメッセージ

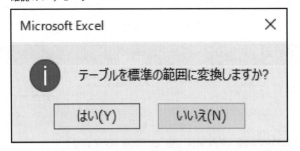

テーブルを標準のセル範囲に変換しても、適用したテーブルスタイルの書式は設定された
ままの状態です。テーブルスタイルも解除したい場合は、テーブルを解除する前にテーブ
ルスタイルを解除します。テーブルスタイルを解除するには、[デザイン] タブの [テー
ブルスタイル] の 🔻 [その他] ボタンをクリックし、[クリア] をクリックします。

その他の操作方法

範囲に変換

テーブル内の任意のセルを右クリックし、ショートカットメニューの［テーブル］の［範囲に変換］をクリックします。手順❸のメッセージが表示され、テーブルを標準のセル範囲に変換できます。

❶ ワークシート「請求一覧」のテーブル内の任意のセルをクリックします。

❷ ［デザイン］タブの 範囲に変換 ［範囲に変換］ボタンをクリックします。

❸ 「テーブルを標準の範囲に変換しますか？」という確認のメッセージが表示されるので、［はい］をクリックします。

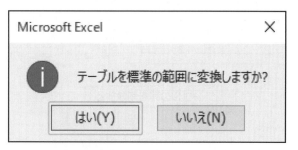

❹ 列の見出しに表示されていた▼（フィルターボタン）の表示が消え、テーブルが標準のセル範囲になります。

ヒント

**［テーブルツール］の
［デザイン］タブ**

テーブルが解除されると、［テーブルツール］の［デザイン］タブはなくなります。

3-2 テーブルを変更する

テーブルに行や列を追加したり、削除したりするとスタイルや数式が自動的に調整されて適用されます。また、テーブルスタイルのオプションを設定して、縞模様を適用したり、集計行を追加したりすることができます。

3-2-1 テーブルに行や列を追加する、削除する

練習問題

問題フォルダー
└問題3-2-1.xlsx

解答フォルダー
└解答3-2-1.xlsx

【操作 1】 テーブルの最終行に店名「元町店」、A プラン「136」、B プラン「144」、C プラン「117」、お試し「45」というデータを追加します。

【操作 2】 テーブルの「お試し」の列を削除します。

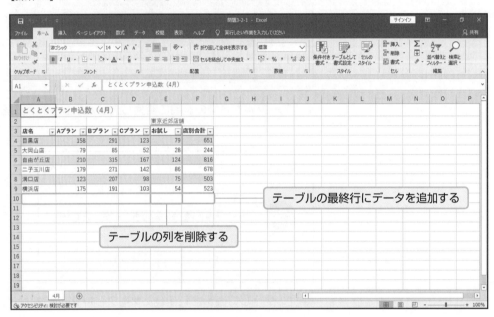

機能の解説

重要用語

□ テーブルの拡張
□ [オートコレクトの
　オプション] ボタン
□ テーブルの行の削除
□ テーブルの列の削除
□ [削除]
□ [テーブルの行]
□ [テーブルの列]

テーブルの最終行または最終列に隣接するセルにデータを入力し、**Enter** キーや方向キーで確定すると、自動的にテーブルが拡張されます。追加された行または列にはテーブルに設定されているスタイルや数式が引き継がれます。

テーブルにデータを追加すると、[オートコレクトのオプション] ボタンが表示されます。クリックすると、テーブルを自動拡張するかどうかを選択することができます。

テーブルにデータを追加し、[オートコレクトのオプション] ボタンをクリックした状態

テーブルの行や列を削除するには、ワークシートの行や列を削除する方法と、テーブルの行や列を削除する方法の2通りがあります。ワークシートの行や列を削除するには、行番号や列番号を右クリックし、ショートカットメニューの［削除］をクリックします。テーブルの行や列を削除するには、テーブル内の目的の行や列のセルを右クリックし、ショートカットメニューの［削除］の［テーブルの行］や［テーブルの列］をクリックします。

ヒント

テーブルの見出しの行

テーブルの見出しの行は削除できません。見出しの行番号を右クリックしたときのショートカットメニューの［削除］や、見出しのセルを右クリックしてショートカットメニューの［削除］をポイントしたときの［行の削除］は淡色表示になります。

テーブルの行や列を削除すると、自動的にスタイルが設定し直され、合計などの参照範囲も変更されます。ただし、ワークシートの列の削除ではなくテーブルの列の削除を行うと、ワークシートの列の幅は変わらずにデータだけが移動するので、必要に応じて列の幅を調整します。

B列を削除

削除前のC列の幅

テーブルの「支店」の列を削除

削除した「支店」の列の幅

操作手順

その他の操作方法

テーブルの最終行に空白行を追加

テーブルの最後の行の右端のセルを選択して **Tab** キーを押すと、次の行に空白行が追加されます。集計行が表示されている場合は、集計行の直前の行の右端のセルを選択して **Tab** キーを押すと、集計行の直前に空白行が追加されます。

その他の操作方法

テーブルの拡張

拡張したいテーブル内の任意のセルをクリックし、［デザイン］タブの ［テーブルのサイズ変更］ ボタンをクリックします。［テーブルのサイズ変更］ダイアログボックスが表示されるのでテーブルのデータ範囲を変更します。

【操作 1】

① セル A10 に「元町店」と入力し、→ キーを押します。

② 自動的にテーブルが拡張され、セル A10 〜 F10 に塗りつぶしの色が設定され、セル F10 に店別合計を求める数式が入力されます。

	A	B	C	D	E	F	G	H
1	とくとくプラン申込数（4月）							
2					東京近郊店舗			
3	店名	Aプラン	Bプラン	Cプラン	お試し	店別合計		
4	目黒店	158	291	123	79	651		
5	大岡山店	79	85	52	28	244		
6	自由が丘店	210	315	167	124	816		
7	二子玉川店	179	271	142	86	678		
8	溝口店	123	207	98	75	503		
9	横浜店	175	191	103	54	523		
10	元町店					0		
11								
12								
13								
14								
15								
16								
17								

③ セル B10 に「136」、セル C10 に「144」、セル D10 に「117」、セル E10 に「45」と入力します。

④ セル F10 に店別合計「442」が表示されます。

【操作2】

⑤ テーブルの「お試し」の列の任意のセルを右クリックし、ショートカットメニューの［削除］の［テーブルの列］をクリックします。

⑥ テーブルの「お試し」の列が削除され、「店別合計」の列が E 列になります。店別合計の値も変更されます。

⭐ ヒント

ワークシートの列の削除との違い
ワークシートの列の削除ではその列のすべてのセルが削除されますが、テーブルの列の削除では、同じ列のテーブル以外のセル（この例ではセル E2「東京近郊店舗」）は残ります。

テーブルスタイルのオプションを設定する

【操作 1】テーブルの縞模様（行）を解除し、縞模様（列）を適用します。
【操作 2】テーブルの左端と右端の列を強調します。

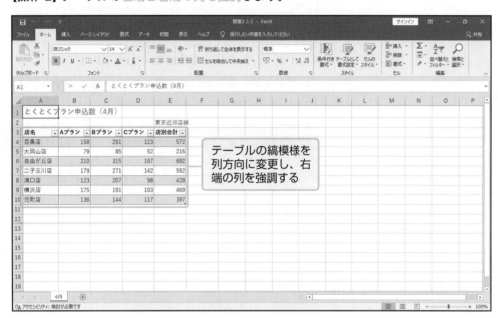

テーブルの縞模様を
列方向に変更し、右
端の列を強調する

機能の解説

重要用語

☐ 縞模様

☐ [縞模様（行）]チェック
ボックス

☐ [縞模様（列）]チェック
ボックス

☐ [最初の列]チェック
ボックス

☐ [最後の列]チェック
ボックス

行や列の塗りつぶしの色を交互に変えて、縞模様で表示すると見やすいレイアウトになります。塗りつぶしの色をセルの書式として設定してしまうと、行や列の削除やデータの抽出、並べ替えなどをによって、縞模様がずれてしまいます。一方テーブルスタイルのオプションで縞模様を設定すると、行や列の構成が変更されても縞模様は自動的に調整されます。縞模様を設定するには、テーブル内の任意のセルをクリックし、[テーブルツール]の[デザイン]タブの[縞模様（行）]チェックボックスまたは[縞模様（列）]チェックボックスをオンにします。[縞模様（行）]チェックボックスをオンにすると 1 行おきに異なる書式になり、[縞模様（列）]チェックボックスをオンにすると 1 列おきに異なる書式になります。

[テーブルツール]の[デザイン]タブの[テーブルスタイルのオプション]グループ

[最初の列]チェックボックスをオンにするとテーブルの左端の列が強調され、[最後の列]チェックボックスをオンにすると右端の列が強調されます。

【操作 1】

❶ テーブル内の任意のセルをクリックします。

	A	B	C	D	E	F	G	H	I	J	K	L	M
1	とくとくプラン申込数（4月）												
2					東京近郊店舗								
3	店名	Aプラン	Bプラン	Cプラン	店別合計								
4	目黒店	158	291	123	572								
5	大岡山店	79	85	52	216								
6	自由が丘店	210	315	167	692								
7	二子玉川店	179	271	142	592								
8	溝口店	123	207	98	428								
9	横浜店	175	191	103	469								

❷ ［デザイン］タブの［縞模様（行）］チェックボックスをオフにします。

❸ ［デザイン］タブの［縞模様（列）］チェックボックスをオンにします。

❹ テーブルの縞模様が列方向になります。

ヒント
縞模様の解除
縞模様の設定を解除するには、［デザイン］タブの［縞模様（列）］チェックボックスをオフにします。

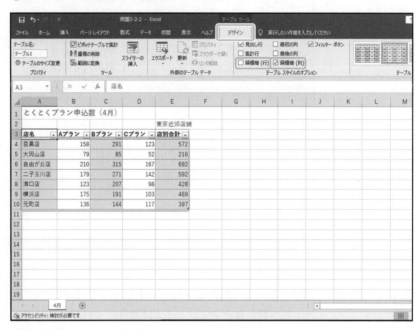

【操作 2】

❺ ［デザイン］タブの［最初の列］と［最後の列］チェックボックスをオンにします。

❻ テーブルの左端と右端の列が強調されます。

ヒント
強調した列の解除
強調した列を元に戻すには、［デザイン］タブの［最初の列］、［最後の列］チェックボックスをオフにします。

集計行を挿入する、設定する

練習問題

問題フォルダー
└ 問題 3-2-3.xlsx

解答フォルダー
└ 解答 3-2-3.xlsx

【操作 1】テーブルに集計行を追加します。

【操作 2】セル E11 の集計方法を平均に変更し、店別合計の平均を表示します。

【操作 3】集計行にプラン別の平均を表示します。

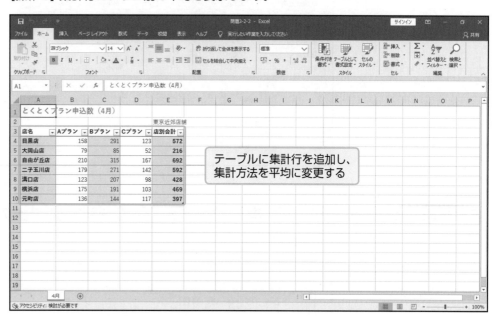

機能の解説

□ 集計行

□ [集計行] チェック
　ボックス

□ 集計方法の変更

★ヒント

データの絞り込み後の
集計結果

オートフィルターを使ってデータ
を絞り込むと、集計行には抽出さ
れたデータのみの集計結果が表
示されます。

テーブルの最下行に集計行を追加し、列のデータを集計した結果を表示することができます。

集計行を追加するには、テーブル内の任意のセルをクリックし、[テーブルツール] の [デザイン] タブの [集計行] チェックボックスをオンにします。

集計結果は右端の列に表示され、その列のデータが数値の場合は合計、文字列の場合はデータの個数が求められます。集計方法を変更する場合は、集計結果が表示されているセルをクリックし、右側に表示される▼をクリックして一覧から目的の集計方法を選択します。

集計方法の変更

右端の列以外に集計結果を表示したい場合は、集計結果を表示したいセルをクリックし、右側に表示される▼をクリックして一覧から目的の集計方法を選択します。

★ヒント

集計結果の非表示

集計行のセルに表示されている集計結果を非表示にするには、集計方法の一覧から［なし］をクリックします。

集計結果を追加

	A	B	C	D	E	F	G	H	I	J
1	とくとくプラン申込数（4月）									
2					東京近郊店舗					
3	店名	Aプラン	Bプラン	Cプラン	店別合計					
4	目黒店	158	291	123	572					
5	大岡山店	79	85	52	216					
6	自由が丘店	210	315	167	692					
7	二子玉川店	179	271	142	592					
8	溝口店	123	207	98	428					
9	横浜店	175	191	103	469					
10	元町店	136	144	117	397					
11	集計				3366					
12		なし								
13		平均								
14		個数								
15		数値の個数								
16		最大								
17		最小								
18		合計								
		標本標準偏差								
		標本分散								
		その他の関数...								

操作手順

【操作1】

❶ テーブル内の任意のセルをクリックします。

	A	B	C	D	E	F	G	H	I	J
1	とくとくプラン申込数（4月）									
2					東京近郊店舗					
3	店名	Aプラン	Bプラン	Cプラン	店別合計					
4	目黒店	158	291	123	572					
5	大岡山店	79	85	52	216					
6	自由が丘店	210	315	167	692					
7	二子玉川店	179	271	142	592					
8	溝口店	123	207	98	428					
9	横浜店	175	191	103	469					
10	元町店	136	144	117	397					
11										

❷ ［デザイン］タブの［集計行］チェックボックスをオンにします。

❸ 11行目に集計行が追加され、セルE11に店別合計の合計「3366」が表示されます。

★ヒント

集計行の非表示

集計行を非表示にするには、［デザイン］タブの［集計行］チェックボックスをオフにします。

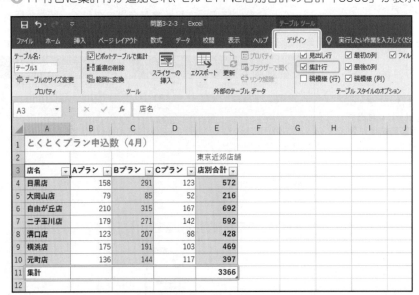

ヒント

集計行で行われる計算

集計行のセルの▼をクリックして選択した集計方法に応じて、SUBTOTAL関数が自動的に入力されます。SUBTOTAL関数の書式は「SUBTOTAL(集計方法, 範囲1[, 範囲2,…])」です。集計方法には次の番号が指定され、フィルター機能によって非表示になっているセルは含まずに、その列のデータを集計します。
101…平均
103…個数
102…数値の個数
104…最大
105…最小
109…合計

ヒント

数式でテーブルの列を参照する方法

テーブルの列を参照する数式は、列見出し名で指定することができます。これを「構造化参照」といいます(「4-1-2」参照)。ここでは、SUBTOTAL関数の2番目の引数として、セル範囲E4:E10の代わりに「[店別合計]」が使われています。

【操作2】

④ セルE11をクリックします。

⑤ 右側に▼が表示されるのでクリックします。

⑥ 一覧から[平均]をクリックします。

E11		× ✓ fx	=SUBTOTAL(109,[店別合計])					

とくとくプラン申込数(4月)

東京近郊店舗

店名	Aプラン	Bプラン	Cプラン	店別合計
目黒店	158	291	123	572
大岡山店	79	85	52	216
自由が丘店	210	315	167	692
二子玉川店	179	271	142	592
溝口店	123	207	98	428
横浜店	175	191	103	469
元町店	136	144	117	397
集計				3366

なし
平均
個数
数値の個数
最大
最小
合計
標本標準偏差
標本分散
その他の関数...

⑦ セルE11に店別合計の平均「480.8571」が表示されます。

E11		× ✓ fx	=SUBTOTAL(101,[店別合計])					

とくとくプラン申込数(4月)

東京近郊店舗

店名	Aプラン	Bプラン	Cプラン	店別合計
目黒店	158	291	123	572
大岡山店	79	85	52	216
自由が丘店	210	315	167	692
二子玉川店	179	271	142	592
溝口店	123	207	98	428
横浜店	175	191	103	469
元町店	136	144	117	397
集計				480.8571

【操作3】

⑧ セルB11をクリックします。

⑨ 右側に▼が表示されるのでクリックします。

⑩ 一覧から[平均]をクリックします。

B11		× ✓ fx						

とくとくプラン申込数(4月)

東京近郊店舗

店名	Aプラン	Bプラン	Cプラン	店別合計
目黒店	158	291	123	572
大岡山店	79	85	52	216
自由が丘店	210	315	167	692
二子玉川店	179	271	142	592
溝口店	123	207	98	428
横浜店	175	191	103	469
元町店	136	144	117	397
集計				480.8571

なし
平均
個数
数値の個数
最大
最小
合計
標本標準偏差
標本分散
その他の関数...

⑪ セル B11 に A プランの平均「151.4286」が表示されます。

⑫ セル B11 の右下のフィルハンドルをポイントします。

⑬ マウスポインターの形が ✚ に変わったら、セル D11 までドラッグします。

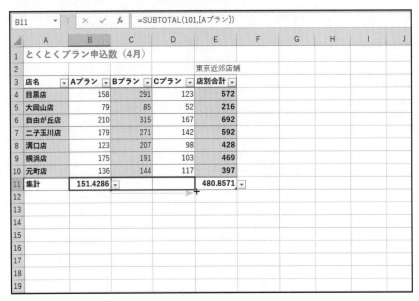

⑭ セル B11 の数式がセル C11、D11 にコピーされ、B プランと C プランの平均「214.8571」と「114.5714」が表示されます。

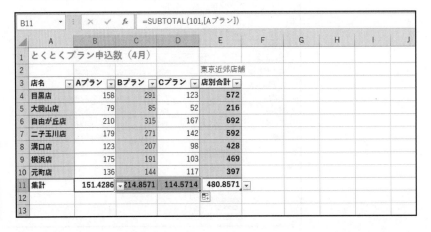

3-3 テーブルのデータをフィルターする、並べ替える

テーブルのデータをフィルターする、並べ替える

テーブルにはオートフィルターが設定されるので、列の見出しの▼（フィルターボタン）を使って、条件に合うデータだけを抽出したり、データを並べ替えたりすることができます。

3-3-1 レコードをフィルターする

練習問題

問題フォルダー
└問題 3-3-1.xlsx

解答フォルダー
└解答 3-3-1.xlsx

【操作 1】ワークシート「取引先一覧」のテーブルで、オートフィルターを使用して、「地区」が「関東」または「甲信越」の行のデータだけを表示します。

【操作 2】オートフィルターを使用して、「売上高（千円）」が 1000 以上 5000 以下の行のデータだけを表示します。

「地区」が「関東」か「甲信越」のデータだけを表示する

「売上高（千円）」が 1000 以上 5000 以下のデータだけを表示する

機能の解説

重要用語

- □ フィルター
- □ オートフィルター
- □ データベース
- □ レコード
- □ ［フィルター］ボタン
- □ ［並べ替えとフィルター］ボタン
- □ ［フィルター］

フィルター（オートフィルター）を使用すると、指定された条件に合う行だけを抽出することができます。フィルターが適用できる表は、1 行目を各列の見出しとし、2 行目以降は 1 行に 1 件分のデータが入力されているデータベースの形式である必要があります。この 1 件分のデータのことをレコードといいます。

テーブルを作成すると、自動的にオートフィルターが使用できるようになり、列の見出しに▼（フィルターボタン）が表示されます。この▼をクリックして、抽出するレコードの条件を指定します。

テーブルに変換していない表でもフィルターを表示することができます。表内の任意のセルをクリックし、［データ］タブの 🔽 ［フィルター］ボタンをクリックするか、［ホーム］タブの 🔽 ［並べ替えとフィルター］ボタンをクリックして［フィルター］をクリックすると、列の見出しの各セルに▼が表示されます。

□ ["(列の見出し名)"から
　フィルターをクリア]
□ [数値フィルター]
□ [テキストフィルター]
□ [日付フィルター]
□ [オートフィルター
　オプション]
　ダイアログボックス

抽出条件の設定

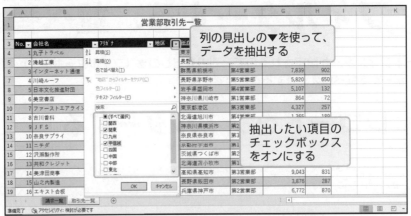

フィルターを適用した列は、列の見出しの▼が 🔽 になり、その列で条件を指定してデー
タを抽出していることを確認できます。フィルターの抽出条件を解除する場合は、🔽 を
クリックし、["(列の見出し名)"からフィルターをクリア] をクリックします。

抽出条件の解除

数値が「～以上」「～以下」「～の範囲内」、文字が「～で始まる」「～で終わる」「～を含む」、
日付が「～より前」「～より後」「今日」のような詳細な条件を設定してデータを抽出する
ことも可能です。
詳細な条件を設定するには、列の見出しの▼をクリックし、一覧から [数値フィルター]、
[テキストフィルター]、[日付フィルター] などを選択し、表示される [オートフィルタ
ーオプション] ダイアログボックスで条件を指定します。

[オートフィルターオプション] ダイアログボックス

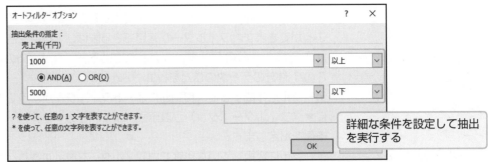

【操作1】

❶ ワークシート「取引先一覧」のセル D3（「地区」の列の見出しのセル）の▼をクリックします。

❷ 一覧の［(すべて選択)］チェックボックスをオフにします。

❸ ［関東］チェックボックスと［甲信越］チェックボックスをオンにします。

❹ ［OK］をクリックします。

❺ 「地区」が「関東」または「甲信越」の行だけが表示されて行番号が青字になり、他の行は非表示になります。

❻ ステータスバーに「42 レコード中 20 個が見つかりました」と表示されます。

【操作2】

❼ セル G3（「売上高（千円）」の列の見出しのセル）の▼をクリックします。

❽ 一覧の［数値フィルター］の［指定の範囲内］をクリックします。

その他の操作方法

オートフィルターオプション
の設定

[数値フィルター] をクリックし
て表示される一覧のうち、「指定
の〜」で始まるものと [ユーザー
設定フィルター] については、ど
れを実行しても [オートフィル
ターオプション] ダイアログボック
スが表示されます。右側のボック
スの▼をクリックして、[以上] [以
下] などの条件を切り替えること
も可能です。

ポイント

AND と OR

上下の条件の両方を満たす場合
は [AND]、少なくともどちらか
一方を満たす場合は [OR] を選
択します。

❾ [オートフィルターオプション] ダイアログボックスが表示されるので、[抽出条件
の指定] の [売上高（千円）] の左上のボックスに「1000」と入力し、その右側のボッ
クスが [以上] となっていることを確認します。

❿ 左下のボックスに「5000」と入力し、その右側のボックスが [以下] となってい
ることを確認します。

⓫ 上下のボックスの間の [AND] が選択されていることを確認します。

⓬ [OK] をクリックします。

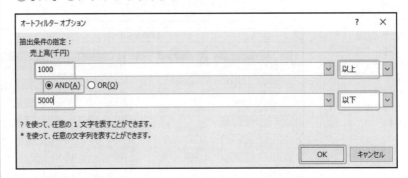

⓭ 「地区」が「関東」または「甲信越」で、「売上高（千円）」が 1000 以上 5000 以下
の行だけが表示されます。

⓮ ステータスバーに「42 レコード中 13 個が見つかりました」と表示されます。

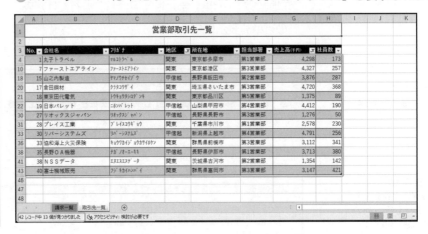

複数の列でデータを並べ替える

練習問題

問題フォルダー
└ 問題3-3-2.xlsx

解答フォルダー
└ 解答3-3-2.xlsx

以下の2つの基準に基づいて、テーブルの行の並べ替えを実行します。
基準1:「最寄り駅」の昇順に並べ替える
基準2:「最寄り駅」が同じ行については、「家賃」の降順に並べ替える

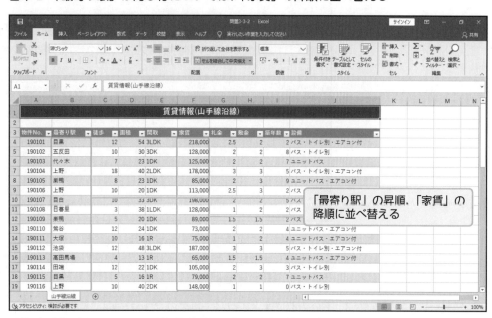

「最寄り駅」の昇順、「家賃」の降順に並べ替える

機能の解説

- 並べ替え
- キー
- [昇順] ボタン
- [降順] ボタン
- [並べ替え] ボタン
- [並べ替え] ダイアログ
  ボックス

Excelの表は、特定の列の数値の小さい順、あるいは大きい順などで、行単位で並べ替えを実行することができます。このとき、並べ替えの基準となる列をキーといいます。表の1行目は、通常は列の見出しとして使用され、並べ替えの対象からは除外されます。
並べ替えの順序は次のとおりです。

並べ替えの順序

データの種類	昇順	降順
数値	0→9 (小さい順)	9→0 (大きい順)
文字	あ→ん	ん→あ
英字	A→Z	Z→A
日付	古い順	新しい順

ポイント
文字の並べ替え
漢字が含まれる文字列は、Excelで読みを入力し、日本語変換した場合だけ右の表の順序になります。

第**3**章 テーブルとテーブルのデータの管理

1つの列の数値や文字列だけをキーにして並べ替える場合は、キーとなる列内の任意のセルをクリックし、[データ] タブの ![昇順] [昇順] ボタンまたは ![降順] [降順] ボタンをクリックします。

[降順] ボタンを使って家賃の高い順に並べ替えた状態

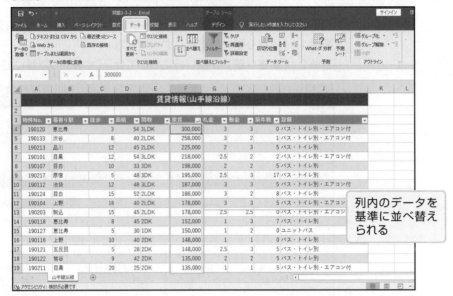

列内のデータを基準に並べ替えられる

表がテーブルに変換されている場合は、列の見出しのセルに表示されている▼（フィルターボタン）をクリックして、一覧から [昇順] または [降順] をクリックしても並べ替えを行うことができます。

列の見出しの▼（フィルターボタン）から並べ替えの順序を指定

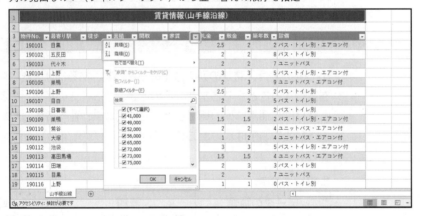

その他の操作方法

[並べ替え] ダイアログ ボックスの表示

[ホーム] タブの [並べ替えとフィルター]ボタンをクリックし、[ユーザー設定の並べ替え] をクリックしても、[並べ替え] ダイアログボックスを表示できます。

[並べ替えとフィルター] ボタン

複数のキーを設定して並べ替える場合は、[データ] タブの [並べ替え] ボタンをクリックして、[並べ替え] ダイアログボックスを表示します。[レベルの追加] をクリックすると、並べ替えのキーを追加することができます。このダイアログボックスでは、数値や文字列だけでなく、セルの色やフォントの色、条件付き書式のアイコンをキーとして並べ替えることも可能です。

[並べ替え] ダイアログボックス

操作手順

❶ テーブル内の任意のセルをクリックします。

❷ [データ] タブの [並べ替え] ボタンをクリックします。

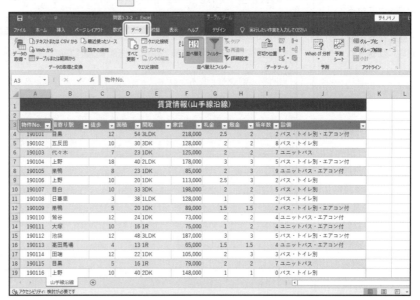

❸ [並べ替え] ダイアログボックスが表示されるので、[列] の [最優先されるキー] ボックスの▼をクリックします。

❹ 一覧から [最寄り駅] を選択します。

❺ [並べ替えのキー] ボックスが [セルの値] になっていることを確認します。

❻ [順序] ボックスが [昇順] になっていることを確認します。

ヒント

先頭行の扱い

[先頭行をデータの見出しとして使用する] チェックボックスがオンになっていると、表の範囲の先頭行を列の見出しが入っている行とみなし、並べ替え行の対象から除外します。なお、テーブルの場合、このチェックボックスは自動的にオンになり、オフにすることはできません。

❼ ［レベルの追加］をクリックします。

❽ ［列］の［次に優先されるキー］ボックスの▼をクリックします。

❾ 一覧から［家賃］をクリックします。

❿ ［並べ替えのキー］ボックスが［セルの値］になっていることを確認します。

⓫ ［順序］ボックスの▼をクリックします。

⓬ 一覧から［大きい順］を選択します。

⓭ ［OK］をクリックします。

⓮ 「最寄り駅」の昇順、「最寄り駅」が同じ行については「家賃」の降順に、テーブル
の行が並べ替えられます。

★ ヒント

テーブルの縞模様

表がテーブルに変換されている
と、テーブルスタイルが適用され
ているので、並べ替え後も行方
向の縞模様は自動的に調整され
ます。

4

数式や関数を使用した演算の実行

4-1 参照を追加する

Excel の数式では、数値だけでなく、セル番地や名前付き範囲、テーブル名やテーブルの列見出し名などを使用することができます。これらを使用すると、その中の数値が変更された場合、自動的に再計算され、計算結果が更新されます。

4-1-1 セルの相対参照、絶対参照、複合参照を追加する

練習問題

問題フォルダー
└問題 4-1-1.xlsx

解答フォルダー
└解答 4-1-1.xlsx

【操作 1】セル D4 に、東京本社の上半期と下半期の合計を求める数式を加算で入力し、セル範囲 D5:D10 にコピーします。

【操作 2】セル E4 に、全支店の合計に対する東京本社の合計の構成比を求める数式を入力し、セル範囲 E5:E10 にコピーします。

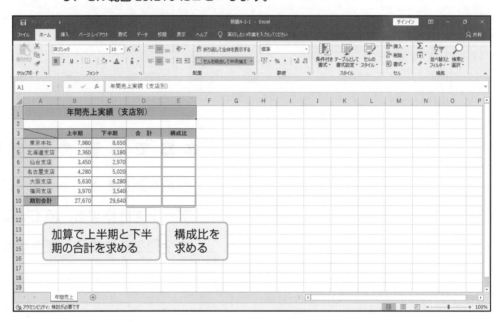

機能の解説

- □ 数式
- □ 数式バー
- □ 演算子
- □ セル参照
- □ 相対参照
- □ 絶対参照
- □ 複合参照

Excel で数式を入力するには、最初に「=」（等号）を入力し、続いて数式を入力して **Enter** キーを押します。セルには数式の計算結果が表示されます。数式が入力されたセルをクリックしてアクティブにすると、入力されている数式が数式バーに表示されます。

数式の入力

四則演算などの計算では、次のような記号を演算子として使い、半角で入力します。数式では「=100+500」のような数値だけでなく、「=A2+A3」のようなセル番地を指定することもできます。これをセル参照といいます。なお、数式を入力する際にセルをクリックすると、自動的にセル番地が入ります。セル参照を使用した数式では、参照するセル内の数値が変更された場合、変更された数値で自動的に再計算され、計算結果が更新されます。

計算を実行する算術演算子

演算子	内容	使用例(数値)	使用例(セル参照)
+	加算(+)	=2+3	=A2+A3
-	減算(-)	=2-3	=A2-A3
*	乗算(×)	=2*3	=A2*A3
/	除算(÷)	=2/3	=A2/A3
^	べき乗	=2^2	=A2^2
%	パーセント	=2*80%	=A2*80%

セル参照には、相対参照、絶対参照、複合参照の3種類があり、目的に応じて使い分けます。

相対参照は、数式を入力するセルを基点として、参照先のセルがどの位置に存在するかを認識する方法です。相対参照を使用した数式をコピーすると、数式を入力するセルと参照先のセルの相対的な位置関係が保たれるため、セル番地が自動的に変更されます。なお、セルをクリックして指定すると、特に指定しない限り相対参照になります。

相対参照を含む数式をコピーした場合(セルD3の数式をセルD4〜D6にコピー)

絶対参照は、相対参照のようにセル参照を自動的に変更せず、参照先のセルを常に固定する方法です。絶対参照を指定した場合、数式をコピーしてもセル番地は変更されません。絶対参照にするには、「$A$1」のようにセル番地の列番号と行番号の前に「$」（ドル記号）を付けます。

絶対参照を含む数式をコピーした場合（セル E3 の数式をセル E4 〜 E7 にコピー）

E7		× ✓ *fx*	=D7/$D$7			
	A	B	C	D	E	F
1						
2	商品名	単価	数量	金額	割合	
3	世界のビール	3,800	25	95,000	0.34849596	=D3/$D$7
4	世界の厳選ワイン	4,700	12	56,400	0.20689655	=D4/$D$7
5	厳選日本酒	4,500	20	90,000	0.33015407	=D5/$D$7
6	幻の焼酎	3,900	8	31,200	0.11445341	=D6/$D$7
7			合計	272,600	1	=D7/$D$7
8						

複合参照は、絶対参照と相対参照を組み合わせたセル参照で、参照先のセルの列番号または行番号のみを固定する方法です。複合参照を指定した場合、数式をコピーすると、「$」が付いている列番号や行番号は固定され、「$」の付いていない列番号や行番号は自動的に変更されます。

複合参照を含む数式をコピーした場合（セル C3 の数式をセル C4 〜 C6 とセル E3 〜 E6 にコピー）

E6		× ✓ *fx*	=$B6*E$1			
	A	B	C	D	E	F
1		掛け率	85%		90%	
2	商品名	単価	割引単価		割引単価	
3	世界のビール	3,800	3,230	=$B3*C$1	3,420	=$B3*E$1
4	世界の厳選ワイン	4,700	3,995	=$B4*C$1	4,230	=$B4*E$1
5	厳選日本酒	4,500	3,825	=$B5*C$1	4,050	=$B5*E$1
6	幻の焼酎	3,900	3,315	=$B6*C$1	3,510	=$B6*E$1
7						
8						
9						

絶対参照や複合参照を指定するには、キーボードから「$」を入力する方法と、参照するセルを選択した状態で **F4** キーを押す方法があります。

F4 キーを使ったセル参照の指定方法

セル	参照方法	F4 キー
$A$1	絶対参照	1 回押す
A$1	複合参照（列：相対参照、行：絶対参照）	2 回押す
$A1	複合参照（列：絶対参照、行：相対参照）	3 回押す
A1	相対参照（初期値に戻る）	4 回押す

【操作1】

① 東京本社の合計金額を表示するセル D4 をクリックします。

② 「=」を入力します。

③ 東京本社の上半期のセル B4 をクリックします。

④ 「+」を入力します。

⑤ 東京本社の下半期のセル C4 をクリックします。

⑥ セル D4 と数式バーに「=B4+C4」と表示されていることを確認して、**Enter** キーを押します。

⑦ セル D4 に計算結果「16,630」が表示されます。

⑧ セル D4 をクリックして、セルの右下のフィルハンドルをポイントします。

⑨ マウスポインターの形が ✚ に変わったら、セル D10 までドラッグします。

⑩ セル D4 の数式がセル D5 〜 D10 にコピーされます。

【操作2】

⑪ 東京本社の構成比を表示するセル E4 をクリックします。

⑫ 「=」を入力します。

⑬ 東京本社の合計のセル D4 をクリックします。

⑭ 割り算を表す「/」を入力します。

⑮ 全支店の合計のセル D10 をクリックします。

⑯ **F4** キーを 1 回押します。

⑰ セル E4 と数式バーに「**=D4/$D$10**」と表示されたことを確認して、**Enter** キーを押します。

D10	▼	× ✓	fx	=D4/$D$10				
	A	B	C	D	E	F	G	H	I
1		年間売上実績（支店別）						
2								
3		上半期	下半期	合　計	構成比			
4	東京本社	7,980	8,650	16,630	=D4/$D$10			
5	北海道支店	2,360	3,180	5,540				
6	仙台支店	3,450	2,970	6,420				
7	名古屋支店	4,280	5,020	9,300				
8	大阪支店	5,630	6,280	11,910				
9	福岡支店	3,970	3,540	7,510				
10	期別合計	27,670	29,640	57,310				
11								
12								

⑱ セル E4 に計算結果「0.290176235」が表示されます。

⑲ セル E4 をクリックして、セルの右下のフィルハンドルをポイントします。

⑳ マウスポインターの形が **+** に変わったら、セル E10 までドラッグします。

E4	▼	× ✓	fx	=D4/$D$10				
	A	B	C	D	E	F	G	H	I
1		年間売上実績（支店別）						
2								
3		上半期	下半期	合　計	構成比			
4	東京本社	7,980	8,650	16,630	0.290176235			
5	北海道支店	2,360	3,180	5,540				
6	仙台支店	3,450	2,970	6,420				
7	名古屋支店	4,280	5,020	9,300				
8	大阪支店	5,630	6,280	11,910				
9	福岡支店	3,970	3,540	7,510				
10	期別合計	27,670	29,640	57,310				
11								
12								

㉑ セル E4 の数式がセル E5 ～ E10 にコピーされます。

E4	▼	× ✓	fx	=D4/$D$10				
	A	B	C	D	E	F	G	H	I
1		年間売上実績（支店別）						
2								
3		上半期	下半期	合　計	構成比			
4	東京本社	7,980	8,650	16,630	0.290176235			
5	北海道支店	2,360	3,180	5,540	0.096667248			
6	仙台支店	3,450	2,970	6,420	0.112022335			
7	名古屋支店	4,280	5,020	9,300	0.162275345			
8	大阪支店	5,630	6,280	11,910	0.207817135			
9	福岡支店	3,970	3,540	7,510	0.131041703			
10	期別合計	27,670	29,640	57,310	1			
11								
12								

ポイント

パーセント表示に変更する

構成比をパーセント表示に変更する場合は、セル範囲を選択し、[ホーム] タブの ％ [パーセントスタイル] ボタンをクリックします。

4-1-2 | 数式の中で名前付き範囲を参照する

練習問題

問題フォルダー
└問題 4-1-2.xlsx

解答フォルダー
└解答 4-1-2.xlsx

【操作 1】 ワークシート「掛率」のセル B3、B4、B5 を、同じ行のセールの名前を付けて登録します。

【操作 2】 ワークシート「セール価格表」の「セール価格」の列に、定価に謝恩セールの掛率を適用する数式を入力します。なお、数式には【操作 1】で登録した名前を使用します。

機能の解説

[重要用語]

□ 名前付き範囲
□ 名前を直接入力
□ [数式で使用] ボタン

数式の参照先として、名前付き範囲を指定することができます。名前付き範囲を数式で使用する場合は、数式にその名前を直接入力するか、[数式] タブの [数式で使用] ボタンをクリックして表示される名前の一覧から選択します。

[数式で使用] ボタンをクリックして表示される登録した名前の一覧

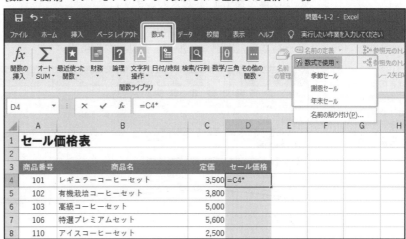

名前付き範囲の作成
「2-3-1」参照。

【操作1】

① ワークシート「掛率」のシート見出しをクリックします。

② セル A3 ～ B5 を範囲選択します。

③ [数式] タブの 選択範囲から作成 [選択範囲から作成] ボタンをクリックします。

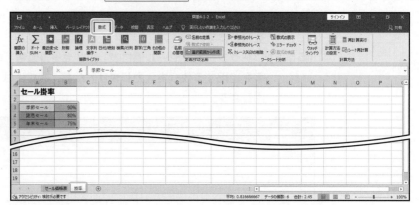

④ [選択範囲から名前を作成] ダイアログボックスが表示されるので、[左端列] チェックボックスがオンになっていることを確認します。

⑤ [OK] をクリックします。

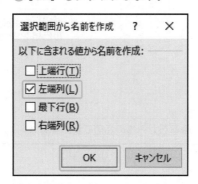

【操作2】

⑥ ワークシート「セール価格表」のシート見出しをクリックします。

⑦ セール価格を表示するセル D4 をクリックします。

⑧ 「=」を入力します。

⑨ 定価のセル C4 をクリックします。

⑩ 掛け算を表す「*」を入力します。

⑪ [数式] タブの 数式で使用 [数式で使用] ボタンをクリックします。

⑫ 一覧から [謝恩セール] をクリックします。

≫その他の操作方法

名前の入力

数式の入力中に名前付きのセルをクリックしたり、セル範囲をドラッグしたりすると、セル参照ではなく名前が入力されます。
また、数式内に名前を直接入力することも可能です。

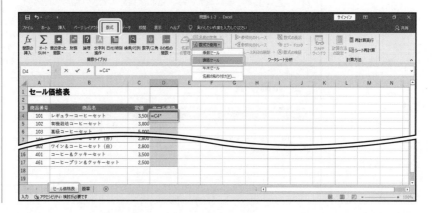

⑬ セル D4 と数式バーに「＝C4*謝恩セール」と表示されたことを確認して、**Enter** キー
を押します。

⑭ セル D4 に計算結果「2,800」が表示されます。

⑮ セル D4 をクリックして、セル D4 の右下のフィルハンドルをポイントします。

⑯ マウスポインターの形が **＋** に変わったら、ダブルクリックします。

⑰ セル D4 の数式がセル D5 ～ D17 にコピーされます。

★ヒント
数式のコピー

フィルハンドルをダブルクリック
すると、隣接する列の最終行を
認識して、自動的に下方向に数
式が相対参照でコピーされます。
数式内の名前付き範囲は、絶対
参照と同様にセル番地が変化し
ません。

（セル価格表の全体像）

商品番号	商品名	定価	セール価格
101	レギュラーコーヒーセット	3,500	2,800
102	有機栽培コーヒーセット	3,800	3,040
103	高級コーヒーセット	5,000	4,000
106	特選プレミアムセット	5,600	4,480
110	アイスコーヒーセット	2,500	2,000
111	水出しコーヒーセット	3,700	2,960
120	ドリップバック10個セット	1,000	800
121	ドリップバック50個セット	4,000	3,200
123	ドリップバック100個セット	6,400	5,120
201	紅茶セレクトセット	2,000	1,600
301	ワイン＆コーヒーセット（赤）	2,800	2,240
302	ワイン＆コーヒーセット（白）	2,800	2,240
401	コーヒー＆クッキーセット	3,500	2,800
461	コーヒープリン＆クッキーセット	2,500	2,000

第**4**章

数式や関数を使用した演算の実行

練習問題

【操作 1】ワークシート「受講状況_9月」のテーブル「受講状況」の「売上金額」の列に、売上金額を求める数式を入力します。

【操作 2】セル I3 にテーブル「受講状況」の集計行の売上金額の合計を表示する数式を入力します。

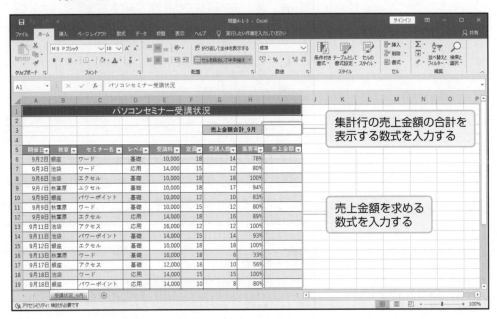

機能の解説

重要用語

☐ テーブル
☐ 構造化参照

テーブルのデータを参照する数式は、テーブル名や列見出し名で指定することができます。これを「構造化参照」といいます。構造化参照を使用すると、テーブルの行や列が追加された場合でもセル参照が自動的に調整されるため、数式を書き換える必要がありません。上図のテーブル「受講状況」を参照する場合の主な構造化参照の指定は次のようになります。

テーブル内のセル範囲	構造化参照	テーブル「受講状況」の場合
見出し行を除いた テーブル全体	テーブル名	受講状況
見出し行も含めた テーブル全体	テーブル名 [# すべて]	受講状況 [# すべて]
特定の列（フィールド全体）	テーブル名 [列見出し名]	受講状況 [受講人数]
数式入力セルと同じ行の 特定の列のセル	[@列見出し名]	[@受講人数]
数式入力セルと同じ行の 連続する列の範囲	テーブル名 [@ [列見出し名]: [列見出し名]]	受講状況 [@ [定員]:[受講人 数]]
集計行の特定の列のセル	テーブル名 [[# 集計],[列見 出し名]]	受講状況 [[# 集計],[受講人 数]]

構造化参照は、通常、テーブル内を直接クリックまたはドラッグすると自動的に入力されます。

★ヒント
数式の自動設定の取り消し
自動設定された数式を取り消すには、入力後に表示される ☲ ［オートコレクトのオプション］ボタンをクリックし、一覧から［元に戻す - 集計列］をクリックします。

なお、テーブル内のセルに数式を入力すると、同じ列のセルに自動的に数式が設定されます。オートフィル機能などで数式をコピーする必要はありません。

テーブル内のセルに数式を入力

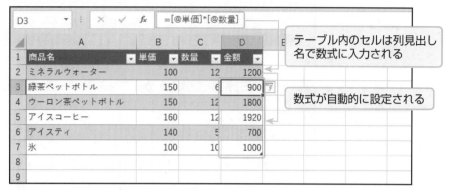

テーブル内のセルは列見出し名で数式に入力される

数式が自動的に設定される

操作手順

【操作 1】

① ワークシート「受講状況 _9 月」のセル I6 をクリックします。

② 「=」を入力します。

③ 受講料のセル E6 をクリックします。

④ セル I6 に「=[@ 受講料]」と入力されます。

⑤ 「*」を入力します。

⑥ 受講人数のセル G6 をクリックします。

⑦ セル I6 に「=[@ 受講料]* [@ 受講人数]」と入力されます。

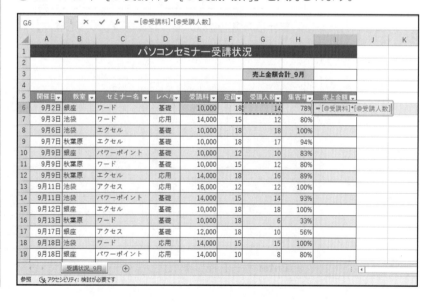

⑧ **Enter** キーを押します。

⑨ セル I6 に「140,000」と表示されます。

⑩「売上金額」の列に数式が自動的に設定され、各行の売上金額が表示されます。

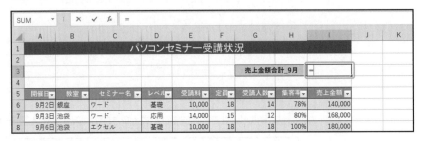

【操作2】

⑪ セル I3 をクリックします。

⑫「=」を入力します。

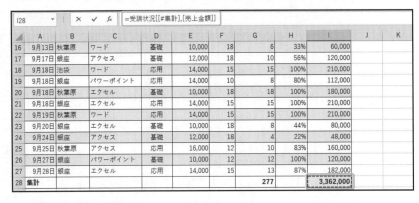

⑬ 集計行の売上金額のセル I28 をクリックします。

⑭ 数式バーに「= 受講状況 [[# 集計],[売上金額]]」と表示されます。

⑮ **Enter** キーを押します。

⑯ セル I3 に「3,362,000」と表示されます。

4-2 データを計算する、加工する

複雑な計算や処理を簡単に実行するために、Excel に用意されている数式を関数といいます。関数を使うと、合計、平均、最大値、最小値を求めるなどの集計作業がすばやく行えます。また、条件を満たしているかいないかで処理を分けることができる関数があり、値に応じて異なる文字列を表示したり、計算を変えたりすることができます。

4-2-1 SUM 関数を使用して計算を行う

練習問題

問題フォルダー
└問題 4-2-1.xlsx

解答フォルダー
└解答 4-2-1.xlsx

関数を使用して、セル B10 に本社・支店の上半期の合計を求め、数式をセル範囲 C10:D10 にコピーします。

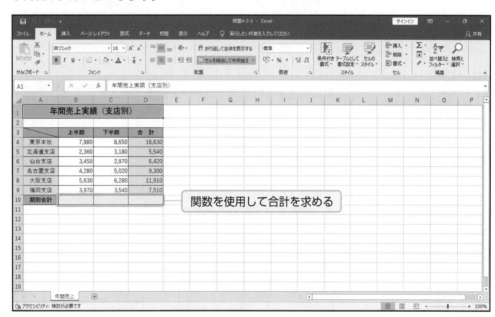

関数を使用して合計を求める

機能の解説

□ 関数
□ 関数の書式
□ 引数
□ 合計
□ SUM 関数
□ [合計] ボタン
□ [数式] タブの
　[関数ライブラリ]
　グループのボタン
□ 数式オートコンプリート
□ [関数の引数]
　ダイアログボックス

Excel には、よく使用される数式が関数として登録されています。関数を使用することで、複雑計算をより簡単に実行することができます。関数は、次のような書式で表示されます。

SUM (B4:B9)
　　関数名　　　　　　引数

引数（ひきすう）には、計算に必要なセル参照やセル範囲、値などを指定します。どのようなデータを引数に指定するかは、関数によって異なります。合計を求める SUM（サム）関数の書式は次のとおりです。なお、書式の [ ]（角かっこ）で囲まれた引数は省略できます。

● SUM 関数

書 式	SUM(数値 1 [, 数値 2,…])
引 数	数値 1, 数値 2,…：対象となる数値、セル参照、セル範囲、数式などを指定する
戻り値	数値 1, 数値 2,…の合計の値を返す

第 4 章 数式や関数を使用した演算の実行

例）セル B4 ～ B9 の合計を求める

=SUM(B4:B9)

| B10 | ▼ | × ✓ fx | =SUM(B4:B9) |

	A	B	C	D	E	F	G	H	I
1	年間売上実績（支店別）								
2									
3		上半期	下半期	合　計					
4	東京本社	7,980	8,650	16,630					
5	北海道支店	2,360	3,180	5,540					
6	仙台支店	3,450	2,970	6,420					
7	名古屋支店	4,280	5,020	9,300					
8	大阪支店	5,630	6,280	11,910					
9	福岡支店	3,970	3,540	7,510					
10	期別合計	27,670							
11									

セル B4 ～ B9 の
合計が表示される

関数を指定するには、［合計］ボタンを使用する方法、［数式］タブの［関数ライブラリ］グループのボタンを使用する方法、数式オートコンプリートを使用する方法の 3 種類があります。

●[合計] ボタンを使用する

よく使用する関数は、ボタンで簡単に挿入することができます。たとえば合計を求める場合には、関数を入力するセルを選択し、［ホーム］タブの Σ ▾ ［合計］ボタンをクリックします。続いて合計するセル範囲を引数として指定して、再び Σ ▾ ［合計］ボタンをクリックするか、**Enter** キーを押します。

なお、［合計］ボタンの▼をクリックすると、よく使用する関数の一覧が表示されます。一覧の［その他の関数］をクリックすると［関数の挿入］ダイアログボックスが表示され、他の関数も選択することができます。

★ヒント

［合計］ボタン

［数式］タブの［オート SUM］ボタンも同じボタンです。

Σ
オート
SUM ▾
［オート SUM］ボタン

［合計］ボタンの▼の一覧

項目	挿入される関数
合計	SUM 関数
平均	AVERAGE 関数
数値の個数	COUNT 関数
最大値	MAX 関数
最小値	MIN 関数

ここをクリックすると、［関数の挿入］ダイアログボックスが表示される

▶その他の操作方法

［関数の挿入］ダイアログボックスの表示

数式バーの fx ［関数の挿入］ボタンまたは［数式］タブの［関数の挿入］ボタンをクリックしても、［関数の挿入］ダイアログボックスを表示できます。

fx
関数の
挿入
［関数の挿入］ボタン

［関数の挿入］ダイアログボックス

関数の挿入

関数の検索(S):

何がしたいかを簡単に入力して、[検索開始] をクリックしてください。　検索開始(G)

関数の分類(C): 数学/三角

関数名(N):
ABS
ACOS
ACOSH
ACOT
ACOTH
AGGREGATE
ARABIC

ABS(数値)
数値から符号 (+、-) を除いた絶対値を返します。

この関数のヘルプ　　　OK　　キャンセル

分類を指定し、一覧から
関数名を選択する

▶その他の操作方法

ショートカットキー

Shift + F3

（［関数の挿入］ダイアログボックスの表示）

●[数式] タブの［関数ライブラリ］グループのボタンを使用する

[数式] タブの［関数ライブラリ］グループには関数の分類のボタンがあり、クリックすると一覧が表示されます。目的の関数をクリックすると、その関数の［関数の引数］ダイアログボックスが表示され、関数や引数の説明を読みながら設定し、数式の結果もプレビューで確認できます。

[数式] タブの［関数ライブラリ］グループのボタンと［関数の引数］ダイアログボックス

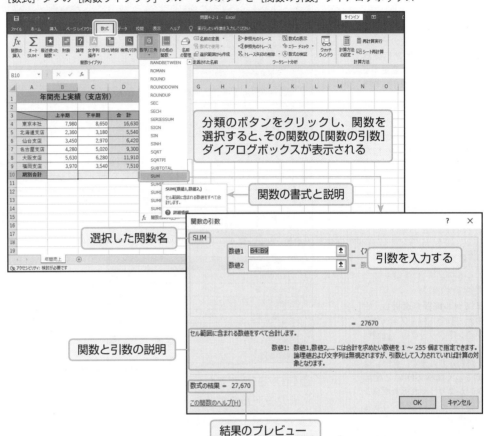

★ヒント

ダイアログボックスの移動

引数の範囲をドラッグする際に、［関数の引数］ダイアログボックスでデータが隠れている場合は、ダイアログボックスのタイトルバーをドラッグして移動するか、引数を指定するボックスの ⬆ ボタンをクリックしてダイアログボックスを一時的に小さくします。

★ヒント

関数の入力中に［関数の引数］ダイアログボックスを表示す

「= 関数名(」の入力後に、数式バーの *fx* ［関数の挿入］ボタンをクリックすると、その関数の［関数の引数］ダイアログボックスが表示されます。

●数式オートコンプリートを使用する

数式オートコンプリートは、「=」に続けて入力されたアルファベットから始まる関数の一覧が表示される機能です。キーボードから簡単に関数を入力することができるため、関数名や書式がわかっているときなどに便利です。一覧の関数名をダブルクリックするか、↓ キーで関数を選択して **Tab** キーを押すと、関数名に続いて「(」が表示されるので、引数と「)」を入力し、**Enter** キーを押します。

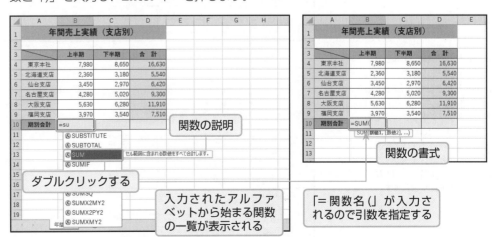

≫ポイント≫

セル範囲の自動認識

Σ ▾ ［合計］ボタンをクリックすると、セルの上または左のデータが入力されている範囲が自動認識されます。この範囲は変更することも可能です。

≫ポイント≫

引数に連続したセル範囲を指定

引数に連続したセル範囲を指定するときはセル範囲をドラッグします。「B4:B9」のようにセル番地が「:」（コロン）で区切られて表示されます。「B4:B9」を直接入力してもかまいません。

≫その他の操作方法≫

［クイック分析］ボタンを使用した合計の挿入

合計するセル範囲を選択し、右下に表示される ［クイック分析］ボタンをクリックし、［合計］をクリックすると、計算の種類のボタンが表示されます。合計には縦方向もしくは横方向の 2 種類のボタンがあり、それぞれボタンをクリックすると、縦方向の場合は選択範囲の下のセル、横方向の場合は選択範囲の右隣のセルに SUM 関数が挿入され、合計が表示されます。

［合計］ボタン（縦方向）

［合計］ボタン（横方向）

≫その他の操作方法≫

合計をまとめて求める

合計するセルと結果を表示するセルを範囲選択して Σ ▾ ［合計］ボタンをクリックすると、まとめて合計が表示されます。この例の場合、セル B4 ～ D10 を選択して、Σ ▾ ［合計］ボタンをクリックすると、セル B10 ～ D10 にまとめて合計が表示されます。

① 上半期の合計を表示するセル B10 をクリックします。

② ［ホーム］タブの Σ ▾ ［合計］ボタンをクリックします。

③ セル B10 と数式バーに「=SUM(B4:B9)」と表示されていることを確認し、再び Σ ▾ ［合計］ボタンをクリックするか、**Enter** キーを押します。

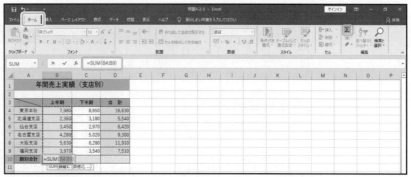

④ セル B10 に計算結果「27,670」が表示されます。

	A	B	C	D	E	F	G	H	I
1		年間売上実績（支店別）							
2									
3		上半期	下半期	合　計					
4	東京本社	7,980	8,650	16,630					
5	北海道支店	2,360	3,180	5,540					
6	仙台支店	3,450	2,970	6,420					
7	名古屋支店	4,280	5,020	9,300					
8	大阪支店	5,630	6,280	11,910					
9	福岡支店	3,970	3,540	7,510					
10	期別合計	27,670							

⑤ （セル B10 がアクティブになっていない場合はクリックし、）セル B10 の右下のフィルハンドルをポイントします。

⑥ マウスポインターの形が ✚ に変わったら、セル D10 までドラッグします。

	A	B	C	D	E	F	G	H	I
1		年間売上実績（支店別）							
2									
3		上半期	下半期	合　計					
4	東京本社	7,980	8,650	16,630					
5	北海道支店	2,360	3,180	5,540					
6	仙台支店	3,450	2,970	6,420					
7	名古屋支店	4,280	5,020	9,300					
8	大阪支店	5,630	6,280	11,910					
9	福岡支店	3,970	3,540	7,510					
10	期別合計	27,670							

⑦ セル B10 の数式がセル C10、D10 にコピーされます。

	A	B	C	D	E	F	G	H	I
1		年間売上実績（支店別）							
2									
3		上半期	下半期	合　計					
4	東京本社	7,980	8,650	16,630					
5	北海道支店	2,360	3,180	5,540					
6	仙台支店	3,450	2,970	6,420					
7	名古屋支店	4,280	5,020	9,300					
8	大阪支店	5,630	6,280	11,910					
9	福岡支店	3,970	3,540	7,510					
10	期別合計	27,670	29,640	57,310					

MAX関数、MIN関数を使用して計算を行う

練習問題

問題フォルダー
└ 問題 4-2-2.xlsx

解答フォルダー
└ 解答 4-2-2.xlsx

【操作 1】 関数を使用して、セル範囲 N4:P4 に、1 ～ 2 月の 1 日当たりの大人、こども、合計のそれぞれの最大利用者数を求めます。

【操作 2】 関数を使用して、セル範囲 N5:P5 に、1 ～ 2 月の 1 日当たりの大人、こども、合計のそれぞれの最小利用者数を求めます。

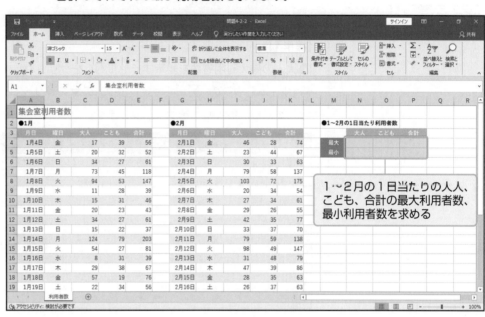

1～2月の1日当たりの大人、こども、合計の最大利用者数、最小利用者数を求める

機能の解説

重要用語

☐ MAX 関数
☐ 最大値
☐ MIN 関数
☐ 最小値

MAX（マックス）関数を使うと、指定した範囲に入力されている数値の最大値、MIN（ミン、ミニマム）関数を使うと、最小値を求めることができます。

●MAX 関数

書　式	MAX(数値 1 [, 数値 2,…])
引　数	数値 1, 数値 2,…：対象となる数値、セル参照、セル範囲などを指定する
戻り値	数値 1, 数値 2,…の最大値を返す

例) セル D4 ～ D9 の最大値を求める

= MAX(D4:D9)

セル D4 ～ D9 の最大値が表示される

第4章

数式や関数を使用した演算の実行

● MIN 関数

書　式	MIN(数値 1 [, 数値 2,…])
引　数	数値 1, 数値 2,…：対象となる数値、セル参照、セル範囲などを指定する
戻り値	数値 1, 数値 2,…の最小値を返す

例）セル D4 〜 D9 の最小値を求める

= MIN(D4:D9)

操作手順

【操作 1】

❶ 大人の最大利用者数を表示するセル N4 をクリックします。

❷ ［ホーム］タブの ∑▾ ［合計］ボタンの▼をクリックします。

❸ 一覧から［最大値］をクリックします。

❹ セル N4 に「=MAX(I4:M4)」と表示され、「I4:M4」の引数部分が選択されている
ことを確認します。

❺ セル C4 〜 C31 をドラッグします。

❻ 数式バーに「=MAX(C4:C31)」と表示されたことを確認します。

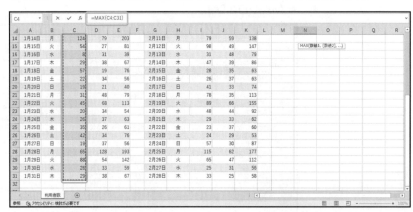

ポイント

セル範囲の修正

∑▾ ［合計］ボタンをクリックすると、セルの上または左のデータが入力されている範囲が自動認識されます。修正するには、引数部分が選択されている状態で正しいセル範囲をドラッグするか、セル範囲の点線枠の隅をポイントしてマウスポインターの形が ↘ や ↗ に変わったらドラッグして正しい範囲に合わせます。

その他の操作方法

データがある列（行）の末尾まで選択する

範囲選択する先頭のセルをクリックし、**Ctrl** + **Shift** + **↓** キー（行の場合は **Ctrl** + **Shift** + **→** キー）を押すと、データがある列（行）の末尾まで選択できます。

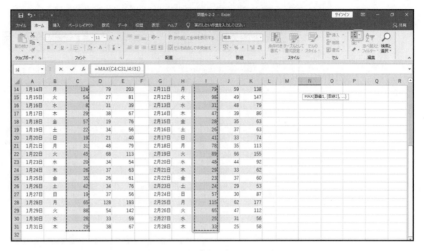

引数に離れたセル範囲を指定
引数に離れたセル範囲を指定するときは、最初のセル範囲をドラッグし、2番目以降のセル範囲を **Ctrl** キーを押しながらドラッグします。「C4:C31,I4:I31」のようにセル番地が「,」（カンマ）で区切られて表示されます。「C4:C31,I4:I31」を直接入力してもかまいません。

❼ **Ctrl** キーを押しながら、セル I4 ～ I31 をドラッグします。

❽ 数式バーに「=MAX(C4:C31,I4:I31)」と表示されたことを確認し、Σ ▼ ［合計］ボタンをクリックするか、**Enter** キー押します。

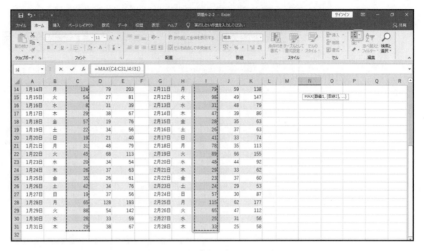

❾ セル N4 に大人の利用者数の最大値「124」が表示されます。

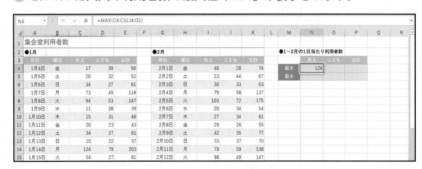

❿（セル N4 がアクティブになっていない場合はクリックし、）セル N4 の右下のフィルハンドルをポイントします。

⓫ マウスポインターの形が ✚ に変わったら、セル P4 までドラッグします。

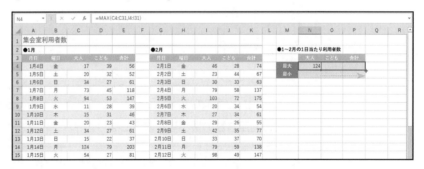

⓬ セル N4 の数式がセル O4 ～ P4 にコピーされ、こどもと合計の利用者数の最大値が表示されます。

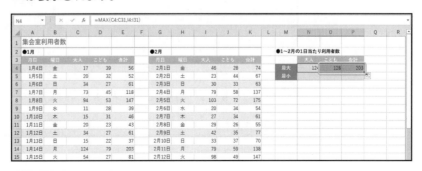

第 **4** 章 数式や関数を使用した演算の実行

【操作 2】

⑬ 大人の最小利用者数を表示するセル N5 をクリックします。

⑭ [ホーム] タブの $\boxed{\Sigma}$ [合計] ボタンの▼をクリックします。

⑮ 一覧から [最小値] をクリックします。

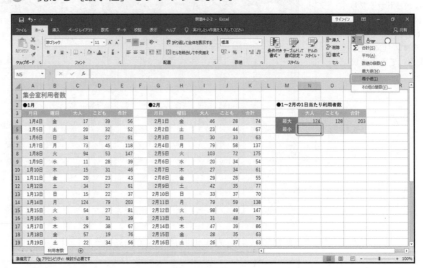

⑯ ⑤ ～ ⑦ と同様の手順で、セル C4 ～ C31 とセル I4 ～ I31 を指定し、数式バーに
「**=MIN(C4:C31,I4:I31)**」と表示されたことを確認し、$\boxed{\Sigma}$ [合計] ボタンをクリック
するか、**Enter** キー押します。

⑰ セル N5 に大人の利用者数の最小値「8」が表示されます。

⑱ ⑩ ～ ⑪ と同様の手順で、セル N5 の数式をセル O5 ～ P5 にコピーし、こどもと合
計の利用者数の最小値を表示します。

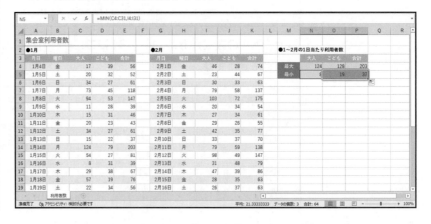

4-2-3 AVERAGE 関数を使用して計算を行う

練習問題

問題フォルダー
└ 問題 4-2-3.xlsx

解答フォルダー
└ 解答 4-2-3.xlsx

【操作 1】テーブルの右側に「店別平均」の列を追加します。

【操作 2】関数を使用して、店別の A プラン〜 C プランの申込数の平均値を求めます。

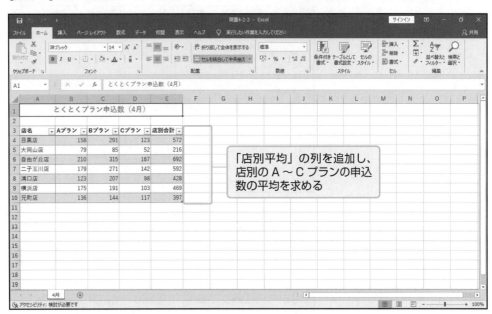

「店別平均」の列を追加し、店別の A 〜 C プランの申込数の平均を求める

機能の解説

重要用語

☐ AVERAGE 関数

☐ 平均値

AVERAGE（アベレージ）関数を使用すると、指定した範囲に入力されている数値の平均値を求めることができます。

●AVERAGE 関数

書　式	AVERAGE(数値 1 [, 数値 2,…])
引　数	数値 1, 数値 2,…：対象となる数値、セル参照、セル範囲などを指定する
戻り値	数値 1, 数値 2,…の平均値を返す

例）セル D4 〜 D9 の平均値を求める

= AVERAGE(D4:D9)

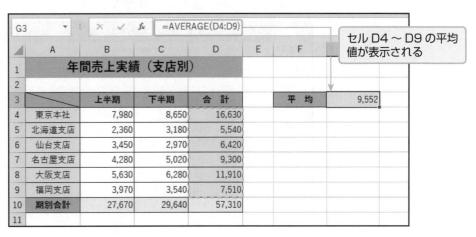

セル D4 〜 D9 の平均値が表示される

【操作1】

❶ セルF3に「店別平均」と入力し、**Enter** キーを押します。

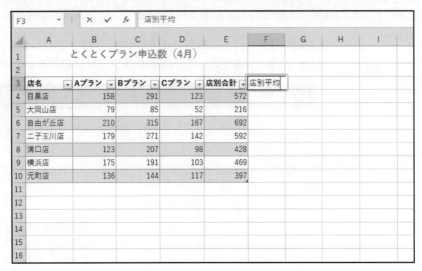

❷ 自動的にテーブルが拡張され、セルF3～F10にテーブルスタイルが設定されます。

【操作2】

❸ セルF4がアクティブになっていることを確認し、［ホーム］タブの $\boxed{\Sigma \text{·}}$ ［合計］

ボタンの▼をクリックします。

❹ 一覧から［平均］をクリックします。

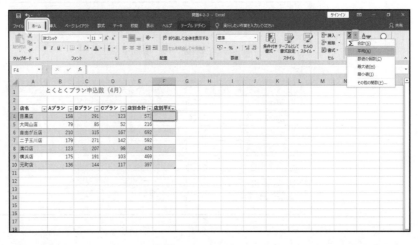

❺ セルF4に「=AVERAGE(テーブル1[@[Aプラン]:[店別合計]])」と表示され、「テーブル…」の引数部分が選択されていることを確認します。

| SUM | × ✓ fx | =AVERAGE(テーブル1[@[Aプラン]:[店別合計]]) |

	A	B	C	D	E	F	G	H	I	J
1		とくとくプラン申込数（4月）								
2										
3	店名	Aプラン	Bプラン	Cプラン	店別合計	店別平均				
4	目黒店	158	291	123	572	=AVERAGE(テーブル1[@[Aプラン]:[店別合計]])				
5	大岡山店	79	85	52	216	AVERAGE(数値1, [数値2], ...)				
6	自由が丘店	210	315	167	692					
7	二子玉川店	179	271	142	592					
8	溝口店	123	207	98	428					
9	横浜店	175	191	103	469					
10	元町店	136	144	117	397					
11										
12										
13										
14										
15										
16										
17										

❻ セルB4～D4をドラッグします。

❼ セルF4に「=AVERAGE(テーブル1[@[Aプラン]:[Cプラン]])」と入力されたことを確認します。

❽ [ホーム]タブの Σ ▾ [合計]ボタンをクリックするか、Enter キーを押します。

| B4 | × ✓ fx | =AVERAGE(テーブル1[@[Aプラン]:[Cプラン]]) |

	A	B	C	D	E	F	G	H	I	J
1		とくとくプラン申込数（4月）								
2										
3	店名	Aプラン	Bプラン	Cプラン	店別合計	店別平均				
4	目黒店	158	291	123	572	=AVERAGE(テーブル1[@[Aプラン]:[Cプラン]])				
5	大岡山店	79	85	52	216	AVERAGE(数値1, [数値2], ...)				
6	自由が丘店	210	315	167	692					
7	二子玉川店	179	271	142	592					
8	溝口店	123	207	98	428					
9	横浜店	175	191	103	469					
10	元町店	136	144	117	397					
11										
12										
13										
14										
15										
16										
17										

❾ セルF5～F10にも自動的に数式が設定され、セルF4～F10に店別のAプラン～Cプランの平均値が表示されます。

| F4 | × ✓ fx | =AVERAGE(テーブル1[@[Aプラン]:[Cプラン]]) |

	A	B	C	D	E	F	G	H	I	J
1		とくとくプラン申込数（4月）								
2										
3	店名	Aプラン	Bプラン	Cプラン	店別合計	店別平均				
4	目黒店	158	291	123	572	190.6667				
5	大岡山店	79	85	52	216	72				
6	自由が丘店	210	315	167	692	230.6667				
7	二子玉川店	179	271	142	592	197.3333				
8	溝口店	123	207	98	428	142.6667				
9	横浜店	175	191	103	469	156.3333				
10	元町店	136	144	117	397	132.3333				
11										
12										
13										
14										
15										
16										
17										

ポイント

構造化参照で列のセル範囲を指定

構造化参照で、数式の入力されているセルと同じ行の1つの列を参照する場合は、[@Aプラン]、[@店別合計]というように列見出し名を[@～]で囲みます。Aプラン～Cプランという列の範囲を参照するときは、列見出し名の範囲を[@～]で囲み、[@[Aプラン]:[Cプラン]]とします。構造化参照はテーブル内のセルやセル範囲を選択すると自動的に入力されます（「4-1-3」参照）。

第4章 数式や関数を使用した演算の実行

4-2-4 COUNT 関数、COUNTA 関数、COUNTBLANK 関数を使用してセルの数を数える

練習問題

問題フォルダー
└ 問題 4-2-4.xlsx

解答フォルダー
└ 解答 4-2-4.xlsx

「会費入金状況」表は列ごとの範囲が項目名の名前で登録されています。この名前付き範囲を使用して、次の数式を作成します。

【操作 1】関数を使用して、セル F3 に、入金済の人数を求めます。

【操作 2】関数を使用して、セル G3 に、未入金の人数を求めます。

【操作 3】関数を使用して、セル F6 に、氏名欄の人数を求めます。

機能の解説

重要用語

☐ COUNT 関数

☐ 数値が入力されている
セルの個数

☐ COUNTA 関数

☐ データが入力されてい
るセルの個数

☐ COUNTBLANK 関数

☐ 空白セルの個数

指定した範囲に入力されているデータの個数を求める場合は、セルの個数を数える関数を使います。COUNT（カウント）関数は数値が入力されているセルの個数、COUNTA（カウントエー）関数は文字列、数値、数式などなんらかのデータが入力されているセルの個数を数えることができます。逆に、空白セルの個数を数えるときは COUNTBLANK（カウントブランク）関数を使います。

●COUNT 関数

書　式	COUNT(値 1 [, 値 2,…])
引　数	値 1, 値 2,…：対象となる、数値が入力されたセル参照やセル範囲などを指定する
戻り値	値 1, 値 2,…の数値が入力されているセルの個数を返す

例）セル D4 〜 D9 で数値が入力されているセルの個数を求める

= COUNT(D4:D9)

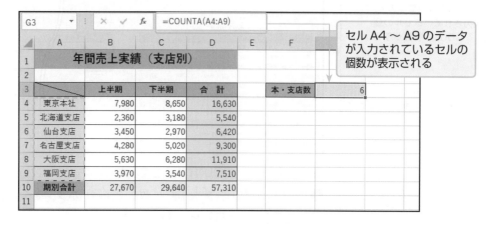

COUNT 関数では、文字列や数式が入力されているセルや空白セルは数えられません。文字列、数値、数式などなんらかのデータが入力されているセルの数を数える場合は、COUNTA 関数を使用します。

● COUNTA 関数

書　式	COUNTA (値 1 [, 値 2,…])
引　数	値 1, 値 2,…：対象となるセル参照やセル範囲などを指定する
戻り値	値 1, 値 2,…のデータが入力されているセルの個数を返す

例）セル A4 ～ A9 でデータが入力されているセルの個数を求める

= COUNTA(A4:A9)

● COUNTBLANK 関数

書　式	COUNTBLANK (範囲)
引　数	範囲：対象となるセル範囲を指定する
戻り値	指定された範囲に含まれる空白セルの個数を返す

例）セル B4 ～ C9 の空白セルの個数を求める

= COUNTBLANK(B4:C9)

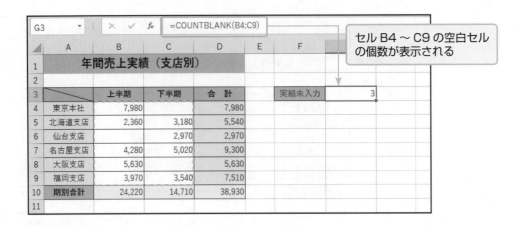

セル B4 ～ C9 の空白セル
の個数が表示される

操作手順

【操作1】

❶ 入金済の人数を表示するセル F3 をクリックします。

❷ ［ホーム］タブの ∑・ ［合計］ボタンの▼をクリックします。

❸ 一覧から［数値の個数］をクリックします。

❹ セル F3 に「=COUNT()」と表示されます。

❺ ［数式］タブの 数式で使用・ ［数式で使用］ボタンをクリックします。

❻ 一覧から［入金日］をクリックします。

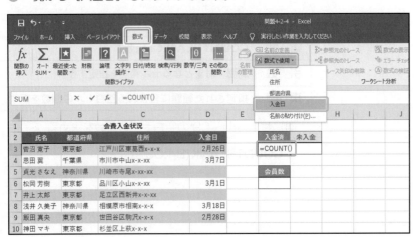

ポイント

個数を求める関数

この例では、入金済の人数として、入金日が入力されているセルの個数を数えます。入金日は文字列に見えますが、日付の表示形式はデータとしては数値なので、数値が入力されているセルの個数を数える COUNT 関数が使えます。

❼ セル F3 と数式バーに「=COUNT(入金日)」と表示されたことを確認し、 $\boxed{\Sigma}$ [オート SUM] ボタンをクリックするか、**Enter** キーを押します。

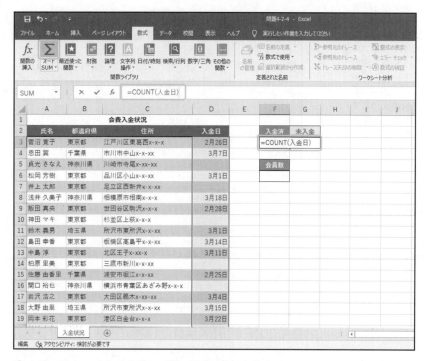

❽ セル F3 に、[入金日] の列の数値が入力されているセルの個数「17」が表示されます。

【操作 2】

❾ 未入金の人数を表示するセル G3 をクリックします。

⑩ [数式] タブの  [その他の関数] ボタンをクリックします。

⑪ [統計] の一覧から [COUNTBLANK] をクリックします。

ポイント

関数の入力

本書では [数式] タブの [関数ライブラリ] グループの関数の分類のボタンから関数を選択し、表示される [関数の引数] ダイアログボックスを使用して引数を指定する方法を解説しています。選択したセルや数式バーに数式（手順の太字部分）を直接入力してもかまいません。記号、英数字は半角で入力します。英字の大文字／小文字は問いません。

ポイント

空白セルの個数を求める関数

この例では未入金の人数として、入金日が入力されていない空白セルの個数を数えます。COUNTBLANK 関数を使います。

⑫ COUNTBLANK 関数の [関数の引数] ダイアログボックスが表示されるので、[範囲] ボックスの「F3」の文字が選択されていることを確認し、 **🔧 数式で使用 ▾** [数式で使用] ボタンをクリックします。

⑬ 一覧から [入金日] をクリックします。

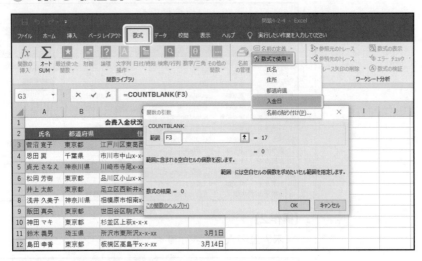

⑭ [範囲] ボックスに「入金日」と表示されます。

⑮ [数式の結果 =] に、セル D3 ～ D19 の空白セルの個数「8」が表示されていることを確認します。

⑯ [OK] をクリックします。

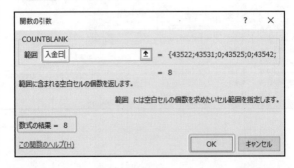

⑰ 数式バーに「=COUNTBLANK(入金日)」と表示されたことを確認します。

⑱ セル G3 に、[入金日] の列の空白セルの個数「8」が表示されます。

【操作 3】

⑲ 会員数を表示するセル F6 をクリックします。

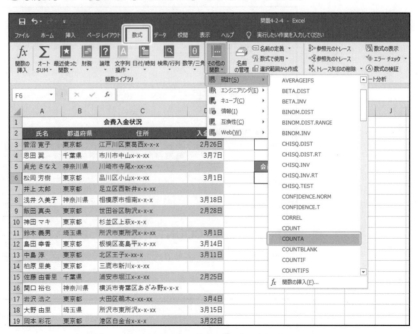

⑳ [数式] タブの [その他の関数] ボタンをクリックします。

㉑ [統計] の一覧から [COUNTA] をクリックします。

ポイント

個数を求める関数

この例では会員数として氏名が
入力されているセルの個数を数
えます。氏名は文字列なのでデ
ータが入力されているセルの個
数を数える COUNTA 関数を使
います。

㉒ COUNTA 関数の［関数の引数］ダイアログボックスが表示されるので、［範囲］ボックスの「F3:F5」の文字が選択されていることを確認し、 [fx 数式で使用 ▼] ［数式で使用］ボタンをクリックします。

㉓ 一覧から［氏名］をクリックします。

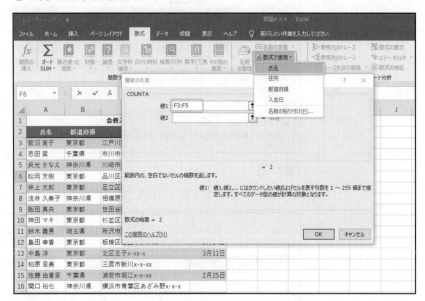

㉔ ［値 1］ボックスに「氏名」と表示されます。

㉕ ［数式の結果 =］に、名前付き範囲「氏名」のデータが入力されているセルの個数「25」が表示されていることを確認します。

㉖ ［OK］をクリックします。

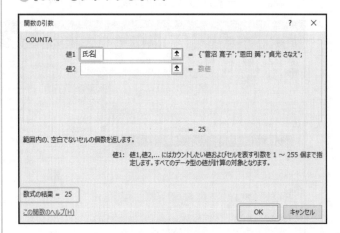

㉗ 数式バーに「=COUNTA(氏名)」と表示されたことを確認します。

㉘ セル F6 に、「氏名」の列のデータが入力されているセルの個数「25」が表示されます。

IF 関数を使用して条件付きの計算を実行する

練習問題

関数を使用して、セル範囲 E4:E11 の「特別報酬対象者」の列に、達成率が100%より高い場合は「○」を表示し、そうでない場合は空白にします。

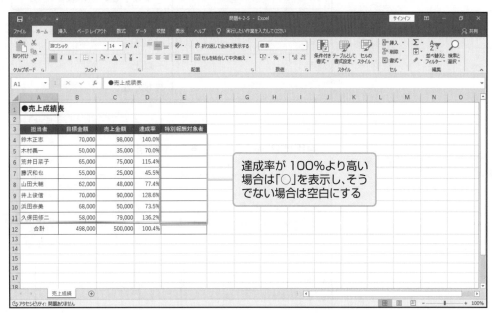

達成率が100%より高い場合は「○」を表示し、そうでない場合は空白にする

機能の解説

重要用語

☐ IF 関数

☐ 指定した条件を満たしているかいないかで異なる処理をする

☐ 比較演算子

IF（イフ）関数を使用すると、指定した条件を満たしているか満たしていないかによって、異なる処理をすることができます。

●IF 関数

書　式	IF(論理式 , 値が真の場合 , 値が偽の場合)		
引　数	論理式	：真または偽のどちらかに評価できる値または式を指定する	
	値が真の場合	：論理式の結果が、条件を満たす「真（TRUE）」の場合に返す値を指定する	
	値が偽の場合	：論理式の結果が、条件を満たさない「偽（FALSE）」の場合に返す値を指定する	
戻り値	**論理式**を満たす場合は**値が真の場合**の値を返し、満たさない場合は**値が偽の場合**の値を返す		

論理式では、「真（TRUE）」または「偽（FALSE）」のいずれかで評価できる値か式を引数に指定する必要があります。式には、次のような比較演算子を使用することができます。

比較演算子の使い方

比較演算子	意味	使用例
=	等しい	D2=150
<	～より小さい（未満）	D2<150
>	～より大きい	D2>150
<=	～以下	D2<=150
>=	～以上	D2>=150
<>	等しくない	D2<>150

!ポイント

引数に文字列を設定する
関数の引数が文字列の場合、文字列は「"」（ダブルクォーテーション）で囲んで入力します。

例）合計点が 150 点以上なら「合格」、150 点未満なら「不合格」と表示する

=IF(D2>=150," 合格 "," 不合格 ")

セル D2 の値が 150 以上なら「合格」、150 未満なら「不合格」と表示される

操作手順

❶ セル E4 をクリックします。

❷ ［数式］タブの ［論理］ボタンをクリックします。

❸ 一覧から ［IF］をクリックします。

④ IF 関数の［関数の引数］ダイアログボックスが表示されるので、［論理式］ボックスにカーソルが表示されていることを確認し、セル D4 をクリックします。

⑤ ［論理式］ボックスに「D4」と表示されるので、続けて「>100%」と入力します。

⑥ ［値が真の場合］ボックスに「○」と入力します。

⑦ ［値が偽の場合］ボックスに「""」（ダブルクォーテーション 2 つ）と入力します。

⑧ ［数式の結果 =］に、値が真の場合の値「○」が表示されていることを確認します。

⑨ ［OK］をクリックします。

ポイント

文字列を含む引数

［関数の引数］ダイアログボックスで引数に文字列を入力した場合、ボックスの内容が確認した時点で自動的に「"」（ダブルクォーテーション）で囲まれます。

ヒント

空白を表示する引数

論理式の結果によってセルを空白にしたい場合は、引数に「""」（ダブルクォーテーション 2 つ）を指定します。

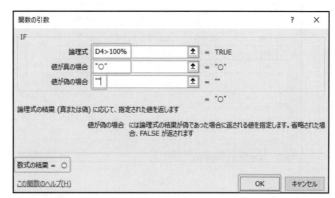

⑩ 数式バーに「=IF(D4>100%,"○","")」と表示されたことを確認します。

⑪ セル E4 に値が真の場合の値「○」が表示されます。

E4		✕ ✓ fx	=IF(D4>100%,"○","")			
	A	B	C	D	E	...
1	●売上成績表					
2						
3	担当者	目標金額	売上金額	達成率	特別報酬対象者	
4	鈴木正志	70,000	98,000	140.0%	○	
5	木村義一	50,000	35,000	70.0%		
6	荒井日菜子	65,000	75,000	115.4%		
7	藤沢和也	55,000	25,000	45.5%		

⑫ セル E4 の右下のフィルハンドルをポイントします。

⑬ マウスポインターの形が ✚ に変わったら、セル E11 までドラッグします。

⑭ セル E4 の数式がセル E5 ～ E11 にコピーされます。

⑮ ［オートフィルオプション］ボタンをクリックし、一覧から［書式なしコピー（フィル）］をクリックします。

第 **4** 章

数式や関数を使用した演算の実行

⓰ 任意のセルをクリックして、範囲選択を解除し、セル E11 の下の横線が二重線のままになっていることを確認します。

	A	B	C	D	E	F	G	H	I	J
1	●売上成績表									
2										
3	担当者	目標金額	売上金額	達成率	特別報酬対象者					
4	鈴木正志	70,000	98,000	140.0%	○					
5	木村義一	50,000	35,000	70.0%						
6	荒井日菜子	65,000	75,000	115.4%	○					
7	藤沢和也	55,000	25,000	45.5%						
8	山田大輔	62,000	48,000	77.4%						
9	井上俊信	70,000	90,000	128.6%	○					
10	浜田奈美	68,000	50,000	73.5%						
11	久保田修二	58,000	79,000	136.2%	○					
12	合計	498,000	500,000	100.4%						
13										
14										
15										
16										
17										
18										

売上成績

準備完了　アクセシビリティ: 問題ありません

4-3 文字列を整形する、変更する

文字列関数を使うと、文字列の一部を取り出す、英字の小文字を大文字に変換する、複数のセルの文字列を結合するなどの文字列の整形や変更ができます。

4-3-1 LEFT 関数、RIGHT 関数、MID 関数を使用して文字列を整形する

練習問題

問題フォルダー
└問題 4-3-1.xlsx

解答フォルダー
└解答 4-3-1.xlsx

【操作 1】LEFT 関数を使用して、セル範囲 C4:C12 に、それぞれ同じ行にある会員番号の左から 6 文字分を取り出して、入会日として表示します。

【操作 2】RIGHT 関数を使用して、セル範囲 D4:D12 に、それぞれ同じ行にある会員番号の右端の 1 文字を取り出して、性別として表示します。

【操作 3】MID 関数を使用して、セル範囲 E4:E12 に、それぞれ同じ行にある会員番号の 7 文字目から 4 文字分を取り出して、番号として表示します。

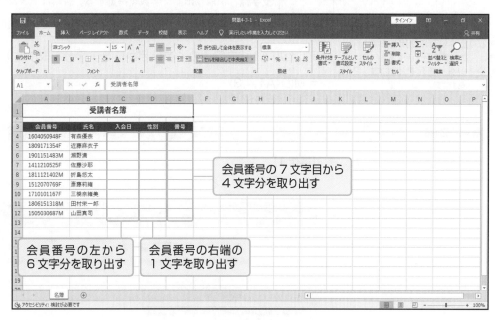

機能の解説

□ LEFT 関数
□ 文字列の左から指定した 文字数分の文字を取り出す
□ RIGHT 関数
□ 文字列の右から指定した 文字数分の文字を取り出す
□ MID 関数
□ 指定した位置から指定した 文字数分の文字を取り出す

LEFT（レフト）関数、RIGHT（ライト）関数、MID（ミッド）関数を使うと、文字列の左、右、指定した位置から指定した文字数分の文字を取り出すことができます。どの関数も、全角、半角を問わず、すべての文字を 1 文字と数えます。

●LEFT 関数

書 式	LEFT(文字列 [,文字数])
引 数	**文字列**：文字列または文字列を含むセル参照を指定する **文字数**：取り出す文字数（文字列の左端からの文字数）を指定する。省略時は「1」とみなされる
戻り値	**文字列**の左端（先頭）から、指定された**文字数**分だけ取り出した文字列を返す

例）セル A1 の文字列の左から 3 文字を取り出す

　　= LEFT(A1,3)

●RIGHT 関数

書　式	RIGHT(文字列 [,文字数])
引　数	**文字列**：文字列または文字列を含むセル参照を指定する **文字数**：取り出す文字数（文字列の右端からの文字数）を指定する。省略時は「1」とみなされる
戻り値	**文字列**の右端（末尾）から、指定された**文字数**分だけ取り出した文字列を返す

例）セル A1 の文字列の右から 4 文字を取り出す

　　= RIGHT(A1,4)

●MID 関数

書　式	MID(文字列 , 開始位置 , 文字数)
引　数	**文字列**　：文字列または文字列を含むセル参照を指定する **開始位置**：文字列から取り出す先頭文字の位置（文字列の先頭からの文字数）を数値で指定する **文字数**　：取り出す文字数を指定する。省略はできない
戻り値	**文字列**の指定された**開始位置**から、指定された**文字数**の文字を取り出す

例）セル A1 の文字列の 4 文字目から 3 文字分を取り出す

　　= MID(A1,4,3)

★ヒント

LEFTB、RIGHTB、MIDB
関数

文字数でなくバイト数（全角の文
字は 2 バイト、半角の文字は 1 バ
イトと数えます）で指定して文字
数を取り出す場合に使用します。
引数は、文字数の代わりにバイト
数を使う以外、それぞれ LEFT、
RIGHT、MID 関数と同じです。

操作手順

【操作 1】

❶ 入会日を表示するセル C4 をクリックします。

❷［数式］タブの ［文字列操作］ボタンをクリックします。

❸ 一覧から［LEFT］をクリックします。

④ LEFT 関数の［関数の引数］ダイアログボックスが表示されるので、［文字列］ボックスにカーソルが表示されていることを確認し、セル A4 をクリックします。

⑤ ［文字列］ボックスに「A4」と表示されます。

⑥ ［文字数］ボックスをクリックし、「6」と入力します。

⑦ ［数式の結果 =］に、セル A4 の左から 6 文字分の文字列「160405」が表示されていることを確認します。

⑧ ［OK］をクリックします。

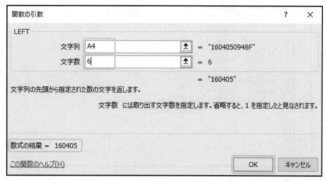

⑨ 数式バーに「=LEFT(A4,6)」と表示されたことを確認します。

⑩ セル C4 に、セル A4 の左から 6 文字分の文字列「160405」が表示されます。

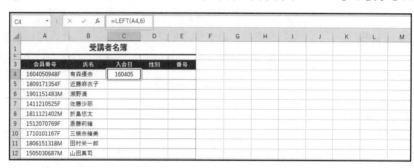

⑪ セル C4 の右下のフィルハンドルをポイントします。

⑫ マウスポインターの形が ✚ に変わったら、ダブルクリックします。

⑬ セル C4 の数式がセル C5 ～ C12 にコピーされます。

【操作 2】

⑭ 性別を表示するセル D4 をクリックします。

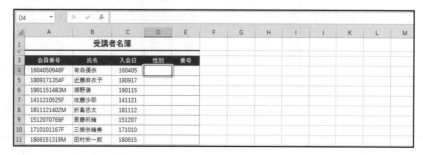

⑮ [数式] タブの  [文字列操作] ボタンをクリックします。

⑯ 一覧から [RIGHT] をクリックします。

⑰ RIGHT 関数の [関数の引数] ダイアログボックスが表示されるので、[文字列] ボックスにカーソルが表示されていることを確認し、セル A4 をクリックします。

⑱ [文字列] ボックスに「A4」と表示されます。

⑲ [文字数] ボックスをクリックし、「1」と入力します。

⑳ [数式の結果 =] に、セル A4 の右端の文字「F」が表示されていることを確認します。

㉑ [OK] をクリックします。

㉒ 数式バーに「**=RIGHT(A4,1)**」と表示されたことを確認します。

㉓ セル D4 に、セル A4 の右端の文字「F」が表示されます。

㉔ ⑪～⑫ の手順で、セル D4 の数式をセル D5～D12 にコピーします。

【操作3】

㉕ 番号を表示するセル E4 をクリックします。

㉖［数式］タブの ![A 文字列 操作]アイコン［文字列操作］ボタンをクリックします。

㉗ 一覧から［MID］をクリックします。

㉘ MID 関数の［関数の引数］ダイアログボックスが表示されるので、［文字列］ボックスにカーソルが表示されていることを確認し、セル A4 をクリックします。

㉙［文字列］ボックスに「A4」と表示されます。

㉚［開始位置］ボックスをクリックし、「7」と入力します。

㉛［文字数］ボックスをクリックし、「4」と入力します。

㉜［数式の結果 =］に、セル A7 の 7 文字目から 4 文字分の文字列「0948」が表示されていることを確認します。

㉝［OK］をクリックします。

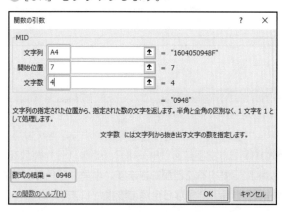

㉞ 数式バーに「**=MID(A4,7,4)**」と表示されたことを確認します。

㉟ セル E4 に、セル A4 の 7 文字目から 4 文字分の文字列「0948」が表示されます。

㊱ ⑪ ～ ⑫ の手順で、セル E4 の数式をセル E5 ～ E12 にコピーします。

UPPER 関数、LOWER 関数、PROPER 関数、LEN 関数を使用して文字列を整形する

練習問題

問題フォルダー
└ 問題 4-3-2.xlsx

解答フォルダー
└ 解答 4-3-2.xlsx

【操作 1】 UPPER 関数を使用して、「No.（整形後）」の列に、同じ行の No. を大文字に変換して表示します。

【操作 2】 PROPER 関数を使用して、「Name（整形後）」の列に、同じ行の Name を先頭だけ大文字、他を小文字に変換して表示します。

【操作 3】 LEN 関数を使用して、「桁数」の列に、同じ行の「Mobile」の文字数を表示します。

機能の解説

重要用語

□ UPPER 関数
□ 大文字に変換
□ LOWER 関数
□ 小文字に変換
□ PROPER 関数
□ 単語の先頭だけを大文字、他を小文字に変換
□ LEN 関数
□ 文字数を取得

UPPER（アッパー）関数を使うと英字の小文字を大文字に、LOWER（ローワー）関数を使うと大文字を小文字に、PROPER（プロパー）関数を使うと単語の先頭だけを大文字、他を小文字に変換することができます。半角、全角のいずれの英字でも変換可能で、元の文字が半角なら半角、全角なら全角に変換されます。

●UPPER 関数

書　式	UPPER (文字列)
引　数	**文字列**：文字列または文字列を含むセル参照を指定する
戻り値	**文字列**の英字の小文字を大文字に変換した文字列を返す

例）セル A1 の文字列に含まれる英字の小文字を大文字に変換する

= UPPER(A1)

●LOWER 関数

書式	LOWER（文字列）
引数	**文字列**：文字列または文字列を含むセル参照を指定する
戻り値	**文字列**の英字の大文字を小文字に変換した文字列を返す

例）セル A1 の文字列に含まれる英字の大文字を小文字に変換する

= LOWER(A1)

●PROPER 関数

書式	PROPER（文字列）
引数	**文字列**：文字列または文字列を含むセル参照を指定する
戻り値	**文字列**内の単語の先頭だけを大文字、他を小文字に変換した文字列を返す

例）セル A1 の文字列に含まれる単語の先頭だけを大文字、他を小文字に変換する

= PROPER(A1)

LEN（レン）関数を使うと、文字数を取得することができます。全角、半角を問わず、すべての文字を 1 文字と数えます。

●LEN 関数

書式	LEN（文字列）
引数	**文字列**：文字列または文字列を含むセル参照を指定する
戻り値	**文字列**の文字数を返す

例）セル A1 の文字列の文字数を求める

= LEN(A1)

★ヒント
英字以外の文字の変更

UPPER、LOWER、PROPER 関数とも、引数で指定された文字列に英字以外の文字が含まれている場合は、英字だけが変換され、それ以外の文字列はそのまま表示されます。

★ヒント
LENB 関数

文字数でなくバイト数を取得します。全角 1 文字の場合は 2、半角 1 文字の場合は 1 となります。引数は LEN 関数と同じです。

操作手順

【操作 1】

❶ 大文字の No. を表示するセル B4 をクリックします。

❷ ［数式］タブの ［文字列操作］ボタンをクリックします。

❸ 一覧から［UPPER］をクリックします。

❹ UPPER 関数の［関数の引数］ダイアログボックスが表示されるので、［文字列］ボックスにカーソルが表示されていることを確認し、セル A4 をクリックします。

❺ ［文字列］ボックスに「A4」と表示されます。

❻ ［数式の結果 =］に、セル A4 の No. を大文字に変換した文字列「FAM0781F」が表示されます。

❼ ［OK］をクリックします。

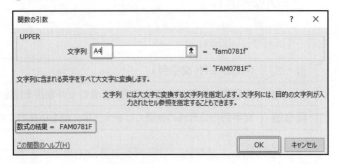

❽ 数式バーに「=UPPER(A4)」と表示されたことを確認します。

❾ セル B4 に、セル A4 の No. を大文字に変換した文字列「FAM0781F」が表示されます。

❿ セル B4 の右下のフィルハンドルをポイントします。

⓫ マウスポインターの形が ✛ に変わったら、ダブルクリックします。

⓬ セル B4 の数式がセル B5 ～ B10 にコピーされます。

【操作 2】

⓭ 先頭だけを大文字、他を小文字に変換した Name を表示するセル D4 をクリックします。

⓮［数式］タブの [文字列操作] ［文字列操作］ボタンをクリックします。

⓯ 一覧から［PROPER］をクリックします。

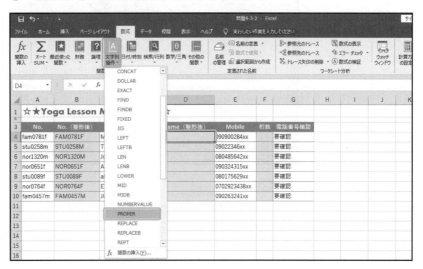

⓰ PROPER 関数の［関数の引数］ダイアログボックスが表示されるので、［文字列］ボックスにカーソルが表示されていることを確認し、セル C4 をクリックします。

⓱［文字列］ボックスに「C4」と表示されます。

⓲［数式の結果 =］に、セル C4 の Name の名と姓のそれぞれ先頭だけを大文字、他を小文字に変換した文字列「Misuzu Sekino」が表示されます。

⓳［OK］をクリックします。

⓴ 数式バーに「=PROPER(C4)」と表示されたことを確認します。

㉑ セル D4 にセル C4 の Name の名と姓のそれぞれ先頭だけを大文字、他を小文字に変換した文字列「Misuzu Sekino」が表示されます。

ヒント
単語の認識
PROPER 関数では、スペースで区切られた英字を単語と認識します。そのため、名と姓はそれぞれ先頭だけを大文字、他を小文字に変換します。

第 **4** 章

数式や関数を使用した演算の実行

㉒ ⑩ ～ ⑪ の手順で、セル D4 の数式をセル D5 ～ D10 にコピーします。

【操作 3】

㉓ Mobile の文字数を求めるセル F4 をクリックします。

㉔ [数式] タブの [文字列操作] ボタンをクリックします。

㉕ 一覧から [LEN] をクリックします。

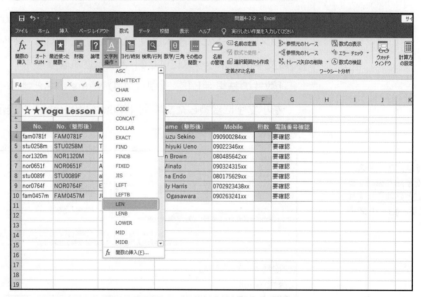

㉖ LEN 関数の [関数の引数] ダイアログボックスが表示されるので、[文字列] ボックスにカーソルが表示されていることを確認し、セル E4 をクリックします。

㉗ [文字列] ボックスに「E4」と表示されます。

㉘ [数式の結果 =] に、セル E4 の文字数「11」が表示されます。

㉙ [OK] をクリックします。

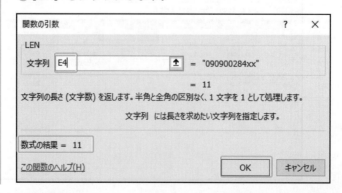

㉚ 数式バーに「**=LEN(E4)**」と表示されたことを確認します

㉛ セルF4にセルE4の文字数「11」が表示されます。

㉜ ⑩ ～ ⑪ の手順で、セルF4の数式をセルF5 ～ F10にコピーします。

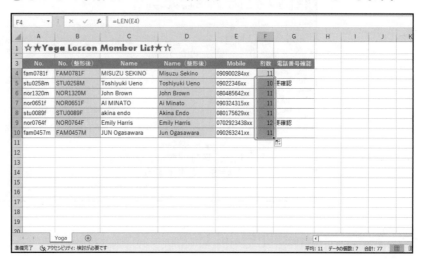

CONCAT 関数、TEXTJOIN 関数を使用して文字列を整形する

練習問題

問題フォルダー
└ 問題 4-3-3.xlsx

解答フォルダー
└ 解答 4-3-3.xlsx

【操作 1】CONCAT 関数を使用して、「エントリーコード」の列に、同じ行の No.、区分、構成、人数を結合して表示します。

【操作 2】TEXTJOIN 関数を使用して、「メンバー」の列に、同じ行のパートの氏名を「,」（コンマ）で区切って結合して表示します。空のセルは無視します。

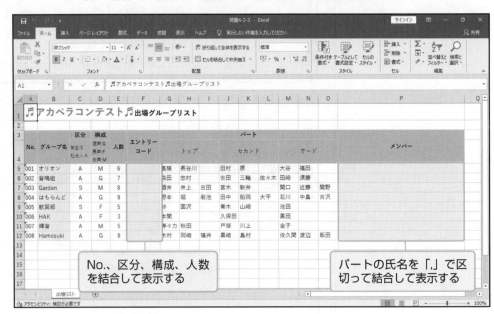

機能の解説

- CONCAT 関数
- TEXTJOIN 関数
- 文字列を結合
- 区切り文字

CONCAT（コンカット）関数、TEXTJOIN（テキストジョイン）関数を使うと、文字列を結合することができます。数値も扱えるので、数値と数値や、数値と文字列を結合したり、計算結果を結合したりすることも可能です。さらに、TEXTJOIN 関数では、各項目間に「-」（ハイフン）や「,」（コンマ）などの区切り文字を指定して結合できます。

ただし、結合された結果は文字列として返されるため、この値で計算を行うことはできません。

●CONCAT 関数

書 式	CONCAT(テキスト 1 [, テキスト 2, …])
引 数	テキスト 1, テキスト 2,… : 文字列、文字列を含むセル参照やセル範囲を指定する
戻り値	テキスト 1, テキスト 2,…を結合した文字列を返す

例）セル A4 ～ C4 の文字列を結合する

= CONCAT(A4:C4)

● **TEXTJOIN 関数**

書　式	TEXTJOIN(区切り文字 , 空のセルは無視 , テキスト 1[, テキスト 2,…])		
引　数	**区切り文字**：各テキスト間に挿入する文字または文字列を指定する		
	空のセルは無視：論理値（「TRUE」または「FALSE」）を指定する		
	テキスト 1, テキスト 2,…：文字列、文字列を含むセル参照やセル範囲を指定する		
戻り値	**テキスト 1, テキスト 2,** を**区切り文字**でつないで結合した文字列を返す		

引数「空のセルは無視」に「TRUE」を指定すると、空のセルは無視されます。「FALSE」を指定すると、空のセルの区切り文字も表示されます。

　例）セル A4 ～ C4 の文字列を区切り文字「-」（ハイフン）で区切って結合する。空のセルは無視する。

　= TEXTJOIN("-",TRUE,A4:C4)

操作手順

【操作1】

❶ エントリーコードを表示するセル F5 をクリックします。

❷ ［数式］タブの 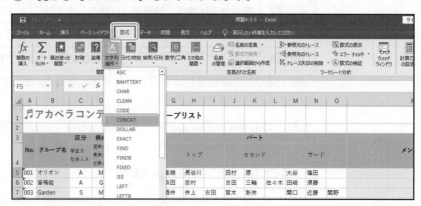 ［文字列操作］ボタンをクリックします。

❸ 一覧から［CONCAT］をクリックします。

❹ CONCAT 関数の［関数の引数］ダイアログボックスが表示されるので、［テキスト 1］ボックスにカーソルが表示されていることを確認し、セル A5 をクリックします。

❺ ［テキスト 1］ボックスに「A5」と表示されます。

❻ ［テキスト 2］ボックスをクリックし、セル C5 ～ E5 範囲選択します。

❼ ［テキスト 2］ボックスに「C5:E5」と表示されます。

❽ ［数式の結果 =］に、セル A5、C5 ～ E5 の文字列を結合した文字列「001AM6」が表示されていることを確認します。

❾ ［OK］をクリックします。

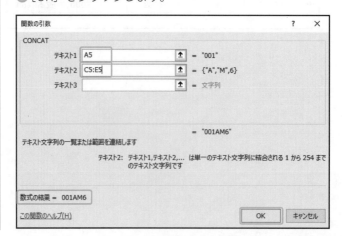

⑩ 数式バーに「=CONCAT(A5,C5:E5)」と表示されたことを確認します。

⑪ セル F5 に、セル A5、C5 ～ E5 の文字列を結合した文字列「001AM6」が表示されます。

その他の操作方法

文字列演算子「&」

CONCAT 関数を使わずに文字列
演算子「&」（アンパサンド）を使用
しても、文字列を結合できます。こ
の例の場合は「=A5&C5&D5&E5」
と入力します。

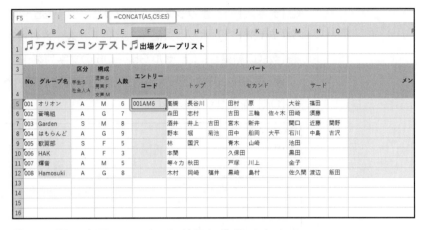

⑫ セル F5 の右下のフィルハンドルをポイントします。

⑬ マウスポインターの形が ✚ に変わったらダブルクリックします。

⑭ セル F5 の数式がセル F6 ～ F12 にコピーされます。

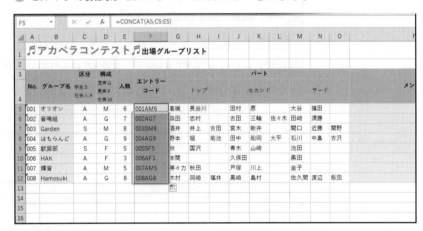

【操作 2】

⑮ メンバーを表示するセル P5 をクリックします。

⑯ ［数式］タブの ［文字列操作］ボタンをクリックします。

⑰ 一覧から ［TEXTJOIN］をクリックします。

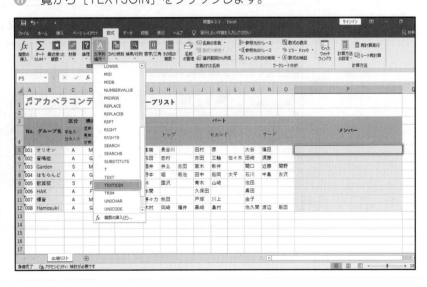

⑱TEXTJOIN 関数の［関数の引数］ダイアログボックスが表示されるので、［区切り文字］ボックスにカーソルが表示されていることを確認し、「，」を入力します。

⑲［空のセルは無視］ボックスをクリックし、「TRUE」と入力します。

⑳［テキスト 1］ボックスをクリックし、セル G5 〜 O5 範囲選択します。

㉑［テキスト 1］ボックスに「G5:O5」と表示されます。

㉒［数式の結果 =］に、セル G5 〜 O5 の文字列を「，」で区切って結合した文字列「高橋，長谷川，田村，原，大谷，福田」が表示されていることを確認します。

㉓［OK］をクリックします。

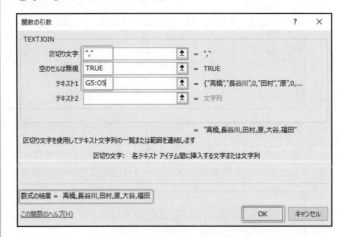

㉔数式バーに「=TEXTJOIN ("，",TRUE,G5:O5)」と表示されたことを確認します。

㉕セル P5 に、セル G5 〜 O5 の文字列を「，」で区切って結合した文字列「高橋，長谷川，田村，原，大谷，福田」が表示されます。

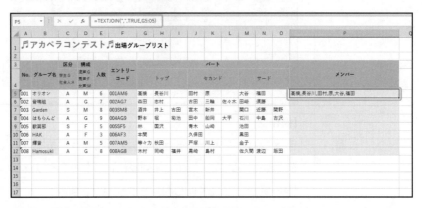

㉖ ⑫ 〜 ⑬ の手順で、セル P5 の数式をセル P6 〜 P12 にコピーします。

5

グラフの管理

本章で学習する項目

- □ グラフを作成する
- □ グラフを変更する
- □ グラフを書式設定する

5-1 グラフを作成する

ワークシートに入力されたデータを視覚的に表すときはグラフを作成します。グラフにすると数値の大小や推移などがひと目でわかるようになります。グラフは作成元のデータと連動していて、作成元のデータを変更するとグラフも更新されます。

5-1-1 グラフを作成する

練習問題

問題フォルダー
└ 問題 5-1-1.xlsx

解答フォルダー
└ 解答 5-1-1.xlsx

【操作 1】[おすすめグラフ] ボタンを使って、月別に各支店の売上を比較する積み上げ縦棒グラフを作成し、グラフをセル範囲 I2:O15 に配置します。

【操作 2】グラフの種類のボタンを使って、各支店の合計売上の割合を表す 2-D 円グラフを作成し、グラフをセル範囲 B10:F19 に配置します。

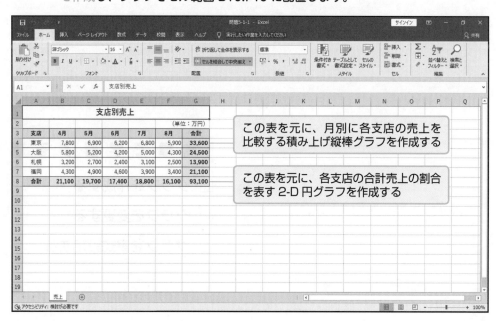

機能の解説

🏷 重要用語

□ グラフ

□ [おすすめグラフ] ボタン

□ グラフの種類のボタン

□ [クイック分析] ボタン

□ [グラフの挿入]
　ダイアログボックスの
　[おすすめグラフ] タブ

Excel で作成できるグラフには、縦棒、横棒、折れ線、円などの分類があり、さらにその中に数種類の形の異なるグラフが用意されています。目的に合わせて適切なグラフを選びます。

縦棒グラフ / 横棒グラフ
項目間の数値を比較する

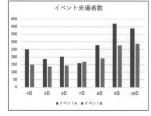
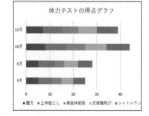

折れ線グラフ
時間の経過に対する数値の変化を見る

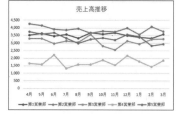

円グラフ
各項目の割合を見る

散布図
2つの項目の相関関係を見る

レーダーチャート
複数のデータ系列の合計を比較する

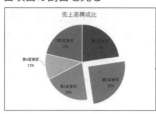

グラフを作成するには、[おすすめグラフ] ボタンを使う方法、グラフの種類のボタンを使う方法、[クイック分析] ボタンを使う方法があります。

[おすすめグラフ] は、データを効果的に見せるおすすめのグラフの一覧を表示する機能です。グラフの元になるデータ範囲を選択し、[挿入] タブの 🖼 [おすすめグラフ] ボタンをクリックすると、[グラフの挿入] ダイアログボックスの [おすすめグラフ] タブにデータに適したグラフの一覧が表示されます。左側の一覧からグラフを選択すると、右側にグラフのプレビューと説明が表示されます。確認して [OK] をクリックすると、グラフが作成されます。

[グラフの挿入] ダイアログボックスの [おすすめグラフ] タブ

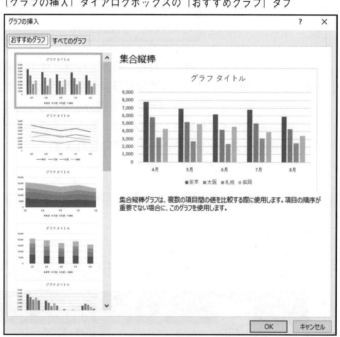

グラフの種類のボタンを使って作成する場合は、データ範囲を選択し、[挿入] タブの [グラフ] グループから適切なグラフの種類のボタンをクリックし、そこで表示される一覧からいずれかを選択します。

[挿入] タブの [グラフ] グループ

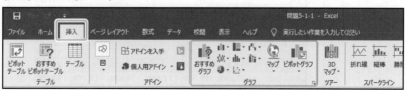

グラフを作成するには、[クイック分析] ボタンを使用する方法もあります。データ範囲を選択して、その右下に表示される  [クイック分析] ボタンをクリックします。表示されたメニューから [グラフ] をクリックすると、[集合縦棒]、[折れ線]、[積み上げ面] などのグラフのボタンが表示されます。いずれかのボタンをクリックすると、そのグラフが既定のスタイルで作成されます。他の種類のグラフを作成する場合は [その他の] ボタンをクリックすると、[グラフの挿入] ダイアログボックスの [おすすめグラフ] タブが表示されます。

[クイック分析] ボタンの [グラフ] の一覧

グラフをクリックすると選択されて、周囲に枠線とサイズ変更ハンドル（○）が表示されます。グラフの移動やサイズ変更はドラッグ操作で行えます。グラフ内をポイントし、「グラフエリア」とポップアップ表示される部分をドラッグすると、グラフを移動できます。グラフの周囲のサイズ変更ハンドル（○）をドラッグするとサイズを変更できます。グラフ以外の場所をクリックすると選択が解除されます。

操作手順

ポイント

データ範囲の選択

グラフの元になるデータ範囲は項目名（タイトル行）を含んで選択します。項目名はグラフの横軸や凡例に表示されます。

【操作 1】

① セル A3 ～ F7 を範囲選択します。

② [挿入] タブの [おすすめグラフ] ボタンをクリックします。

❸ [グラフの挿入] ダイアログボックスの [おすすめグラフ] タブが表示されるので、左側の一覧の上から 4 番目をクリックします。

❹ 右側に [積み上げ縦棒] が表示されます。

❺ [OK] をクリックします。

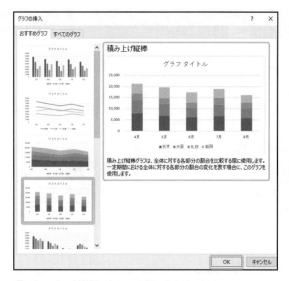

❻ 積み上げ縦棒グラフが作成されます。

❼ グラフ内の [グラフエリア] と表示される部分をポイントし、マウスポインターの形が 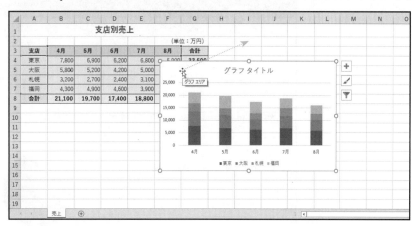 に変わったら、グラフの左上がセル I2 になるようにドラッグします。

❽ グラフが移動します。

❾ グラフの右下のサイズ変更ハンドル（ ○ ）をポイントし、マウスポインターの形が 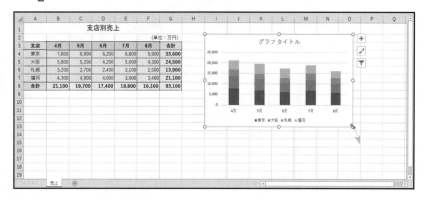 に変わったら、セル O15 の方向にドラッグします。

❿ グラフのサイズが変更されます。

★ ヒント

グラフの削除
グラフを選択し、**Delete** キーを押します。

★ ヒント

セルの枠線に合わせて移動
[グラフエリア] を **Alt** キーを押しながらドラッグすると、グラフをセルの枠線に合わせて移動することができます。

★ ヒント

セルの枠線に合わせて
サイズ変更
サイズ変更ハンドル（ ○ ）を **Alt** キーを押しながらドラッグすると、グラフのサイズをセルの枠線に合わせて変更することができます。

【操作2】

⓫ セル A3 ～ A7 を範囲選択します。

⓬ **Ctrl** キーを押しながら、セル G3 ～ G7 を範囲選択します。

⓭ ［挿入］タブの ［円またはドーナツグラフの挿入］ボタンをクリックします。

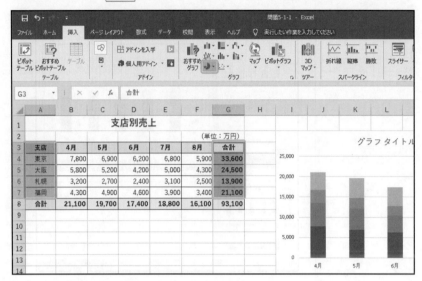

⓮ ［2-D 円］の一覧から［円］をクリックします。

⓯ 2-D の円グラフが挿入されます。

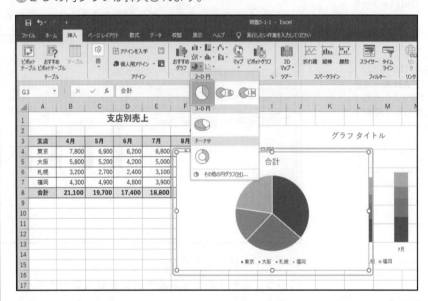

⓰ ❼ ～ ❾ と同様の手順で、円グラフをセル B10 ～ F19 の範囲内に配置します。

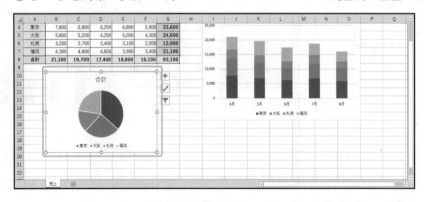

グラフシートを作成する

練習問題

円グラフをグラフシートに**移動**します。グラフシート名**は「支店別売上割合グラフ」とします。**

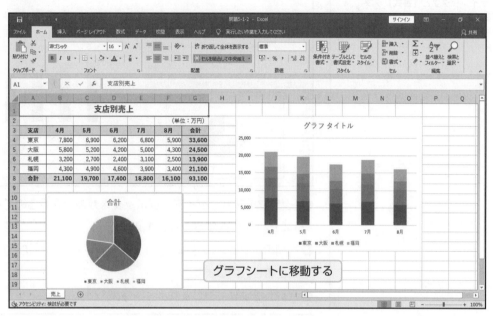

機能の解説

重要用語

☐ グラフシートに移動

☐ [グラフの移動] ボタン

☐ [グラフの移動] ダイアログボックス

☐ [新しいシート]

☐ グラフシート名

グラフはグラフシートというグラフ専用の別シートに移動することができます。グラフを選択し、[グラフツール] の [デザイン] タブの  [グラフの移動] ボタンをクリックします。[グラフの移動] ダイアログボックスが表示されるので、[グラフの配置先] の [新しいシート] をクリックして、[OK] をクリックすると、グラフシートが作成され、選択したグラフが移動します。

グラフシート名は [グラフの移動] ダイアログボックスの [新しいシート] の右側のボックスで指定した名前になります。グラフシート名はワークシート名と同様の操作で変更できます。

[グラフの移動] ダイアログボックス

グラフの移動

グラフの配置先：

グラフシートに移動するときは、これを選択する

○ 新しいシート(S)： グラフ1 ──── グラフシート名

● オブジェクト(O)： 売上

OK　　キャンセル

第**5**章

グラフの管理

① 円グラフをクリックします。

② [デザイン] タブの [グラフの移動] ボタンをクリックします。

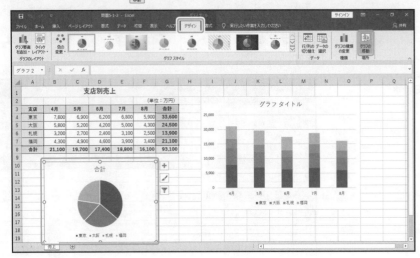

③ [グラフの移動] ダイアログボックスが表示されるので、[グラフの配置先] の [新しいシート] をクリックします。

④ 右側のボックスの「グラフ 1」が選択されている状態で、「支店別売上割合グラフ」と上書き入力します。

⑤ [OK] をクリックします。

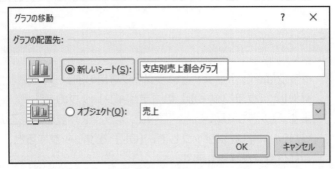

⑥ グラフシート「支店別売上割合グラフ」がワークシート「売上」の左側に作成され、円グラフが移動します。

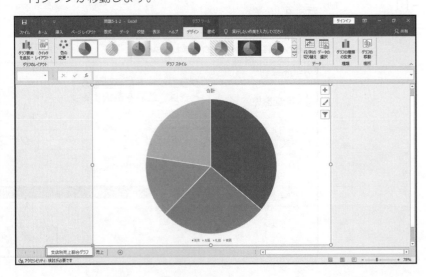

5-2 グラフを変更する

作成したグラフは、後からデータ範囲を追加したり、元データの行と列を切り替えたグラフに変更したりすることができます。また、グラフタイトルやラベルなどの要素を追加して、目的に合ったわかりやすいグラフに編集します。

5-2-1 グラフにデータ範囲（系列）を追加する

練習問題

問題フォルダー
└ 問題5-2-1.xlsx

解答フォルダー
└ 解答5-2-1.xlsx

【操作1】棒グラフに国内支店の9月のデータを追加します。
【操作2】円グラフに海外支店の合計売上のデータを追加します。

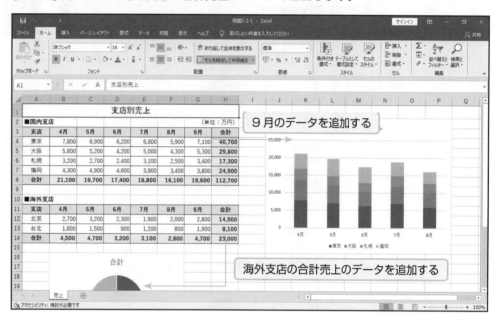

機能の解説

- データ範囲
- データの変更
- グラフの更新
- データ範囲を追加
- サイズ変更ハンドルを
  ドラッグ
- ［コピー］ボタン
- ［貼り付け］ボタン

グラフは作成元のデータと連動しています。グラフを選択すると、作成元のデータ範囲が色付きの枠線で囲まれます。この範囲内のデータを変更するとグラフも更新されます。データ範囲を追加する場合は、データ範囲の枠線のサイズ変更ハンドル（■）をドラッグしてグラフにするデータを枠線内に含めます。

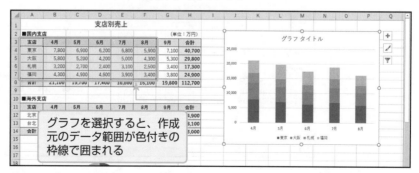

グラフを選択すると、作成元のデータ範囲が色付きの枠線で囲まれる

離れたデータ範囲を追加する場合はコピー / 貼り付け機能を使用します。追加するデータ範囲を選択し、［ホーム］タブの [コピー] ボタンをクリックし、グラフ内をクリックして［ホーム］タブの [貼り付け] ボタンをクリックします。

【操作1】

❶ 棒グラフの空白部分をクリックします。

❷ グラフのデータ範囲のセル B4 ～ F7 に枠線が表示され、グラフの作成元に 9 月の
データが含まれていないことが確認できます。

❸ セル F7 の右下のサイズ変更ハンドル（■）をポイントし、マウスポインターの形
が ↖ になったら、セル G7 の右下までドラッグします。

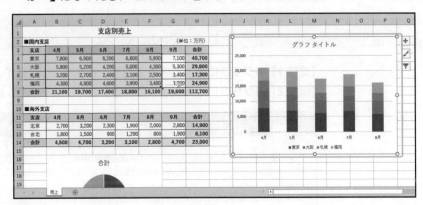

❹ グラフに 9 月のデータが追加されます。

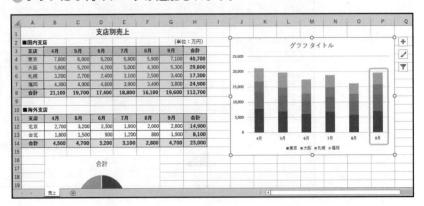

【操作2】

❺ 円グラフの空白部分をクリックします。

❻ グラフのデータ範囲の A4 ～ A7 と H4 ～ H7 に枠線が表示され、国内支店の合計
のデータを元にグラフが作成されていることが確認できます。

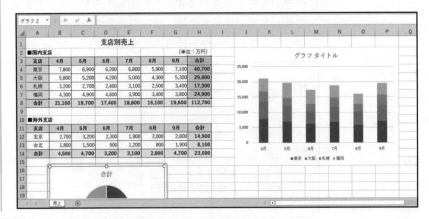

⑦ セル A12 ～ A13 を範囲選択します。

⑧ **Ctrl** キーを押しながら、セル H12 ～ H13 を範囲選択します。

⑨ ［ホーム］タブの 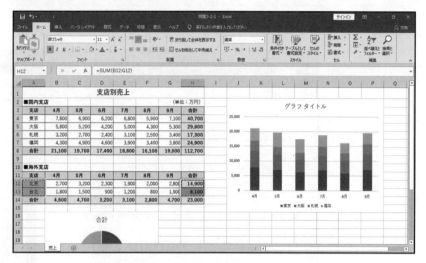 ［コピー］ボタンをクリックします。

⑩ 選択したセルが点線で囲まれます。

⑪ 円グラフをクリックします。

⑫ ［ホーム］タブの ［貼り付け］ボタンをクリックします。

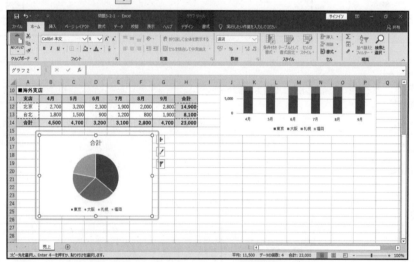

⑬ 円グラフに「北京」と「台北」のデータが追加されます。

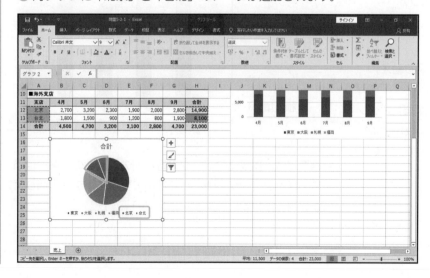

第
5
章

グラフの管理

5-2-2 ソースデータの行と列を切り替える

練習問題

問題フォルダー
└問題 5-2-2.xlsx

解答フォルダー
└解答 5-2-2.xlsx

棒グラフの行と列を切り替えて、横（項目）軸に支店名、凡例に月を表示します。

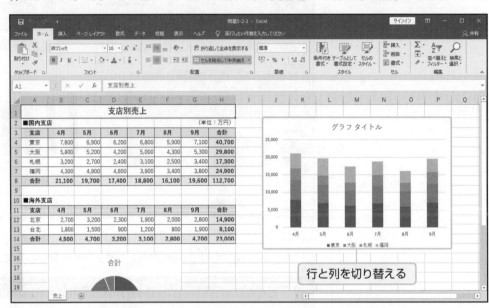

機能の解説

重要用語

- □ グラフの構成要素
- □ グラフタイトル
- □ 縦（値）軸
- □ 横（項目）軸
- □ グラフエリア
- □ プロットエリア
- □ 系列
- □ 凡例
- □ ［行 / 列の切り替え］ボタン
- □ ［データの選択］ボタン
- □ ［データソースの選択］ダイアログボックス

グラフの構成要素にはそれぞれ名前が付いていて、要素をポイントすると要素名がポップアップ表示されます。

グラフの構成要素

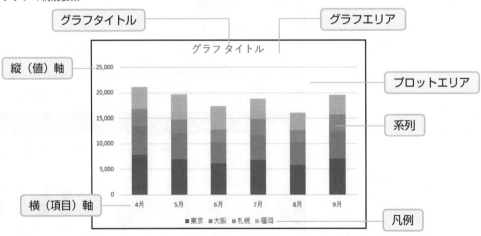

標準では、作成元のデータの行と列の項目数の、多いほうが横（項目）軸に表示され、少ないほうがデータ系列として凡例に表示されます。切り替えるには、グラフを選択し、［グラフツール］の［デザイン］タブの [行/列の切り替え] ［行 / 列の切り替え］ボタンをクリックします。

ポイント

系列と要素

系列はグラフ内で同じ色で表されるものです。この棒グラフの場合、「東京」「大阪」「札幌」「福岡」の4つの系列があります。系列は凡例項目として表示されます。要素は系列を構成している各データです。この棒グラフの場合、「4月」「5月」「6月」「7月」「8月」「9月」の6つの要素があります。要素は横軸の項目として表示されます。

グラフの系列をポイントすると、系列名、要素名、値がポップアップに表示されます。

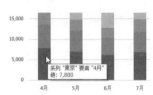

行 / 列の切り替えだけでなく、凡例項目（系列）の追加や削除、系列名や軸ラベルの変更などの詳細な設定を行いたいときは、［グラフツール］の［デザイン］タブの [データの選択] ボタンをクリックし、［データソースの選択］ダイアログボックスを表示します。例えば、系列名を変更したいときは［凡例項目（系列）］ボックスの系列名をクリックし、［編集］をクリックします。［系列の編集］ダイアログボックスが表示されるので、[系列名]ボックスに変更する名前を入力し、[OK]をクリックします。

［データソースの選択］ダイアログボックス

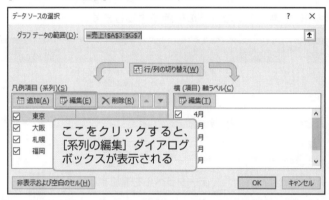

操作手順

❶ 棒グラフをクリックします。

❷ ［デザイン］タブの [データの選択] ［行 / 列の切り替え］ボタンをクリックします。

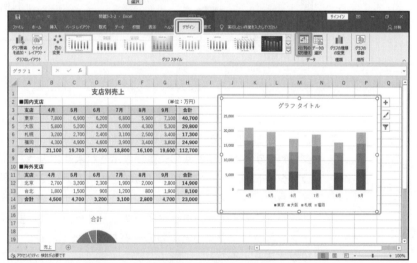

❸ グラフの横（項目）軸に支店名、凡例に月が表示されます。

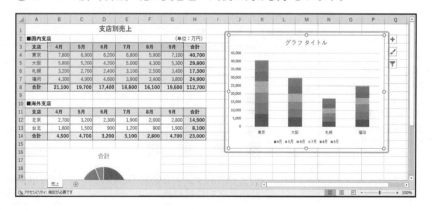

グラフの要素を追加する、変更する

練習問題

問題フォルダー
└問題 5-2-3.xlsx

解答フォルダー
└解答 5-2-3.xlsx

【操作 1】棒グラフのタイトルを「上半期国内支店別売上」にします。
【操作 2】棒グラフにデータラベルを追加します。
【操作 3】棒グラフの凡例の位置を右にします。

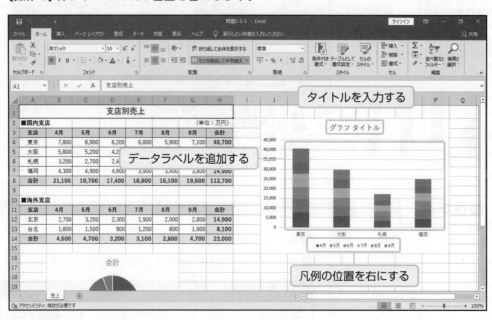

機能の解説

重要用語

☐ グラフの構成要素
☐ [グラフ要素] ボタン
☐ [その他のオプション]
☐ 要素の書式設定の
　作業ウィンドウ

グラフの構成要素は必要に応じて表示したり、非表示にしたりできます。また配置を変更することも可能です。グラフを選択すると、右上に ✚ [グラフ要素] ボタンが表示され、クリックすると構成要素の一覧が表示されます。表示される構成要素は軸、軸ラベル、グラフタイトル、データラベル（値など個々のデータの情報）、目盛線、凡例などです。チェックボックスがオンになっている要素が現在表示されているものです。要素の表示 / 非表示はこのチェックボックスで切り替えられます。要素をポイントすると右側に▶が表示され、クリックすると配置の一覧などが表示されます。[その他のオプション] をクリックすると、その要素の書式設定の作業ウィンドウが表示され、さらに詳細な設定ができます。

★ヒント

[グラフフィルター] ボタン
グラフの系列や項目を非表示にするには、グラフを選択して右上に表示される ▼ [グラフフィルター] ボタンをクリックします。系列とカテゴリ（項目名）の一覧が表示されるので、チェックボックスをオフにすると非表示になります。

[グラフ要素] ボタンの一覧

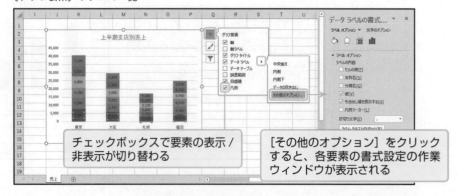

【操作1】

❶ 棒グラフの［グラフタイトル］をクリックします。

❷「グラフタイトル」の文字列をドラッグして選択します。

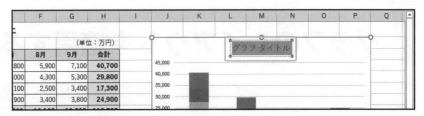

❸「上半期国内支店別売上」と上書き入力します。

❹ グラフタイトル以外の場所をクリックして、グラフタイトルの選択を解除します。

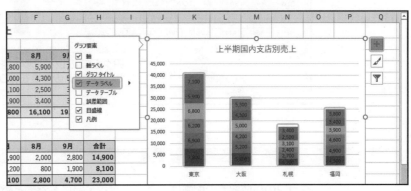

【操作2】

❺ 棒グラフを選択している状態で、右上の ＋［グラフ要素］ボタンをクリックします。

❻［グラフ要素］の［データラベル］チェックボックスをオンにします。

❼ データ系列にデータの値（データラベル）が表示されます。

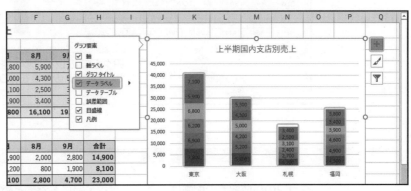

【操作3】

❽［グラフ要素］の［凡例］をポイントし、表示される▶をクリックします。

❾［右］をクリックします。

❿ 凡例がグラフの右に表示されます。

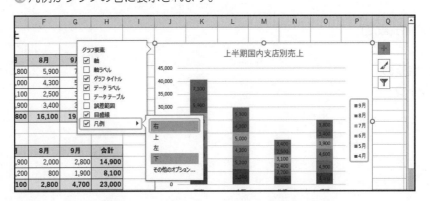

⓫ グラフ以外の場所をクリックして、グラフの選択を解除します。

ヒント

グラフ名の変更

作成したグラフには自動的に「グラフ1」「グラフ2」…という名前が付きます。この名前を変更するには、グラフを選択し、名前ボックスに名前を入力します。

その他の操作方法

グラフ要素を追加

グラフを選択し、［デザイン］タブの［グラフ要素を追加］ボタンをクリックして、追加する要素をポイントし、表示される一覧から配置や種類などをクリックします。

［グラフ要素を追加］ボタン

5-3 グラフを書式設定する

グラフの構成要素の配置や書式は、クイックレイアウトやグラフスタイルでまとめて設定した後、各要素ごとに詳細な設定をすると効率的です。

5-3-1 グラフのレイアウトを適用する

練習問題

問題フォルダー
└ 問題 5-3-1.xlsx

解答フォルダー
└ 解答 5-3-1.xlsx

【操作 1】 円グラフのレイアウトを「レイアウト 1」に変更します。
【操作 2】 円グラフの「東京」の要素を 30%切り出します。

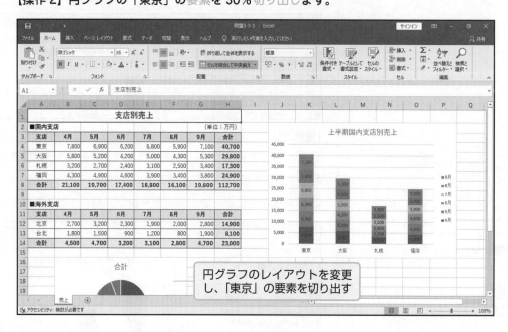

円グラフのレイアウトを変更し、「東京」の要素を切り出す

機能の解説

重要用語

□ クイックレイアウト

□ [クイックレイアウト]
ボタン

□ [選択対象の書式設定]
ボタン

□ 要素の書式設定の
作業ウィンドウ

グラフの構成要素の配置は、クイックレイアウトでまとめて変更できます。グラフを選択し、[グラフツール]の[デザイン]タブの  [クイックレイアウト]ボタンをクリックします。レイアウトの一覧が表示されるので選択します。

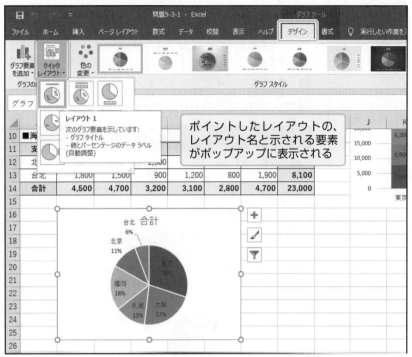

グラフの各要素の書式やレイアウトを変更するには、要素を選択し、［グラフツール］の［書式］タブの ![選択対象の書式設定] ［選択対象の書式設定］ボタンをクリックします。その要素の書式設定の作業ウィンドウが表示されるので、詳細な設定をします。

要素の書式設定の作業ウィンドウ

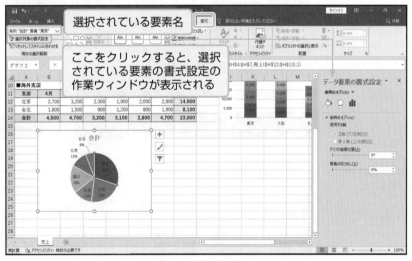

【操作1】

❶ 円グラフをクリックします。

❷ ［デザイン］タブの ［クイックレイアウト］ボタンをクリックします。

❸ 一覧から［レイアウト1］をクリックします。

❹ グラフのレイアウトが変更されます。

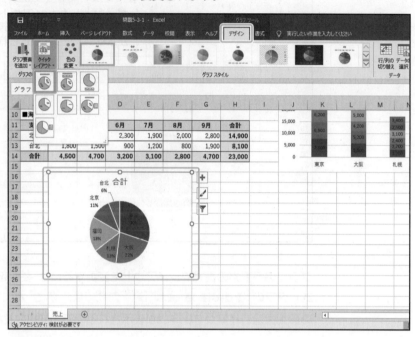

【操作2】

❺ 「東京」の要素を2回クリックして、「東京」の要素だけにサイズ変更ハンドル（●）が表示され、選択されたことを確認します。

❻ ［書式］タブの［現在の選択範囲］ボックスに「系列"合計"要素"東京"」と表示されていることを確認します。

❼ 選択対象の書式設定 ［選択対象の書式設定］ボタンをクリックします。

》その他の操作方法

要素の書式設定の
作業ウィンドウの表示

要素をダブルクリックするか、右クリックしてショートカットメニューの［(要素名)の書式設定］をクリックしても、表示することができます。

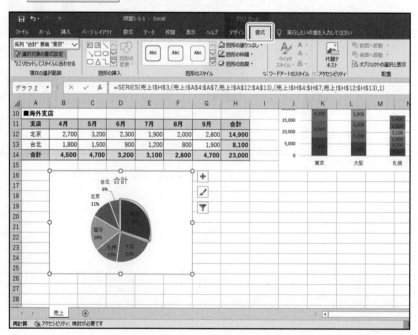

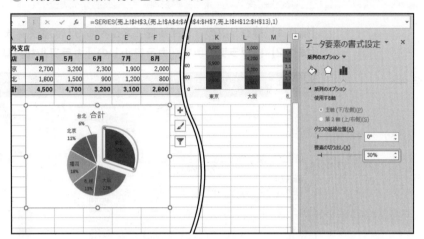

★ヒント

切り出し率の入力

[要素の切り出し] ボックスに入力する際に「%」は省略できます。数値を入力して **Enter** キーを押すと、「%」が自動的に付き、その割合で切り出しが適用されます。

その他の操作方法

要素の切り出し率の設定

[要素の切り出し] のつまみをドラッグしても設定できます。

❽［データ要素の書式設定］作業ウィンドウが表示されるので、［系列のオプション］の［要素の切り出し］ボックスに「30」と入力し、**Enter** キーを押します。

❾［要素の切り出し］ボックスに「30％」と表示されます。

❿「東京」の要素が切り出されます。

グラフのスタイルを適用する

練習問題

問題フォルダー
└ 問題 5-3-2.xlsx

解答フォルダー
└ 解答 5-3-2.xlsx

【操作 1】 棒グラフのスタイルを「スタイル 9」に変更します。
【操作 2】 棒グラフの色を「カラフル」の「カラフルなパレット 3」に変更します。

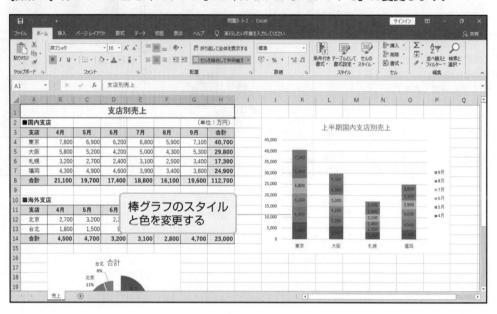

機能の解説

□ グラフスタイル
□ [グラフスタイル] ボタン
□ [色]

グラフスタイルを適用すると、グラフの要素の配置や書式をまとめて設定できます。グラフを選択すると右上に表示される [グラフスタイル] ボタンをクリックするとスタイルの一覧が表示され、選択したスタイルがグラフに適用されます。また、[色] をクリックすると配色の一覧に切り替わり、選択した色がグラフに適用されます。

[グラフスタイル] ボタンの一覧

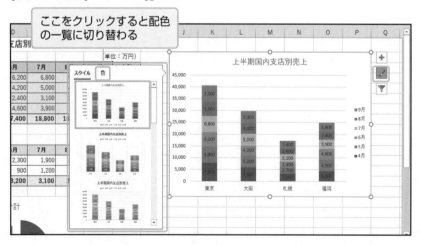

【操作 1】

① 棒グラフをクリックします。

② 右上に表示される [グラフスタイル] ボタンをクリックします。

③ [スタイル] の一覧から [スタイル 9] をクリックします。

④ グラフのスタイルが変更されます。

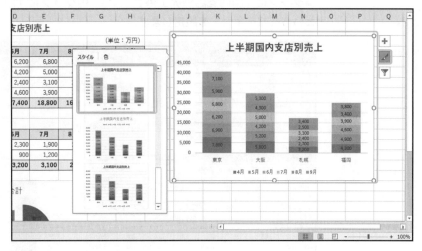

【操作 2】

⑤ [色] をクリックします。

⑥ [カラフル] の一覧から [カラフルなパレット 3] をクリックします。

⑦ グラフの色が変更されます。

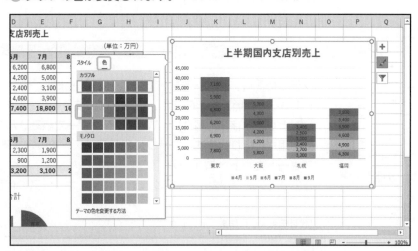

⑧ グラフ以外の場所をクリックして、グラフの選択を解除します。

アクセシビリティ向上のため、グラフに代替テキストを追加する

練習問題

問題フォルダー
└問題 5-3-3.xlsx

解答フォルダー
└解答 5-3-3.xlsx

棒グラフに「国内支店別売上棒グラフ」、円グラフに「国内外支店別売上割合円グラフ」という代替テキストを設定します。

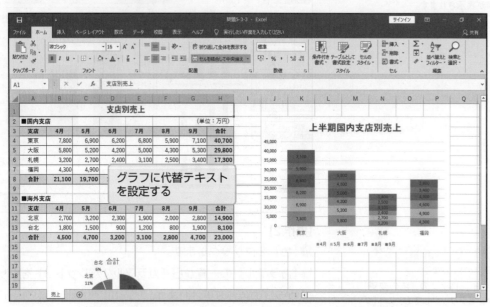

機能の解説

重要用語

□ 代替テキスト
□ アクセシビリティ
□ [代替テキストの編集]
□ [代替テキスト]
　作業ウィンドウ

グラフに代替テキストを設定することができます。代替テキストは、アクセシビリティ（「1-5-8」参照）向上のため、読み上げに使う情報として使用されます。また、Web ページとして保存した場合に、Web ブラウザーで読み込んでいる間に表示されたり、検索に利用されたりします。グラフに代替テキストを設定するには、グラフを右クリックし、ショートカットメニューの [代替テキストの編集] をクリックします。[代替テキスト] 作業ウィンドウが表示されるので、テキストボックスに代替テキストを入力します。

[代替テキスト] 作業ウィンドウ

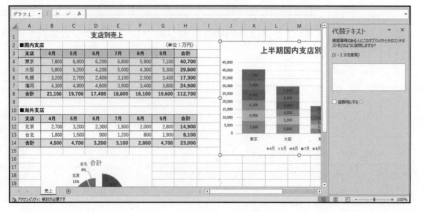

[書式] タブに [代替テキスト] ボタンがある場合は、グラフをクリックし、このボタンをクリックします。

[代替テキスト] ボタン

❶ 棒グラフの [グラフエリア] と表示される部分を右クリックし、ショートカットメニューの [代替テキストの編集] をクリックします。

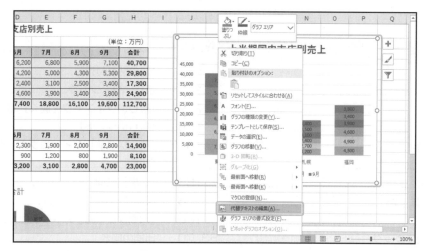

❷ [代替テキスト] 作業ウィンドウが表示されるので、テキストボックスに「国内支店別売上棒グラフ」と入力します。

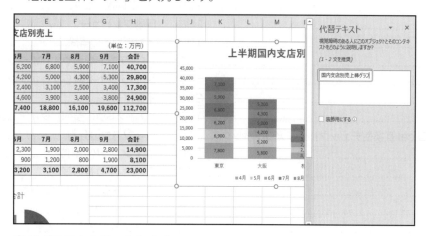

❸ 円グラフをクリックします。

❹ [代替テキスト] 作業ウィンドウのテキストボックスに「国内外支店別売上割合円グラフ」と入力します。

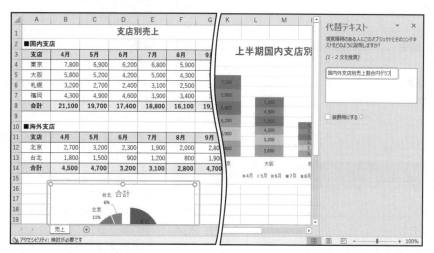

❺ [代替テキスト] 作業ウィンドウを閉じるために、 [×] [閉じる] ボタンをクリックします。

索引

た行

模擬練習問題

マルチプロジェクトという試験形式に慣れるための模擬問題です。プロジェクト単位で解答が終了したらファイルを保存し、解答（PDFファイル）および完成例ファイルと比較し、答え合わせを行ってください。
解答に必要なファイル、解答（PDFファイル）、完成例ファイルは、[ドキュメント]フォルダーの[Excel365&2019（実習用）]フォルダーにある[模擬練習問題]フォルダーに入っています。もしファイルがない場合は、「実習用データ」のインストールを行ってください。解答（PDFファイル）およびそれを印刷したものは、本書を購入したお客様だけがご利用いただけます。第三者への貸与、賃貸、販売、譲渡は禁止します。

● 模擬練習問題 1

プロジェクト1　模擬 1-1_ 宅配サービス

宅配サービスの注文セットを集計しています。印刷するための設定をしましょう。

【1】ワークシート「注文一覧_5月」のセル G3 に入力されている文字列をセル内で折り返して表示します。

【2】ワークシート「注文一覧_5月」の「利用回数」の列に設定されている条件付き書式を削除します。

【3】関数を使用して、ワークシート「注文一覧_5月」の「請求金額（税別）」の列に、会員種別が「お試し」の場合は価格、それ以外の会員種別の場合は価格に送料を加えた金額を求めます。なお、送料は登録されている名前付き範囲を使用します。

【4】名前付き範囲「税込価格」のセルの内容を消去します。なお、あらかじめ設定されている書式は変更しません。

【5】ワークシート「注文一覧_5月」のヘッダーの右側にワークシート名、フッターの中央にページ番号を表示します。

【6】ワークシート「注文一覧_5月」の3行目がすべてのページに印刷され、表がページの水平方向の中央に印刷されるように設定します。

プロジェクト2　模擬 1-2_ アミューズメント営業記録

アミューズメント施設の営業記録を集計しています。ブック内のデータを整理しましょう。

【1】ワークシート「営業記録（7月）」の8行目のテーブルの行を削除します。ただしテーブル以外に変更が及ばないようにします。

【2】ワークシート「営業記録（7月）」のテーブルに集計行を追加し、年齢の平均を表示します。

【3】ワークシート「6月分集計」のグラフにグラフタイトルを表示し、グラフのスタイルを「スタイル 3」、グラフの色を「モノクロパレット 7」に変更します。

【4】ワークシート「料金表」のセル F1 にハイパーリンクを設定します。ハイパーリンクには「BP パーク」と表示し、リンク先とヒントは「https://nkbp.jp/moslink」とします。

【5】ワークシート「料金表」のセル範囲 D9:D12 を左揃えにし、1文字分のインデントを設定します。

プロジェクト3　模擬 1-3_ 顧客リスト

顧客リストのデータを整理しています。テーブルの整形を行い、追加のリストをインポートしましょう。

【1】ワークシート「顧客リスト 1」のテーブルに設定されている並べ替えと抽出を解除し、No. の昇順に並ぶようにします。

【2】ワークシート「顧客リスト 1」のテーブルの「No.」の列と、行に交互に付いている色を解除します。

【3】ワークシート「顧客リスト 1」の E 列の左に 2 列挿入します。列幅は「郵便番号」の列と同じにし、テーブルの列名を「業種」「従業員数」とします。

【4】[模擬練習問題]フォルダーに保存されているタブ区切りのテキストファイル「顧客追加_bp.txt」を、ワークシート「顧客リスト 2」のセル A2 を基点とする位置にテーブルとしてインポートします。なお、テキストファイルの 1 行目を見出しとして表示します。

プロジェクト4　模擬 1-4_ 売上実績

洋品メーカーで売上実績表を作成しています。売上平均を求め、スパークラインやグラフを作成しましょう。

【1】ワークシート「売上実績」のセル範囲 A1:H1 に、セルのスタイル「見出し 1」を適用します。

【2】ワークシート「売上実績」の「5 年間売上平均」の列に、2015 年〜 2019 年の各商品の売上平均を求めます。

【3】ワークシート「売上実績」の「5 年間売上推移」の列に、2015 年〜 2019 年の売上の推移を表す折れ線スパークラインを表示し、頂点（山）を表示します。

【4】ワークシート「売上実績」の縦棒グラフの右に、2019 年の商品別の売上割合を表す 2-D 円グラフを作成し、グラフタイトルを「2019年売上割合」とします。

【5】ワークシート「流通経路」の数値をパーセントスタイルにして、小数点以下第 1 位まで表示します。

プロジェクト5　模擬 1-5_ 来客数集計

美容室の店舗別の来客者数を集計しています。合計を求め、グラフの設定をしましょう。

【1】関数を使用して、全店舗合計を求めます。なお、あらかじめ設定されている書式は変更しません。

【2】セル範囲 A4:A7 を「東京店舗」、A9:A11 を「神奈川店舗」という名前で登録します。

【3】ワークシート「来客数集計」の「カット」の列の上位 3 位のセルのフォントを太字、「標準の色」の「緑」にします。

【4】グラフの横（項目）軸と凡例を入れ替えて、横（項目）軸にメニュー名、凡例に東京店舗集計、神奈川店舗集計を表示します。

【5】グラフの代替テキストに「東京 / 神奈川来客数比較グラフ」を設定します。

プロジェクト6　模擬 1-6_ ギフトセット

ギフトセットの売上を集計しています。商品金額を求め、テーブルの編集や配布の準備をしましょう。

【1】ワークシート「商品台帳」のテーブルを解除します。

【2】ワークシート「売上記録」の「金額」の列に同じ行の単価と数量を掛けた金額を求める数式を入力します。

【3】ワークシート「商品台帳」のセル範囲 D4:D18 の値と数値の書式を、ワークシート「商品別集計」のセル範囲 B4:B18 に貼り付けます。

【4】ブック内のすべてのシートが印刷される設定にします。

【5】ドキュメントのプロパティと個人情報がブックに含まれないようにします。

プロジェクト7　模擬 1-7_ 部員名簿

部員名簿を作成しています。学籍番号から学部記号を表示したり、E-mail アドレスを作成したりしましょう。

【1】シートをスクロールしても A 〜 B 列が常に表示されるようにします。

【2】テーブル名を「部員名簿 2020」にします。

【3】オートフィル機能を使用して、テーブルの「No.」の列に連番を入力します。

【4】関数を使用して、「学部記号」の列に、学籍番号の先頭から 5 文字目の英字を表示します。

【5】関数を使用して、「作業用」の列に、同じ行の学籍番号を小文字に変換して表示し、続いて「E-mail」の列に、同じ行の「作業用」の列の文字列と「@bpxx.ac.jp」を結合して表示します。列幅は自動調整します。

●模擬練習問題 2

プロジェクト 1　模擬 2-1_ 売上実績

傘部門の売上実績を集計しています。テーブルやグラフを編集して、分析しましょう。

【1】ワークシート「売上実績」のテーブルに集計行を追加し、年ごとと 5 年間売上平均の合計を表示します。

【2】ワークシート「売上実績」のテーブルのスタイルを「オレンジ、テーブルスタイル（濃色）9」に変更します。

【3】ワークシート「売上実績」の縦棒グラフを積み上げ縦棒グラフに変更します。

【4】ワークシート「流通経路」のグラフに、名前付き範囲「無店舗」のデータを追加します。

【5】このブックの、以前のバージョンの Excel との互換性の問題を検査します。

プロジェクト 2　模擬 2-2_ 請求書

請求書を作成しています。PDF を作成し、商品一覧表の抽出をしましょう。

【1】ワークシート「請求書」を、［模擬練習問題］フォルダーに「請求書」という名前で、PDF として保存します。その際、発行後にファイルは開かない設定にします。

【2】ワークシート「請求書（未入力）」に数式を表示します。

【3】関数を使用して、ワークシート「商品一覧」の「注文番号」の列に、同じ行の「分類」、「商品番号」、「色番号」の列の値を結合して表示します。

【4】ワークシート「商品一覧」の「価格」の列に、「3 つの図形」のアイコンセットを適用し、価格が 2 万円以上の場合は「緑の丸」、1 万円以上の場合は「赤のひし形」、1 万円未満の場合は「黄色の三角」が表示されるようにします。

【5】ワークシート「商品一覧」を右側にコピーし、ワークシート名を「1 万円以上の商品」に変更し、フィルターを使って 1 万円以上の商品のみ表示します。

プロジェクト 3　模擬 2-3_ ツアーアンケート

ツアーの終了アンケートを作成しています。集計結果を見やすい表にしましょう。

【1】ワークシート「アンケート項目」の用紙サイズを B5、印刷の向きを横に変更し、150％に拡大して印刷する設定にします。

【2】ワークシート「アンケート結果（10 月 1 日）」のセル範囲 A6:F39 をもとに、テーブルスタイル「緑、テーブルスタイル（中間）21」のテーブルを作成した後、テーブルを解除します。

【3】ワークシート「アンケート結果（10 月 1 日）」のセル範囲 H4:I4 の書式をクリアし、関数を使用して、セル I4 に「問 1」の列の数値の入力されているセルの個数を求めます。

【4】ワークシート「名簿（10 月 1 日）」のセル D17、D19、D21、セル範囲 D34:D36 のセルを削除して表を正しい形にします。

【5】ワークシート「名簿（10 月 1 日）」の氏名「森園　加奈」を検索し、その行の文字列にフォントの色の「標準の色」の「濃い赤」と取り消し線を設定します。

【6】新しいウィンドウを開き、画面を半分ずつ使って、左のウィンドウにワークシート「アンケート項目」、右のウィンドウにワークシート「アンケート結果（10 月 1 日）」を表示します 。。

プロジェクト 4　模擬 2-4_ クリスマス会

クリスマス会の資料を作成しています。出演者一覧表を完成させ、昨年度参加人数を表すグラフを作成しましょう。

【1】セル A1（結合セル）の書式をセル A13、E13 に適用します。

【2】セル範囲 A3:A4、B3:B4、C3:C4、D3:D4、L3:L4 を結合して中央揃えにします。

【3】関数を使用して、「人数」の列に、同じ行の出演者名をもとに人数を求めます。

【4】関数を使用して、「出演者名」の列に、同じ行の全出演者名を「、」（読点）で区切って表示します。

【5】セル範囲 E20:I28 に、棟ごとの昨年度参加人数を表す 3-D 積み上げ横棒グラフを作成し、グラフタイトルを非表示、凡例を上に表示し、第 1 横軸に「参加人数」と表示します。

プロジェクト 5　模擬 2-5_ セミナー申込状況

セミナーの申込状況の集計をしています。集客率に応じてコメントを表示したり、グラフを編集したりしましょう。

【1】ワークシート「申込状況」のセル J2 に「集計日」という名前を付けて登録します。

【2】関数を使用して、ワークシート「申込状況」の「コメント」の列に、同じ行の集客率が 60％を下回る場合に「集客努力」と表示し、そうでない場合は空白にします。

【3】ワークシート「申込人数集計」のグラフのレイアウトを「レイアウト 2」に変更し、グラフシートに移動します。グラフシート名は「教室別申込人数グラフ」とします。

【4】ワークシート「申込人数集計」のセル E10（結合セル）に、銀座、秋葉原、池袋教室の売上金額の合計を求めます。数式には登録されている名前を使用します。

プロジェクト 6　模擬 2-6_ 企画書

企画書を作成しています。印刷や配布の準備をしましょう。

【1】セル範囲 A1:I40 を印刷範囲として設定します。

【2】このブックにだけ、クイックアクセスツールバーに［印刷プレビューと印刷］ボタンを追加します。

【3】円グラフに分類名のデータラベルを表示し、凡例を非表示にします。

【4】ワークシートの枠線が表示されないようにし、ページレイアウトビューで表示します。

【5】ブックのプロパティのタイトルを「情報配信企画」、会社名を「株式会社クリエイト BP」にします。

プロジェクト 7　模擬 2-7_ バスツアー予約

バスツアーの予約状況を分析しています。英語のツアー名や料金を設定し、並べ替えをしましょう。

【1】ワークシート「ツアー料金表」の 3 ～ 10 行目の行の高さを 25 にします。

【2】関数を使用して、ワークシート「ツアー料金表」の「英語ツアー名 2」の列に、同じ行の「英語ツアー名」の列の英字を、先頭だけ大文字、他を小文字に変換して表示します。なお、あらかじめ設定されている書式は変更しません。

【3】ワークシート「ツアー料金表」の「料金（$）」の列に、同じ行の料金（円）にセル E16 の値を掛けた数値を求め、表示形式を「数値」にします。なお、表示形式以外のあらかじめ設定されている書式は変更しません。

【4】関数を変更して、ワークシート「予約状況」の「ツアー ID」の列に、同じ行の予約番号の先頭の 3 文字を表示し、テーブルを「ツアー ID」の昇順、「ツアー ID」が同じ場合は人数の多い順に並べ替えます。

【5】ワークシート「予約状況」のすべての列が 1 ページに収まり、1 ～ 3 行目がタイトル行として繰り返し印刷されるように設定します。

模擬テストプログラムの使い方

1. 模擬テスト実施前に必ずお読みください

模擬テストプログラム「MOS 模擬テスト Excel365&2019」（以下、本プログラム）をご利用の際は、以下を必ずご確認ください。

● Microsoft Office のインストールを確認する

本プログラムは、Office 2019 および Office 365（Microsoft 365）日本語版以外のバージョンや Microsoft 以外の互換 Office では動作いたしません。また、複数の Office が混在した環境では、本プログラムの動作を保証しておりません。なお、日本語版 Office であってもストアアプリ版では動作しないことがあります。その場合は、デスクトップアプリ版に入れ替えてご利用ください。くわしくは本書のウェブページ（https://bookplus.nikkei.com/atcl/catalog/20/P60410/）を参照してください。

●インストールが進行しない場合

「インストールしています」の画面が表示されてからインストールが開始されるまで、かなり長い時間がかかる場合があります。インストールの進行を示すバーが変化しなくても、そのまましばらくお待ちください。

●起動前に Excel を終了する

Excel が起動していると、本プログラムを起動できません。事前に Excel を終了させてください。

●ダイアログボックスのサイズが大きいとき

Windows で［ディスプレイ］の設定を 100％より大きくしていると、一部の項目や文字が表示されなくなることが あります。その場合は表示の設定を 100％にしてください。

●文字や数値の入力

文字や数値を入力する場合は、問題文の該当する文字（リンクになっています）をクリックすると、クリップボードにコピーできます。自分で入力する場合、特別な指示がなければ、英数字は半角で入力します。入力する文字列が「」で囲む形式で指示されている問題では、「」内の文字だけを入力します。

●ダイアログボックスは閉じる

Excel のダイアログボックスを開いたまま、［採点］、［次のプロジェクト］、［レビューページ］、［リセット］、［テスト中止］をクリックすると、正しく動作しないことがあります。ダイアログボックスを閉じてからボタンをクリックしてください。

●保存したファイルが残る場合

ファイルやテンプレートに名前を付けて保存する問題で、問題の指示と異なる名前で保存したり、異なるフォルダーに保存したりすると、テスト終了後にファイルが残ってしまう場合があります。その場合は、該当の保存先を開いて、作成したファイルを削除してください。［ドキュメント］フォルダーに保存する指示がある場合、OneDrive の［ドキュメント］ではなくコンピューターの［ドキュメント］に保存するよう気をつけてください。

●ディスクの空き容量が少ない場合

本番モードで模擬テストを実施し、[テスト終了] ボタンをクリックすると、「保存先のディスクに十分な空き容量がないか、準備ができていません。」というメッセージが表示されることがあります。成績ファイルを保存するフォルダーの変更は [オプション] ダイアログボックスで行います。

●判定基準

正誤判定は弊社独自の基準で行っています。MOS 試験の判定基準と同じであるという保証はしておりません。

●正しい操作をしているのに不正解と判定される場合

主に Office の更新などに伴い、環境によっては正解操作をしても本プログラムが不正解と判定することがあります。その場合は、正しい操作で解答していることを確認したうえで、判定は不正解でも実際には正解であると判断して学習を進めてください。

●利用環境による影響

本プログラムの正解判定は、利用環境によって変わる可能性があります。Office の各種設定を既定以外にしている場合や、Office が更新された場合などに、正解操作をしても不正解と判定されることや正解操作ができないことがあります。正解操作と思われる場合はご自分で正解と判断し学習を進めてください。

●複数の操作がある場合の判定

解答操作の方法が複数ある場合は、実行した結果が同じであればどの方法で解答しても同じ判定結果になります。[解答を見る] および後ろのページにある「模擬テストプログラム　問題と解答」ではそのうちの一つの操作方法を解答の例として記述しているので、ほかの操作方法で解答しても正解と判定されることがあります。

※ このほか、模擬テストプログラムの最新情報は本書のウェブページ（https://bookplus.nikkei.com/atcl/catalog/20/P60410/）を参照してください。

2.　利用環境

本プログラムを利用するには、次の環境が必要です。以下の条件を満たしていても、コンピューターの個別の状態などにより利用できない場合があります。

OS	Windows 10（ただし S モードを除く）
アプリケーションソフト	Microsoft Office 2019 または Office 365（Microsoft 365。いずれも日本語版、32 ビットおよび 64 ビット）をインストールし、ライセンス認証を完了させた状態。ただし上記の Office であっても、環境によってストアアプリ版では動作しないことがあります。その場合はデスクトップ版に入れ替える必要があります。くわしくは本書のウェブページ（https://bookplus.nikkei.com/atcl/catalog/20/P60410/）をご覧ください。

インターネット	本プログラムの実行にインターネット接続は不要ですが、本プログラムの更新プログラムの適用にはインターネット接続が必要です。
ハードディスク	200MB 以上の空き容量。動画解答をハードディスクにインストールする場合はさらに 850MB 以上が必要です。
画面解像度	横 1280 ピクセル以上を推奨します。
DVD-ROM ドライブ	本プログラムのインストールが完了していれば不要です。ただし、動画解答をハードディスクにインストールしないで、動画解答を表示したいときは、DVD-ROM ドライブに DVD-ROM が挿入されている必要があります。

※ 本プログラムは、Office 2019 または Office 365（Microsoft 365）以外のバージョンや Microsoft 以外の互換 Office では動作しません。また、複数の Office が混在した環境では、本プログラムの動作を保証しておりません。

※Office のインストールは、本プログラムのインストールより先に行ってください。本プログラムのインストール後に Office のインストールや再インストールを行う場合は、いったん本プログラムをアンインストールしてください。

3. プログラムの更新

本プログラムは、問題の正解判定に影響があるような Office の更新が行われた場合や、データの誤りが判明した場合などに、更新プログラムを提供することがあります。コンピューターがインターネットに接続されている場合、更新プログラムがあるとその数を以下のようにかっこで表示します。

［更新プログラムの確認］をクリックすると、更新内容が確認できますので、必要に応じて［インストール］ボタンをクリックしてください。あとは自動でプログラムが更新されます。その際、Windows の管理者のパスワードを求められることがあります。

4. 模擬テストの実施

① Excel が起動している場合は終了します。

② デスクトップの [MOS 模擬テスト Excel365&2019] のショートカットアイコンを
　ダブルクリックします。

③ [テスト実施] 画面が表示されます。

● [テスト実施] 画面

ほかの画面から
この画面に戻る

過去の成績の確認や
復習をする

成績の保存場所や印刷
時の名前を指定する

模擬テストプログラムを
終了する

● 練習モードで模擬テストを実施

一つのタスクごとに採点するモードです。

① 模擬テストのいずれ
　かをクリック

② [練習モード] を
　クリック

出題するタスクを選択する画面が表示されます。チェックボックスを使って出題されるタスクを選択します。

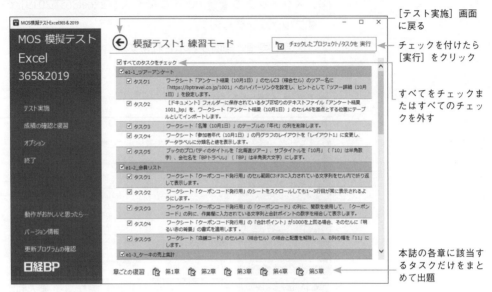

［テスト実施］画面に戻る

チェックを付けたら［実行］をクリック

すべてをチェックまたはすべてのチェックを外す

本誌の各章に該当するタスクだけをまとめて出題

問題文に従って解答操作を行い、［採点］をクリックします。

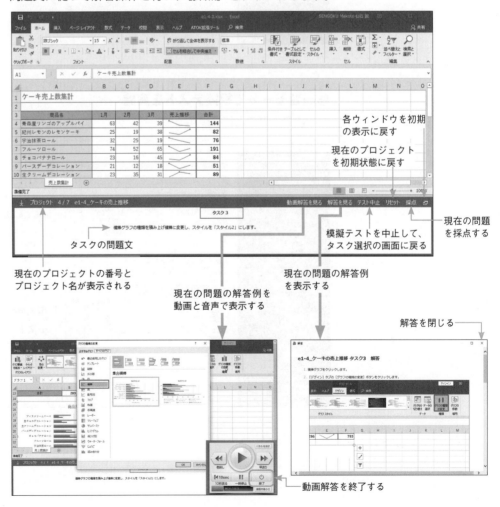

各ウィンドウを初期の表示に戻す

現在のプロジェクトを初期状態に戻す

現在の問題を採点する

模擬テストを中止して、タスク選択の画面に戻る

現在のプロジェクトの番号とプロジェクト名が表示される

タスクの問題文

現在の問題の解答例を動画と音声で表示する

現在の問題の解答例を表示する

解答を閉じる

動画解答を終了する

●本番モードで模擬テストを実施

MOS試験と同様、50分で1回分のテストを行い最後に採点するモードです。[実力判定テスト]は毎回異なる問題（プロジェクト）が出題されます。制限時間は50分で、制限時間を過ぎると自動的に終了します。

① 模擬テストのいずれかをクリック

実力判定テストはここをクリック

② [本番モード]をクリック

プロジェクト中の全部のタスクを解答またはスキップしたら次のプロジェクトに移行します。

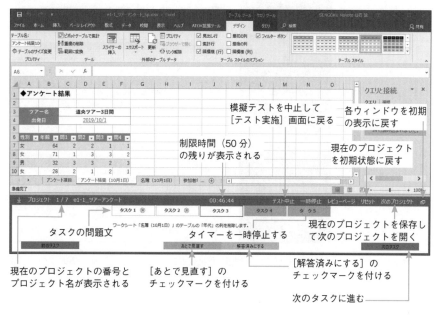

模擬テストを中止して[テスト実施]画面に戻る

各ウィンドウを初期の表示に戻す

制限時間（50分）の残りが表示される

現在のプロジェクトを初期状態に戻す

タスクの問題文

タイマーを一時停止する

現在のプロジェクトを保存して次のプロジェクトを開く

現在のプロジェクトの番号とプロジェクト名が表示される

[あとで見直す]のチェックマークを付ける

[解答済みにする]のチェックマークを付ける

次のタスクに進む

全部のプロジェクトが終了したら、レビューページが表示されます。タスク番号をクリックすると試験の操作画面に戻ります。

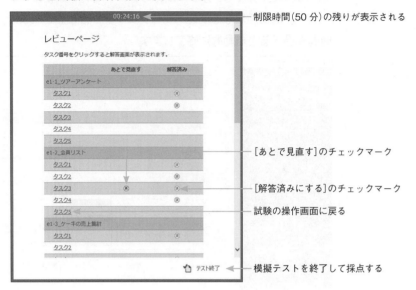

制限時間(50分)の残りが表示される

[あとで見直す]のチェックマーク

[解答済みにする]のチェックマーク

試験の操作画面に戻る

模擬テストを終了して採点する

●[結果レポート] 画面

本番モードを終了すると、合否と得点、各問題の正解／不正解を示す［結果レポート］画面が表示されます。

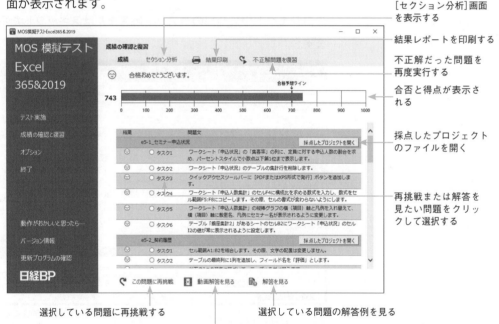

[セクション分析]画面を表示する

結果レポートを印刷する

不正解だった問題を再度実行する

合否と得点が表示される

採点したプロジェクトのファイルを開く

再挑戦または解答を見たい問題をクリックして選択する

選択している問題に再挑戦する

選択している問題の動画解答を見る

選択している問題の解答例を見る

［採点したプロジェクトを開く］

模擬テスト終了時のブックのExcel画面が表示され、確認することができます（ブックに保存されないオプション設定は反映されません）。ここで開いたブックを保存したい場合は、Excelで［名前を付けて保存］を実行し、適当なフォルダーに適当なファイル名で保存してください。Excel画面を閉じると、［結果レポート］画面に戻ります。

［セクション分析］

本誌のどの章（セクション）で説明されている機能を使うかでタスクを分類し、セクションごとの正答率を示します。

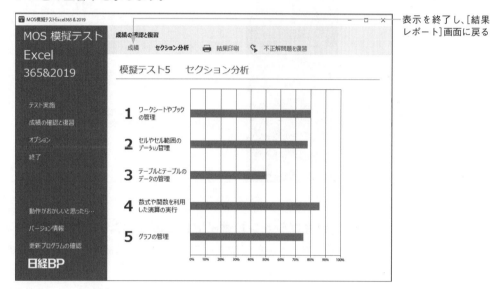

表示を終了し、［結果レポート］画面に戻る

［印刷］

模擬テストの結果レポートを印刷できます。

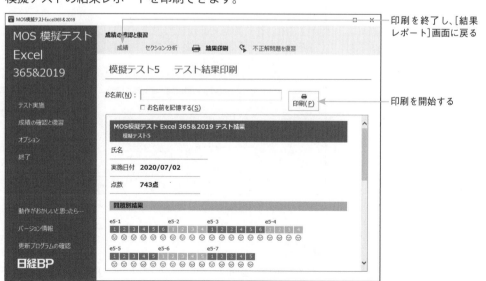

印刷を終了し、［結果レポート］画面に戻る

印刷を開始する

模擬テスト

使い方

●[成績の確認と復習] 画面

これまでに実施した模擬テストの成績の一覧です。問題ごとに正解 / 不正解を確認したり復習したりするときは、各行をクリックして [結果レポート] 画面を表示します。成績は新しいものから 20 回分が保存されます。

成績は Windows にサインイン / ログオンしたアカウントごとに記録されます。別のアカウントで模擬テストを実施した場合、それまでの成績は参照できないのでご注意ください。

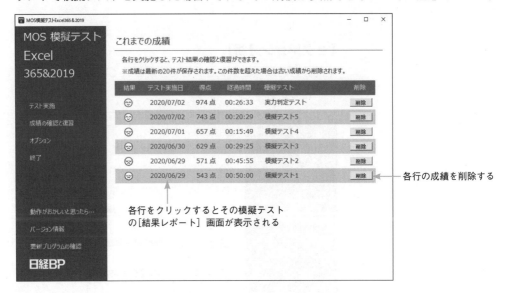

各行をクリックするとその模擬テストの[結果レポート] 画面が表示される

各行の成績を削除する

●[オプション] ダイアログボックス

成績ファイルを保存するフォルダーと、成績を印刷する場合の既定のお名前を指定できます。

成績ファイルを保存するフォルダーには、現在のユーザーの書き込み権限と、約 20MB 以上の空き容量が必要です。[保存先フォルダー]ボックスを空白にして[OK]ボタンをクリックすると、既定のフォルダーに戻ります。

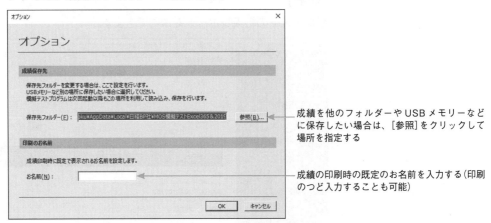

成績を他のフォルダーや USB メモリーなどに保存したい場合は、[参照]をクリックして場所を指定する

成績の印刷時の既定のお名前を入力する(印刷のつど入力することも可能)

●終了

[テスト実施] 画面で [終了] をクリックすると、模擬テストプログラムが終了します。

模擬テストプログラム 問題と解答

●模擬テスト1

【タスク1】 ワークシート「アンケート結果（10月1日）」のセル C3（結合セル）のツアー名に「https://nkbp.jp/moslink」へのハイパーリンクを設定し、ヒントとして「ツアー詳細（10月1日）」を設定します。

① ワークシート「アンケート結果（10月1日）」のシート見出しをクリックします。
② セルC3（結合セル）をクリックします。
③ ［挿入］タブの［リンク］ボタンをクリックします。
④ ［ハイパーリンクの挿入］ダイアログボックスが表示されるので、［リンク先］の［ファイル、Webページ］が選択されていることを確認します。
⑤ ［表示文字列］ボックスに「道央ツアー3日間」と表示されていることを確認します。
⑥ 問題文の「https://nkbp.jp/moslink」をクリックして、文字列をコピーします。
⑦ ［ハイパーリンクの挿入］ダイアログボックスの［アドレス］ボックスをクリックし、Ctrl+V キーを押します。
⑧ ［アドレス］ボックスに「https://nkbp.jp/moslink」の文字列が貼り付けられます。
⑨ ［ヒント設定］をクリックします。
⑩ ［ハイパーリンクのヒント設定］ダイアログボックスが表示されます。
⑪ 問題文の「ツアー詳細（10月1日）」をクリックして、文字列をコピーします。
⑫ ［ヒントのテキスト］ボックスをクリックし、Ctrl+V キーを押します。
⑬ ［ヒントのテキスト］ボックスに「ツアー詳細（10月1日）」の文字列が貼り付けられます。
⑭ ［OK］をクリックします。
⑮ ［ハイパーリンクの挿入］ダイアログボックスの［OK］をクリックします。
⑯ セルC3にハイパーリンクが設定され、フォントの色が青になっていて、下線が引かれていることを確認します。
⑰ セルC3をポイントすると、「ツアー詳細（10月1日）」とポップアップ表示されることを確認します。

【タスク2】 ［ドキュメント］フォルダーに保存されているタブ区切りのテキストファイル「アンケート結果1001_bp」を、ワークシート「アンケート結果（10月1日）」のセル A6 を基点とする位置にテーブルとしてインポートします。

① ワークシート「アンケート結果（10月1日）」のセル A6 をクリックします。
② ［データ］タブの［テキストまたはCSVから］ボタンをクリックします。
③ ［データの取り込み］ダイアログボックスが表示されるので、［ファイルの場所］ボックスに［ドキュメント］フォルダーを指定します。
④ ファイルの一覧から［アンケート結果1001_bp.txt］をクリックします。
⑤ ［インポート］をクリックします。
⑥ ［アンケート結果1001_bp.txt］ウィンドウが表示されるので、［区切り記号］ボックスに［タブ］と表示されていて、プレビューにデー

タの各列が正しく区切られていることを確認します。
⑦ ［読み込み］の▼をクリックします。
⑧ ［読み込み先］をクリックします
⑨ ［データのインポート］ダイアログボックスが表示されるので、［このデータをブックでどのように表示するかを選択してください。］の［テーブル］が選択されていることを確認します。
⑩ ［データを返す先を選択してください。］の［既存のワークシート］をクリックし、下のボックスに［=$A$6］と表示されていることを確認します。
⑪ ［OK］をクリックします。
⑫ ワークシート「アンケート結果（10月1日）」のセル A6 を基点とする位置にテーブルがインポートされます。
⑬ ［クエリと接続］作業ウィンドウに「アンケート結果1001_bp　34行読み込まれました。」と表示されていることを確認します。
⑭ ［クエリと接続］作業ウィンドウを閉じるために、［閉じる］ボタンをクリックします。

【タスク3】 ワークシート「名簿（10月1日）」のテーブルの「年代」の列を削除します。

① ワークシート「名簿（10月1日）」のシート見出しをクリックします。
② テーブル内の「年代」の列の任意のセルを右クリックし、ショートカットメニューの［削除］の［テーブルの列］をクリックします。
③ テーブル内の「年代」の列が削除されます。

【タスク4】 ワークシート「参加者年代（10月1日）」の円グラフのレイアウトを「レイアウト1」に変更し、データラベルに分類名と値を表示します。

① ワークシート「参加者年代（10月1日）」のシート見出しをクリックします。
② 円グラフをクリックします。
③ ［デザイン］タブの［クイックレイアウト］ボタンをクリックします。
④ 一覧から［レイアウト1］をクリックします。
⑤ グラフのレイアウトが変更されます。
⑥ グラフの右上の［グラフ要素］ボタンをクリックします。
⑦ ［グラフ要素］の［データラベル］をポイントし、表示される▶をクリックします。
⑧ ［その他のオプション］をクリックします。
⑨ ［データラベルの書式設定］作業ウィンドウが表示されるので、［ラベルオプション］の［分類名］チェックボックスがオンになっていることを確認します。
⑩ ［値］チェックボックスをオンにします。
⑪ ［パーセンテージ］チェックボックスをオフにします。
⑫ グラフのデータラベルに分類名（年代）と値（人数）が表示されたことを確認します。
⑬ ［データラベルの書式設定］作業ウィンドウを閉じるために、［閉じる］ボタンをクリックします。

【タスク5】 ブックのプロパティのタイトルを「北海道ツアー」、サブタイトルを「10月」（「10」は半角数字）、会社名を「BPトラベル」（「BP」は半角英大文字）にします。

① ［ファイル］タブをクリックします。
② ［情報］をクリックします。
③ ［情報］画面が表示されるので、問題文の「北海道ツアー」をクリックして、文字列をコピーします。
④ ［プロパティ］の［タイトル］の［タイトルの追加］をクリックし、Ctrl+V キーを押します。
⑤ ［タイトル］ボックスに「北海道ツアー」の文字列が貼り付けられます。
⑥ ［プロパティ］の一番下の［プロパティをすべて表示］をクリックします。

⑦ すべてのプロパティが表示されます。
⑧ 問題文の「10月」をクリックして、文字列をコピーします。
⑨ [サブタイトル] の [サブタイトルの指定] をクリックし、Ctrl+V キーを押します。
⑩ [サブタイトル] ボックスに「10月」の文字列が貼り付けられます。
⑪ 問題文の「BP トラベル」をクリックして、文字列をコピーします。
⑫ [会社] の [会社名の指定] をクリックし、Ctrl+V キーを押します。
⑬ [会社] ボックスに「BP トラベル」の文字列が貼り付けられます。
⑭ プロパティ以外の部分をクリックして入力を確定します。

プロジェクト 2　会員リスト

【タスク 1】ワークシート「クーポンコード発行用」のセル範囲 C3:F3 に入力されている文字列をセル内で折り返して表示します。

① ワークシート「クーポンコード発行用」のセル C3 ～ F3 を範囲選択します。
② [ホーム] タブの [折り返して全体を表示する] ボタンをクリックします。
③ 行の高さが変わり、セル C3 ～ F3 の各セル内で文字列が折り返して表示されます。

【タスク 2】ワークシート「クーポンコード発行用」のシートをスクロールしても 1 ～ 3 行目が常に表示されるようにします。

① 行番号 4 をクリックします。
② [表示] タブの [ウィンドウ枠の固定] ボタンをクリックします。
③ 一覧から [ウィンドウ枠の固定] をクリックします。
④ 任意のセルをクリックし、行の選択を解除します。
⑤ 3 行目と 4 行目の間に境界線が表示されたことを確認します。
⑥ シートをスクロールして、1 ～ 3 行目の表示が固定されていることを確認します。

【タスク 3】ワークシート「クーポンコード発行用」の「クーポンコード」の列に、関数を使用して、作業欄に入力されている文字列と合計ポイントの数字を結合して表示します。

① セル G4 をクリックします。
② [数式] タブの [文字列操作] ボタンをクリックします。
③ 一覧から [CONCAT] をクリックします。
④ CONCAT 関数の [関数の引数] ダイアログボックスが表示されるので、[テキスト 1] ボックスにカーソルが表示されていることを確認し、セル I4 をクリックします。
⑤ [テキスト 1] ボックスに「I4」と表示されます。
⑥ [テキスト 2] ボックスをクリックし、セル F4 をクリックします。
⑦ [テキスト 2] ボックスに「F4」と表示されます。
⑧ [数式の結果 =] に、作業欄の文字列と合計ポイントを結合した文字列「sjk0110001f648」が表示されていることを確認します。
⑨ [OK] をクリックします。
⑩ 数式バーに「=CONCAT(I4,F4)」と表示されたことを確認します。
※ [関数の引数] ダイアログボックスを使わずに、この数式を直接セルに入力してもかまいません。
⑪ セル G4 に「sjk0110001f648」と表示されます。
⑫ セル G4 の右下のフィルハンドルをポイントし、マウスポインターの形が+に変わったら、ダブルクリックします。
⑬ セル G4 に入力された数式がセル G5 ～ G61 にコピーされます。

【タスク 4】ワークシート「クーポンコード発行用」の「合計ポイント」が 1000 を上回る場合、そのセルに「明るい赤の背景」の書式を適用します。

① セル F4 ～ F61 を範囲選択します。
② [ホーム] タブの [条件付き書式] ボタンをクリックします。
③ [セルの強調表示ルール] の [指定の値より大きい] をクリックします。
④ [指定の値より大きい] ダイアログボックスが表示されます。
⑤ 問題文の「1000」をクリックして、文字列をコピーします。
⑥ [次の値より大きいセルを書式設定] ボックスの「686」が反転表示していて選択されていることを確認し、Ctrl+V キーを押します。
⑦ [次の値より大きいセルを書式設定] ボックスに「1000」が貼り付けられます。
⑧ [書式] ボックスの▼をクリックます。
⑨ 一覧から [明るい赤の背景] をクリックします。
⑩ [OK] をクリックします。
⑪ 合計ポイントが 1000 を上回るセルに「明るい赤の背景」の書式が設定されます。

【タスク 5】ワークシート「店舗コード」のセル A1（結合セル）の結合と配置を解除し、A、B 列の幅を「11」にします。

① ワークシート「店舗コード」のシート見出しをクリックします。
② セル A1（結合セル）がアクティブになっていることを確認します。
③ [ホーム] タブの [セルを結合して中央揃え] ボタンをクリックしてオフにします。
④ セル A1 ～ B1 の結合と中央揃えが解除されます。
⑤ 列番号 A ～ B をドラッグします。
⑥ 選択した列番号上で右クリックし、ショートカットメニューの [列の幅] をクリックします。
⑦ [列の幅] ダイアログボックスが表示されます。
⑧ 問題文の「11」をクリックして、文字列をコピーします。
⑨ [列の幅] ボックスの「8.38」が反転表示していて選択されていることを確認し、Ctrl+V キーを押します。
⑩ [列の幅] ボックスに「11」が貼り付けられます。
⑪ [OK] をクリックします。
⑫ A ～ B 列の幅が広がります。

プロジェクト 3　ケーキの売上集計

【タスク 1】セル範囲 A1:G1 を結合し、セルのスタイル「見出し 1」を適用します。

① セル A1 ～ G1 を範囲選択します。
② [ホーム] タブの [セルを結合して中央揃え] ボタンの▼をクリックします。
③ 一覧から [セルの結合] をクリックします。
④ セル A1 ～ G1 が結合されます。
⑤ [ホーム] タブの [セルのスタイル] ボタンをクリックします。
⑥ [タイトルと見出し] の一覧から [見出し 1] をクリックします。
⑦ セル A1（結合セル）に「見出し 1」スタイルが設定されます。

【タスク 2】テーブルのスタイルを「青, テーブルスタイル（中間）20」に変更します。

① テーブル内の任意のセルをクリックします。
② [デザイン] タブの [テーブルスタイル] グループの [その他] ボタンをクリックします。
③ [中間] の一覧から [青, テーブルスタイル（中間）20] をクリックします。
④ テーブルスタイルが変更されます。

【タスク3】「時刻」の列の表示形式を「1:30 PM」の形式に変更します

① セルC4〜C38を範囲選択します。
② [ホーム] タブの [数値] グループ右下の [表示形式] ボタンをクリックします。
③ [セルの書式設定] ダイアログボックスの [表示形式] タブが表示されるので、[分類] ボックスの [時刻] が選択されていることを確認します。
④ [種類] ボックスの [1:30PM] をクリックします。
⑤ [サンプル] に「11:30AM」と表示されたことを確認します。
⑥ [OK] をクリックします。
⑦ セルC4〜C38の表示形式が「1:30 PM」の形式に変更されます。

【タスク4】「金額」の列に単価と数量を掛けた金額を求める数式を入力します。

① セルG4をクリックします。
② 「=」を入力します。
③ 単価のセルE4をクリックします。
④ セルG4に「=[@ 単価]」と表示されます。
⑤ 「*」を入力します。
⑥ 数量のセルF4をクリックします。
⑦ セルG4に「=[@ 単価]*[@ 数量]」と表示されます。
⑧ Enter キーを押します。
⑨ 「金額」の列に数式が自動的にコピーされ、各IDの金額が表示されます

【タスク5】テーブルの下に数量と金額の合計を表示します

① テーブル内の任意のセルをクリックします。
② [デザイン] タブの [集計行] チェックボックスをオンにします。
③ テーブルの最終行（39行目）に集計行が追加され、「金額」の列の集計行のセル（セルG39）に金額の合計「105900」が表示されます。
※ タスク4（「金額」の列に数式を設定）を実行していない場合は、集計の種類を [個数] から [合計] に変更します。
④ 「数量」の列の集計行のセル（セルF39）をクリックし、右側に表示される▼をクリックします。
⑤ 一覧から [合計] をクリックします。
⑥ 「数量」の列の集計行のセルに数量の合計「52」が表示されます。

プロジェクト4　ケーキの売上推移

【タスク1】「売上推移」の列に、1〜3月の売上数の推移を表す折れ線スパークラインを表示し、頂点（山）を表示します。

① セルE4〜E13を範囲選択します。
② [挿入] タブの [スパークライン] の [折れ線] ボタンをクリックします。
③ [スパークラインの作成] ダイアログボックスが表示されるので、[データを選択してください] の [データ範囲] ボックスにカーソルが表示されていることを確認し、セルB4〜D13をドラッグします。
④ [データ範囲] ボックスに「B4:D13」と表示されます。
⑤ [スパークラインを配置する場所を選択してください] の [場所の範囲] ボックスに「$E$4:$E$13」と表示されていることを確認します。
⑥ [OK] をクリックします。
⑦ セルE4〜E13に折れ線スパークラインが表示されます。
⑧ セルE4〜E13を選択した状態のまま、[デザイン]タブの[頂点(山)]チェックボックスをオンにします。
⑨ 折れ線スパークラインの最大値にマーカーが表示されます。

【タスク2】横棒グラフのタイトルを「商品別売上数」とします。

① 問題文の「商品別売上数」をクリックして文字列をコピーします。
② 横棒グラフの [グラフタイトル] をクリックします。
③ 「グラフタイトル」の文字列をドラッグし、Ctrl+V キーを押します。
④ 「グラフタイトル」に「商品別売上数」の文字列が貼り付けられ、上書きされます。
⑤ グラフタイトル以外の場所をクリックして、グラフタイトルの選択を解除します。

【タスク3】横棒グラフの種類を積み上げ横棒に変更し、スタイルを「スタイル2」にします。

① 横棒グラフをクリックします。
② [デザイン] タブの [グラフの種類の変更] ボタンをクリックします。
③ [グラフの種類の変更] ダイアログボックスが表示されるので、左側の一覧の [横棒] が選択されていることを確認し、上部の一覧から [積み上げ横棒] をクリックします。
④ 下部に [積み上げ横棒] が表示されるので、並んでいるグラフのうち左側にある、商品名が縦（項目）軸に設定されている積み上げ横棒グラフが選択されていることを確認します。
⑤ [OK] をクリックします。
⑥ グラフが積み上げ横棒に変更されます。
⑦ グラフが選択されている状態のまま、右上に表示される [グラフスタイル] ボタンをクリックします。
⑧ [スタイル] の一覧から [スタイル2] をクリックします。
⑨ グラフのスタイルが変更されます。

【タスク4】横棒グラフの項目名が表と同じ順序で並ぶようにします。

① 横棒グラフの [縦（項目）軸] をダブルクリックします。
② [軸の書式設定] 作業ウィンドウが表示されるので、[軸のオプション] の [軸を反転する] チェックボックスをオンにします。
③ 項目名が表と同じ順序で並びます。
④ [軸の書式設定] 作業ウィンドウを閉じるために、[閉じる] ボタンをクリックします。

【タスク5】各ケーキの、1〜3月の合計数の割合を表す補助縦棒付き円グラフを作成し、セル範囲 H2:M13 に配置します

① セルA3〜A12を範囲選択し、Ctrl キー押しながらF3〜F12を範囲選択します。
② [挿入] タブの [グラフ] の [円またはドーナツグラフの挿入] ボタンをクリックします。
③ [2-D 円] の [補助縦棒付き円] をクリックします。
④ ワークシートに補助縦棒付き円グラフが作成されます。
⑤ グラフ内の [グラフエリア] と表示される部分をポイントし、グラフの左上がセルH2になるようにドラッグします。
⑥ グラフの右下隅のサイズ調整ハンドル（○）をポイントし、マウスポインターの形が両方向矢印に変わったら、セルM13の方向にドラッグします。
⑦ グラフのサイズが変更されます。

プロジェクト5　移動店舗

【タスク1】ワークシート「売上集計」のセル A1 の書式を、すべてのワークシートのセル A1 に適用します。

① ワークシート「売上集計」のセルA1が選択されていることを確認します。

② ［ホーム］タブの［書式のコピー / 貼り付け］ボタンをダブルクリックします。
③ マウスポインターの形が刷毛の形に変わるので、ワークシート「移動店舗売上集計」のシート見出しをクリックします。
④ セル A1 をクリックします。
⑤ ワークシート「移動店舗売上集計」のセル A1 に、ワークシート「売上集計」のセル A1 と同じ書式が適用されます。
⑥ ワークシート「5 月の売上」のシート見出しをクリックします。
⑦ セル A1 をクリックします。
⑧ ワークシート「5 月の売上」のセル A1 に、ワークシート「売上集計」のセル A1 と同じ書式が適用されます。
⑨ ワークシート「6 月の売上」のシート見出しをクリックします。
⑩ セル A1 をクリックします。
⑪ ワークシート「6 月の売上」のセル A1 に、ワークシート「売上集計」のセル A1 と同じ書式が適用されます。
⑫ ［ホーム］タブの［書式のコピー / 貼り付け］ボタンをクリックしてオフにします。

【タスク 2】ワークシート「売上集計」のヘッダーの中央にシート名、右に現在の日付を表示します。

① ワークシート「売上集計」のシート見出しをクリックします。
② ［挿入］タブの［テキスト］ボタンをクリックし、［ヘッダーとフッター］ボタンをクリックします。
③ ページレイアウトビューに切り替わり、ヘッダー領域の中央にカーソルが表示されます。
④ ［デザイン］タブの［シート名］ボタンをクリックします。
⑤ 「&[シート名]」と表示されます。
⑥ ヘッダーの右をクリックします。
⑦ ［デザイン］タブの［現在の日付］ボタンをクリックします。
⑧ 「&[日付]」と表示されます。
⑨ 任意のセルをクリックして、ヘッダーの選択を解除します。
⑩ ヘッダーの中央にシート名「売上集計」、右に現在の日付が表示されたことを確認します。

【タスク 3】ワークシート「売上集計」の印刷の向きを「横」にし、A4 用紙 1 ページに収まるように印刷の設定をします。

① ワークシート「売上集計」が表示されていることを確認します。
② ［ファイル］タブをクリックします。
③ ［印刷］をクリックします。
④ ［印刷］画面が表示されるので、［設定］の［縦方向］をクリックし、一覧から［横方向］をクリックします。
⑤ 用紙サイズが「A4」になっていることを確認します。
⑥ ［拡大縮小なし］をクリックして、一覧から［シートを 1 ページに印刷］をクリックします。
⑦ 印刷プレビューの下の表示が「1/1 ページ」になっていて、シート全体が 1 ページに収まっていることを確認します。

【タスク 4】ワークシート「移動店舗売上集計」のテーブルに「移動店舗」のデータのみを表示し、売上合計金額の高い順に並べ替えます。

① ワークシート「移動店舗売上集計」のシート見出しをクリックします。
② セル B3（「店舗種類」の列見出しのセル）の▼をクリックします。
③ ［（空白セル）］チェックボックスをオフにします。
④ ［OK］をクリックします。
⑤ 移動店舗の行のみが表示されます。
⑥ ステータスバーに「12 レコード中 7 個が見つかりました」と表示されます。
⑦ セル C3（「売上合計」の列見出しのセル）の▼をクリックします。

⑧ ［降順］をクリックします。
⑨ テーブルが売上合計金額の高い順に並び変わります。

【タスク 5】ワークシート「5 月の売上」と「6 月の売上」のテーブルを解除します。

① ワークシート「5 月の売上」のシート見出しをクリックします。
② テーブル内の任意のセルをクリックします。
③ ［デザイン］タブの［範囲に変換］ボタンをクリックします。
④ 「テーブルを標準の範囲に変換しますか？」という確認のメッセージが表示されるので、［はい］をクリックします。
⑤ 列の見出しに表示されていた▼（フィルターボタン）が非表示になり、テーブルが標準のセル範囲になります。
⑥ ワークシート「6 月の売上」のシート見出しをクリックします。
⑦ ②～④と同様の手順でテーブルを標準のセル範囲に変換します。

【タスク 6】アクセシビリティの問題を検査し、グラフに「売上合計グラフ」という代替テキストを設定してエラーを修正します。

① ［ファイル］タブをクリックします。
② ［情報］をクリックします。
③ ［情報］画面が表示されるので、［問題のチェック］ボタンをクリックします。
④ 一覧から［アクセシビリティチェック］をクリックします。
⑤ ［アクセシビリティチェック］作業ウィンドウが表示されるので、［検査結果］の［エラー］の［代替テキストがありません（1）］をクリックします。
⑥ ［グラフ 1（売上集計）］が表示されるのでクリックします。
⑦ ワークシート「売上集計」のグラフが選択されるので、右クリックし、ショートカットメニューの［代替テキストの編集］をクリックします。
⑧ ［代替テキスト］作業ウィンドウが表示されます。
⑨ 問題文の「売上合計グラフ」をクリックして、文字列をコピーします。
⑩ ［代替テキスト］作業ウィンドウのボックスをクリックし、Ctrl+V キーを押します。
⑪ ［代替テキスト］作業ウィンドウのボックスに「売上合計グラフ」の文字列が貼り付けられます。
⑫ ［アクセシビリティチェック］作業ウィンドウの［検査結果］の［エラー］の表示がなくなったことを確認し、［アクセシビリティチェック］作業ウィンドウを閉じるために［閉じる］ボタンをクリックします。
⑬ ［代替テキスト］作業ウィンドウを閉じるために、［閉じる］ボタンをクリックします。

【タスク 1】ワークシート「利用記録」の「料金」の列に、関数を使用して、「クーポン _1 割引」が「あり」の場合は利用料に利用時間と 0.9 を掛けた数値を、そうでない場合は利用料に利用時間を掛けた数値を表示します。

① ワークシート「利用記録」のセル H6 をクリックします。
② ［数式］タブの［論理］ボタンをクリックします。
③ 一覧から［IF］をクリックします。
④ IF 関数の［関数の引数］ダイアログボックスが表示されるので、［論理式］ボックスにカーソルが表示されていることを確認し、セル「G6」をクリックします。
⑤ ［論理式］ボックスに「G6」と表示されるので、続けて「=" あり "」（「あり」は「"」（ダブルクォーテーション）で囲む）と入力します。

⑥［値が真の場合］ボックスをクリックし、セル H3 をクリックし、絶対参照にするため F4 キーを押して「$H$3」とします。

⑦ 続けて「*」を入力し、セル「F6」をクリックします。

⑧［値が真の場合］ボックスに「$H$3*F6」と表示されるので、続けて「*0.9」と入力します。

⑨［値が偽の場合］ボックスに同様に「$H$3*F6」と入力します。

⑩［数式の結果 =］に「900」が表示されていることを確認します。

⑪［OK］をクリックします。

⑫ 数式バーに「=IF(G6=" あり ",$H$3*F6*0.9,$H$3*F6)」と表示されたことを確認します。

※［関数の引数］ダイアログボックスを使わずに、この数式を直接セルに入力してもかまいません。

⑬ セル H6 に「900」が表示されます。

⑭ セル H6 の右下のフィルハンドルをポイントします。

⑮ マウスポインターの形が＋に変わったら、ダブルクリックします。

⑯ セル H6 の数式がセル H7 ～ H36 にコピーされ、各行の料金が表示されます。

【タスク 2】ワークシート「利用記録」の「会員種別」の列に、関数を使用して、会員番号の先頭の 1 文字を表示します。

① ワークシート「利用記録」のセル I6 をクリックします。

②［数式］タブの［文字列操作］ボタンをクリックします。

③ 一覧から［LEFT］をクリックします。

④ LEFT 関数の［関数の引数］ダイアログボックスが表示されるので、［文字列］ボックスにカーソルが表示されていることを確認し、セル B6 をクリックします。

⑤［文字列］ボックスに「B6」と表示されます。

⑥［文字数］ボックスをクリックし「1」と入力するか、［文字数］ボックスの入力を省略します。

⑦［数式の結果 =］に、セル B6 の左端の文字「A」が表示されていることを確認します。

⑧［OK］をクリックします。

⑨ 数式バーに「=LEFT(B6,1)」または「=LEFT(B6)」と表示されたことを確認します。

※［関数の引数］ダイアログボックスを使わずに、この数式を直接セルに入力してもかまいません。

⑩ セル I6 に、セル B6 の左端の文字「A」が表示されます。

⑪ セル I6 の右下のフィルハンドルをポイントし、マウスポインターの形が＋に変わったら、ダブルクリックします。

⑫ セル I6 の数式がセル I7 ～ I36 にコピーされ、各行の会員番号の先頭の 1 文字が表示されます。

【タスク 3】ワークシート「利用分析」のセル B4 に、関数を使用して、ワークシート「利用記録」の表のクーポン利用者数を求めます。数式には登録されている名前付き範囲を使用します。

① ワークシート「利用分析」のシート見出しをクリックします。

② セル B4 をクリックします。

③［数式］タブの［その他の関数］ボタンをクリックします。

④［統計］の一覧から［COUNTA］をクリックします。

⑤ COUNTA 関数の［関数の引数］ダイアログボックスが表示されます。

⑥［値 1］ボックスにカーソルが表示されていることを確認し、［数式］タブの［数式で使用］ボタンをクリックします。

⑦ 一覧から［クーポン _1 割引］をクリックします。

⑧［値 1］ボックスに「クーポン _1 割引」と表示されます。

⑨［数式の結果 =］に、「クーポン _1 割引」の名前付き範囲のデータが入力されているセルの個数「14」が表示されます。

⑩［OK］をクリックします。

⑪ 数式バーに「=COUNTA(クーポン _1 割引)」と表示されたことを確認します。

※［関数の引数］ダイアログボックスを使わずに、この数式を直接セルに入力してもかまいません。

⑫ セル B4 にワークシート「利用記録」の「クーポン _1 割引」の列に「あり」と入力されているセルの個数「14」が表示されます。

【タスク 4】ワークシート「利用分析」のセル B7 に、関数を使用して、ワークシート「利用記録」の表の平均利用時間を求めます。数式には登録されている名前付き範囲を使用します。

① ワークシート「利用分析」のセル B7 をクリックします。

②［数式］タブの［オート SUM］ボタンの▼をクリックします。

③ 一覧から［平均］をクリックします。

④ セル B7 に「=AVERAGE(B3:B6)」と入力されるので、［数式］タブの［数式で使用］ボタンをクリックします。

⑤ 一覧から［利用時間］をクリックします。

⑥ セル B7 に「=AVERAGE(利用時間)」と入力されるので、［数式］タブの［オート SUM］ボタンをクリックするか、Enter キーを押します。

※［オート SUM］ボタンを使わずに、この数式を直接セルに入力してもかまいません。

⑦ セル B7 にワークシート「利用記録」の利用時間の平均「2.919355」が表示されます。

【タスク 5】ワークシート「利用分析」の横棒グラフの横軸に、「人数」というラベルを表示します。

① ワークシート「利用分析」の横棒グラフをクリックします。

② 右上に表示される［グラフ要素］ボタンをクリックします。

③［グラフ要素］の［軸ラベル］をポイントし、表示される▶をクリックします。

④［第 1 横軸］チェックボックスをオンにします。

⑤ 横棒グラフの横軸に［軸ラベル］が表示されます。

⑥ 問題文の「人数」をクリックして、文字列をコピーします。

⑦「軸ラベル」の文字列をドラッグし、Ctrl+V キーを押します。

⑧「軸ラベル」に「人数」の文字列が貼り付けられ、上書き入力されます。

⑨ 軸ラベル以外の場所をクリックして、軸ラベルの選択を解除します。

【タスク 1】ワークシート「セール商品リスト」のセル範囲 A2:C3 のデータを、行と列を入れ替えてセル J2 を基点とする位置に貼り付けます。

① ワークシート「セール商品リスト」のセル A2 ～ C3 を範囲選択します。

②［ホーム］タブの［コピー］ボタンをクリックします。

③ 選択した列が点線で囲まれます。

④ セル J2 をクリックします。

⑤［ホーム］タブの［貼り付け］ボタンの▼をクリックします。

⑥［貼り付け］の一覧の［行列を入れ替える］ボタンをクリックします。

⑦ セル J2 ～ K4 に、セル A2 ～ C3 のデータが行列を入れ替えて貼り付けられます。

【タスク 2】ワークシート「セール商品リスト」の「販売額」の列に、定価から割引額を引いた額を求める数式を入力します。

① ワークシート「セール商品リスト」のセル H5 をクリックします。

②「=」を入力します。

③ 定価のセル F5 をクリックします。
④ セル H5 に「=[@ 定価]」と表示されます。
⑤「*(1-」と入力します。
⑥ 割引率のセル G5 をクリックします。
⑦ セル H5 に「=[@ 定価]*(1-[@ 割引率]」と表示されます。
⑧「)」を入力します。
⑨ Enter キーを押します。
⑩ セル H5 に「12,600」と表示されます。
⑪「販売額」の列に数式が自動的にコピーされ、各商品の販売額が表
示されます。

**【タスク3】ワークシート「セール商品リスト」のテーブルの
縞模様を解除し、「販売額」の列を強調します。**

① ワークシート「セール商品リスト」のテーブル内の任意のセルを
クリックします。
② [デザイン] タブの [縞模様（行）] チェックボックスをオフにします。
③ テーブルの行の縞模様が解除されます。
④ [デザイン] タブの [最後の列] チェックボックスをオンにします。
⑤ テーブルの最後の列（「販売額」の列）に塗りつぶしの色とフォン
トの色などが設定され、強調されます。

**【タスク4】名前付き範囲「品薄」のフォントの色を「標準の色」
の「濃い赤」にします。**

① 名前ボックスの▼をクリックします。
② [品薄] をクリックします。
③ ワークシート「在庫」のセル G3 ～ I6 が範囲選択されます。
④ [ホーム] タブの [フォントの色] ボタンの▼をクリックします。
⑤ [標準の色] の一覧から [濃い赤] をクリックします。
⑥ セル G3 ～ I6 のフォントの色が濃い赤になります。

● 模擬テスト 2

【タスク1】C、D、H 列の幅を自動調整します。

① 列番号 C ～ D をドラッグし、Ctrl キーを押しながら列番号 H をク
リックします。
② 選択したいずれかの列の右の境界線上をポイントし、マウスポイ
ンターの形が両方向矢印に変わったらダブルクリックします。
③ C、D、H 列の列幅が各列内の一番長い文字列の幅に合わせて広が
ります。

【タスク2】22 行目、30 行目、69 行目を一括で削除します。

① 行番号 22 をクリックし、Ctrl キーを押しながら行番号 30、行番号
69 をクリックします。
② 選択したいずれかの範囲内で右クリックし、ショートカットメ
ニューの [削除] をクリックします。
③ 22 行目、30 行目、69 行目が削除されます。

**【タスク3】クイックアクセスツールバーに [印刷プレビューと
印刷] ボタンを追加します。**

① クイックアクセスツールバーの [クイックアクセスツールバーの
ユーザー設定] ボタンをクリックします。
② 一覧から [印刷プレビューと印刷] をクリックします。
③ クイックアクセスツールバーに [印刷プレビューと印刷] ボタン
が追加されます。

**【タスク4】ワークシートの枠線が印刷され、3 行目がタイトル
行として繰り返し印刷されるように設定します。**

① [ページレイアウト] タブの [枠線] の [印刷] チェックボックス
をオンにします。
② [ページレイアウト] タブの [印刷タイトル] ボタンをクリックし
ます。
③ [ページ設定] ダイアログボックスの [シート] タブが表示される
ので、[印刷タイトル] の [タイトル行] ボックスをクリックします。
④ 行番号 3 をクリックします。
⑤ [タイトル行] ボックスに「$3:$3」と表示されます。
⑥ [OK] をクリックします。

**【タスク1】ワークシート「案内」のセル範囲 B6:B11 の横位置
を均等割り付け（インデント）にします。**

① ワークシート「案内」のセル B6 ～ B11 を範囲選択します。
② [ホーム] タブの [配置] グループ右下の [配置の設定] ボタンを
クリックします。
③ [セルの書式設定] ダイアログボックスの [配置] タブが表示され
るので、[文字の配置] の [横位置] ボックスの▼をクリックします。
④ 一覧から [均等割り付け（インデント）] をクリックします。
⑤ [OK] をクリックします。
⑥ セル B6 ～ B11 の文字列の横位置がセル内で均等割り付けされます

**【タスク2】ワークシート「案内」のセル A4（結合セル）の書
式をセル範囲 A13:B13 に適用します。**

① ワークシート「案内」のセル A4（結合セル）をクリックします。
② [ホーム] タブの [書式のコピー / 貼り付け] ボタンをクリックし
ます。
③ マウスポインターが刷毛の形に変わるので、セル A13 をクリック
します。

④ セルA13～B13が結合され、セルA4と同じ書式が適用されます。

【タスク3】ワークシート「案内」のセル範囲B15:C17にセルのスタイルの「入力」を適用し、太字にします。

① ワークシート「案内」のセルB15～C17を範囲選択します。
② [ホーム] タブの [セルのスタイル] ボタンをクリックします。
③ [データとモデル] の一覧から [入力] をクリックします。
④ セルB15～C17にセルのスタイルが適用されます。
⑤ セルB15～C17を選択した状態のまま、[ホーム] タブの [太字] ボタンをクリックします。
⑥ セルB15～C17が太字になります

【タスク4】ワークシート「案内」の枠線が表示されないようにし、ページレイアウトビューで表示します。

① ワークシート「案内」が表示されていることを確認し、[ページレイアウト] タブの [枠線] の [表示] チェックボックスをオフにします。
② ワークシートの枠線が非表示になります。
③ [表示] タブの [ページレイアウト] ボタンをクリックします。
④ ページレイアウトビューで表示されます。

【タスク5】ワークシート「分析」のグラフをツリーマップに変更し、分類名と値のデータラベルを表示します。

① ワークシート「分析」のシート見出しをクリックします。
② 縦棒グラフをクリックします。
③ [デザイン] タブの [グラフの種類の変更] ボタンをクリックします。
④ [グラフの種類の変更] ダイアログボックスの [すべてのグラフ] タブが表示されるので、左側の一覧から [ツリーマップ] をクリックします。
⑤ 右側にツリーマップが表示されていることを確認し、[OK]をクリックします。
⑥ グラフがツリーマップに変更されます。
⑦ グラフの右上に表示されている [グラフ要素] ボタンをクリックします。
⑧ [グラフ要素] の一覧の [データラベル] をポイントし、表示される▶をクリックします。
⑨ [その他のデータラベルオプション] をクリックします。
⑩ [データラベルの書式設定] 作業ウィンドウが表示されるので、[ラベルオプション] の [ラベルの内容] の [分類名] と [値] チェックボックスをオンにします。
⑪ グラフに分類名と値のデータラベルが表示されます。
⑫ [データラベルの書式設定] 作業ウィンドウを閉じるために、[閉じる] ボタンをクリックします。

プロジェクト3　修了テスト

【タスク1】関数を使用して、ワークシート「研修受講者」のテーブルの「FullName」の列に、同じ行のLastNameとFirstNameを結合して表示します。LastNameとFirstNameの間は半角スペースを空けます。

① ワークシート「研修受講者」のセルD4をクリックします。
② [数式] タブの [文字列操作] ボタンをクリックします。
③ 一覧から [CONCAT] をクリックします。
④ CONCAT関数の [関数の引数] ダイアログボックスが表示されるので、[テキスト1] ボックスにカーソルが表示されていることを確認し、セルB4をクリックします。
⑤ [テキスト1] ボックスに「[@LastName]」と表示されます。
⑥ [テキスト2] ボックスをクリックし、半角スペースを入力します。

⑦ [テキスト3] ボックスをクリックし、セルC4をクリックします。
⑧ [テキスト3] ボックスに「[@FirstName]」と表示されます。
⑨ [数式の結果 =] に、セルB4のLastName、半角スペース、セルC4のFirstNameを結合した文字列「Goto Tadashi」が表示されていることを確認します。
⑩ [OK] をクリックします。
⑪ 数式バーに「=CONCAT([@LastName]," ",[@FirstName])」と表示されたことを確認します。
※ [関数の引数] ダイアログボックスを使わずに、この数式を直接セルに入力してもかまいません。
⑫ セルD4に「Goto Tadashi」と表示されます。
⑬ セルD5～D23にも自動的に数式が設定され、各行のLastName、半角スペース、FirstNameを結合した文字列が表示されます。

【タスク2】ワークシート「研修受講者」のテーブルの最後の列の強調を解除します

① ワークシート「研修受講者」のテーブル内の任意のセルをクリックします。
② [デザイン] タブの [最後の列] チェックボックスをオフにします。
③ テーブルの最後の列（「応用研修」の列）の強調が解除されます。

【タスク3】以下の2つの基準に基づいて、ワークシート「研修受講者」のテーブルの行を並べ替えます。
基準1：部署コードの昇順
基準2：部署コードが同じ場合はIDの昇順

① ワークシート「研修受講者」のテーブル内の任意のセルをクリックします。
② [データ] タブの [並べ替え] ボタンをクリックします。
③ [並べ替え] ダイアログボックスが表示されるので、[列] の [最優先されるキー] ボックスの▼をクリックし、一覧から [部署コード] をクリックします。
④ [並べ替えのキー] ボックスが [セルの値] になっていることを確認します。
⑤ [順序] ボックスが [小さい順] になっていることを確認します。
⑥ [レベルの追加] をクリックします。
⑦ [列] の [次に優先されるキー] ボックスの▼をクリックし、一覧から [ID] をクリックします。
⑧ [並べ替えのキー] ボックスが [セルの値] になっていることを確認します。
⑨ [順序] ボックスが [小さい順] になっていることを確認します。
⑩ [OK] をクリックします。
⑪ 「部署コード」の昇順、「部署コード」が同じ行については「ID」の昇順にテーブルの行が並べ替えられます。

【タスク4】ワークシート「研修受講者」のテーブルに集計行を追加し、「氏名」の列に人数、「基礎研修」と「応用研修」の列に平均を表示し、小数点以下第2位までの表示にします。

① ワークシート「研修受講者」のテーブル内の任意のセルをクリックします。
② [デザイン] タブの [集計行] チェックボックスをオンにします。
③ テーブルの最終行（24行目）に集計行が追加されます。
④ 「氏名」の列の集計行のセル（セルA24、「集計」と表示されている）をクリックし、右側に表示される▼をクリックします。
⑤ 一覧から [個数] をクリックします。
⑥ 「氏名」の列の集計行のセルに人数「20」が表示されます。
⑦ 「基礎研修」の列の集計行のセル（セルG24）をクリックし、右側に表示される▼をクリックします。
⑧ 一覧から [平均] をクリックします。

⑨ 「基礎研修」の列の集計行のセルに基礎研修の平均「74.05263」が表示されます。

⑩ 「応用研修」の列の集計行のセル（セル H24、「1189」と表示されている）をクリックし、右側に表示される▼をクリックします。

⑪ 一覧から［平均］をクリックします。

⑫ 「応用研修」の列の集計行のセルに応用研修の平均「69.94118」が表示されます。

⑬ 「基礎研修」から「応用研修」の列の集計行のセル（セル G24 〜 H24）を範囲選択します。

⑭ ［ホーム］タブの［小数点以下の表示桁数を減らす］ボタンを 3 回クリックします。

⑮ 「基礎研修」の列の集計行のセルが「74.05」、「応用研修」の列の集計行のセルが「69.94」と小数点以下第 2 位までの表示になります。

【タスク 5】グラフシート「成績グラフ」のグラフのスタイルを「スタイル 3」、色を「カラフルなパレット 4」に変更します。

① グラフシート「成績グラフ」のシート見出しをクリックします。

② 横棒グラフが選択されていることを確認し、右上に表示されている［グラフスタイル］ボタンをクリックします。

③ ［スタイル］の一覧から［スタイル 3］をクリックします。

④ グラフのスタイルが変更されます。

⑤ ［色］をクリックします。

⑥ ［カラフル］の一覧から［カラフルなパレット 4］をクリックします。

⑦ グラフの色が変更されます。

【タスク 6】グラフシート「成績グラフ」のグラフの軸を反転し、横（値）軸の最小値を「40」に変更します。

① グラフシート「成績グラフ」の横棒グラフの縦（項目）軸をダブルクリックします。

② ［軸の書式設定］作業ウィンドウが表示されるので、［軸のオプション］の［軸を反転する］チェックボックスをオンにします。

③ グラフの縦（項目）軸の項目の並び順が反転し、横（値）軸がグラフの上部に表示されます。

④ グラフの横（値）軸をクリックします。

⑤ ［軸の書式設定］作業ウィンドウの内容が横（値）軸の設定項目に変わります。

⑥ 問題文の「40」をクリックして、コピーします。

⑦ ［軸の書式設定］作業ウィンドウの［軸のオプション］の［境界値］の［最小値］ボックスの「0.0」をドラッグし、Ctrl+V キーを押します。

⑧ ［最小値］ボックスに「40」が貼り付けられ、上書き入力されます。

⑨ Enter キーを押します。

⑩ グラフの横（値）軸の最小値が 40 になります。

⑪ ［軸の書式設定］作業ウィンドウを閉じるために、［閉じる］ボタンをクリックします。

⑫ 横（値）軸の最小値が 40 になります。

プロジェクト 4　宿泊施設評価

【タスク 1】ワークシート「ランキング分析」のセル E1 および G1 の日付を「2020 年 1 月」の形式で表示します。

① ワークシート「ランキング分析」のセル E1 をクリックします。

② Ctrl キーを押しながら、セル G1 をクリックします。

③ ［ホーム］タブの［数値］グループ右下の［表示形式］ボタンをクリックします。

④ ［セルの書式設定］ダイアログボックスの［表示形式］タブが表示されるので、［分類］ボックスの一覧から［日付］をクリックします。

⑤ ［種類］ボックスの一覧から［2012 年 3 月］をクリックします。

⑥ ［サンプル］に「2020 年 3 月」と表示されたことを確認します。

⑦ ［OK］をクリックします。

⑧ セル E1 の日付が「2020 年 1 月」、セル G1 の日付が「2020 年 3 月」の形式で表示されます。

【タスク 2】名前付き範囲「回収数」のセルの内容を消去します。なお、あらかじめ設定されている書式は変更しません。

① 名前ボックスの▼をクリックします。

② 一覧から［回収数］をクリックします。

③ ワークシート「前回順位」のセル E1 〜 F3 が選択されます。

④ Delete キーを押します。

⑤ セル E1 〜 F3 のセルの内容が消去されます。

【タスク 3】関数を使用して、ワークシート「ランキング分析」のテーブルの「種別」の列に、「コード No.」の英字を表示します。

① ワークシート「ランキング分析」のシート見出しをクリックします。

② セル C3 をクリックします。

③ ［数式］タブの［文字列操作］ボタンをクリックします。

④ 一覧から［MID］をクリックします。

⑤ MID 関数の［関数の引数］ダイアログボックスが表示されるので、［文字列］ボックスにカーソルが表示されていることを確認し、セル A3 をクリックします。

⑥ ［文字列］ボックスに「[@[コード No.]]」と表示されます。

⑦ ［開始位置］ボックスをクリックし、「4」と入力します。

⑧ ［文字数］ボックスをクリックし、「1」と入力します。

⑨ ［数式の結果 =］に、セル A3 の左から 4 文字目の文字「R」が表示されていることを確認します。

⑩ ［OK］をクリックします。

⑪ 数式バーに「=MID([@[コード No.]],4,1)」と表示されたことを確認します。

※ ［関数の引数］ダイアログボックスを使わずに、この数式を直接セルに入力してもかまいません。

⑫ セル C3 に、セル A3 の左から 4 文字目の文字「R」が表示されます。

⑬ セル C4 〜 C15 にも自動的に数式が設定され、各行のコード No. の左から 4 文字目の文字が表示されます。

【タスク 4】グラフシート「上位 3 施設比較グラフ」のレーダーチャートグラフの項目と凡例を入れ替えて、項目に評価項目、凡例に宿泊施設名を表示します。

① グラフシート「上位 3 施設比較グラフ」のシート見出しをクリックします。

② レーダーチャートグラフが選択されていることを確認します。

③ ［デザイン］タブの［行 / 列の切り替え］ボタンをクリックします。

④ グラフの項目に評価項目、凡例に宿泊施設名が表示されます。

【タスク 5】ワークシート「前回順位」のセル範囲 A2:B13 を既定のスタイルのテーブルにします。

① ワークシート「前回順位」のシート見出しをクリックします。

② セル A2 〜 B13 の範囲内の任意のセルをクリックします。

③ ［挿入］タブの［テーブル］ボタンをクリックします。

④ ［テーブルの作成］ダイアログボックスが表示され、セル A1 〜 B13 が点線で囲まれます。

⑤ ［テーブルに変換するデータ範囲を指定してください］ボックスに「=$A$1:$B$13」と表示されていて 1 行目が範囲に含まれてしまっていることを確認します。

⑥ セル A2 〜 B13 を範囲選択します。

⑦ ［テーブルに変換するデータ範囲を指定してください］ボックスに「=$A$2:$B$13」と表示されたことを確認します。

⑧ [先頭行をテーブルの見出しとして使用する] チェックボックスがオンになっていることを確認します。
⑨ [OK] をクリックします。
⑩ セル A2 〜 B13 がテーブルに変換され、既定のスタイルが設定されます。

プロジェクト5　請求書

【タスク1】ワークシート「請求書」のセル F16 に消費税額を表示します。小計と値引き額を足して、セル E16 の消費税率を掛けます。

① ワークシート「請求書」のセル F16 をクリックします。
②「=(」を入力します。
③ 小計のセル F14 をクリックします。
④「+」を入力します。
⑤ 値引きのセル F15 をクリックします。
⑥「)*」を入力します。
⑦ 消費税率のセル E16 をクリックします。
⑧ セル F16 と数式バーに「=(F14+F15)*E16」と表示されていることを確認して、Enter キーを押します。
⑨ セル F16 に計算結果「1,550」が表示されます。

【タスク2】ワークシート「請求書」の用紙サイズを B5、印刷の向きを横に変更します。

① ワークシート「請求書」が表示されていることを確認し、[ページレイアウト] タブの [サイズ] ボタンをクリックします。
② 一覧から [B5] をクリックします。
※ この表記は設定されているプリンターによって異なる場合があります。
③ [ページレイアウト] タブの [印刷の向き] ボタンをクリックします。
④ 一覧から [横] をクリックします。

【タスク3】ワークシート「商品一覧」のセル F2 のハイパーリンクを削除します

① ワークシート「商品一覧」のシート見出しをクリックします。
② セル F2 を右クリックし、ショートカットメニューの [ハイパーリンクの削除] をクリックします。
③ セル F2 のフォントの色が黒になり、下線がなくなります。

【タスク4】ワークシート「商品一覧」のテーブルのテーブル名を「キャンペーン商品一覧」に変更します。

① ワークシート「商品一覧」のテーブル内の任意のセルをクリックします。
② 問題文の「キャンペーン商品一覧」をクリックして、文字列をコピーします。
③ [デザイン] タブの [テーブル名] ボックスをクリックし、「テーブル1」の文字列が選択されている状態で、Ctrl+V キーを押します。
④ [テーブル名] ボックスに「キャンペーン商品一覧」の文字列が貼り付けられ、上書き入力されます。
⑤ Enter キーを押します。

【タスク5】フィルターを使って、ワークシート「商品一覧」のテーブルに、商品名が「ワイシャツケース」の行だけを表示します。

① ワークシート「商品一覧」のセル D4（「商品名」の列の見出しのセル）の▼をクリックします。
② 一覧の [(すべて選択)] チェックボックスをオフにします。
③ [ワイシャツケース] チェックボックスをオンにします。

④ [OK] をクリックします。
⑤「商品名」が「ワイシャツケース」の行だけが表示され、他の行は非表示になります。
⑥ ステータスバーに「41 レコード中 5 個が見つかりました」と表示されます。

プロジェクト6　宅配注文数

【タスク1】ワークシート「緑町注文数」のセル B3 に、関数を使用して、会員番号から会員数を求めます。

① ワークシート「緑町注文数」のセル B3 をクリックします。
② [ホーム] タブの [合計] ボタンの▼をクリックします。
③ 一覧から [数値の個数] をクリックします。
④ セル B3 に「=COUNT()」と表示されます。
⑤ セル A6 〜 A37 を範囲選択します。
⑥ セル B3 に「=COUNT(緑町注文数[会員番号])」と入力されます。
※ [合計] ボタンを使わずに、この数式を直接セルに入力してもかまいません。
⑦ [合計] ボタンをクリックするか、Enter キーを押します。
⑧ セル B3 に「会員番号」の列の数値が入力されているセルの個数「32」が表示されます。

【タスク2】ワークシート「緑町注文数」の「注文数推移」の列に会員ごとの 3 月 3 日から 3 月 31 日の注文数の推移を表す縦棒スパークラインを表示し、頂点（山）を表示します。

① ワークシート「緑町注文数」のセル H6 〜 H37 を範囲選択します。
② [挿入] タブの [縦棒] ボタンをクリックします。
③ [スパークラインの作成] ダイアログボックスが表示されるので、[データを選択してください] の [データ範囲] ボックスにカーソルが表示されていることを確認し、セル B6 〜 F37（「3 月 31 日」の列の最終行のセル）を範囲選択します。
④ [データ範囲] ボックスに「B6:F37」と表示されます。
⑤ [スパークラインを配置する場所を選択してください] の [場所の範囲] ボックスに「$H$6:$H$37」と表示されていることを確認します。
⑥ [OK] をクリックします。
⑦「注文数推移」の列に縦棒スパークラインが表示されます。
⑧ 縦棒スパークラインが選択された状態のまま、[デザイン] タブの [頂点（山）] チェックボックスをオンにします。
⑨ 注文数の一番多いデータの色が変更されます。

【タスク3】ワークシート「緑町注文数」のグラフをグラフシートに移動します。グラフシート名は「緑町注文合計分析グラフ」とします。なお、グラフシートはワークシート「緑町注文数」の右側に配置します。

① ワークシート「緑町注文数」の縦棒グラフをクリックします。
② [デザイン] タブの [グラフの移動] ボタンをクリックします。
③ [グラフの移動] ダイアログボックスが表示されるので、[グラフの配置先] の [新しいシート] をクリックします。
④ 問題文の「緑町注文合計分析グラフ」をクリックして、文字列をコピーします。
⑤ [グラフの移動] ダイアログボックスの [新しいシート] の右側のボックスの「グラフ 1」が選択されている状態で、Ctrl+V キーを押します。
⑥ [新しいシート] の右側のボックスに「緑町注文合計分析グラフ」の文字列が貼り付けられ、上書き入力されます。
⑦ [OK] をクリックします。
⑧ グラフシート「緑町注文合計分析グラフ」がワークシート「緑町注文数」の左側に作成されます。

⑨ グラフシート「緑町注文合計分析グラフ」のシート見出しを右方向にドラッグします。
⑩ ワークシート「緑町注文数」の右側に▼が表示されたら、マウスのボタンから指を離します。
⑪ グラフシート「緑町注文合計分析グラフ」がワークシート「緑町注文数」の右側に移動します。

【タスク4】関数を使用して、ワークシート「緑町注文数分析」の「注文がなかった回数」の列に、ワークシート「緑町注文数」の会員ごとの3月3日から3月31日の注文がなかった回数を求めます。

① ワークシート「緑町注文数分析」のシート見出しをクリックします。
② セルF6をクリックします。
③ [数式] タブの [その他の関数] ボタンをクリックします。
④ [統計] の一覧から [COUNTBLANK] をクリックします。
⑤ COUNTBLANK関数の [関数の引数] ダイアログボックスが表示されるので、[範囲] ボックスにカーソルが表示されていることを確認し、ワークシート「緑町注文数」のシート見出しをクリックします。
⑥ ワークシート「緑町注文数」が表示されるので、セルB6〜F6を範囲選択します。
⑦ [範囲] ボックスに「緑町注文数 [@[3月3日]:[3月31日]]」と表示されたことを確認します。
※ すべての引数が見えない場合は数式バーで確認します。
⑧ [数式の結果 =] にワークシート「緑町注文数」のセルB6〜F6の空白のセルの個数「0」が表示されます。
⑨ [OK] をクリックします。
⑩ 数式バーに「=COUNTBLANK(緑町注文数 [@[3月3日]:[3月31日]])」と表示されたことを確認します。
※ [関数の引数] ダイアログボックスを使わずに、この数式を直接セルに入力してもかまいません。
⑪ セルF6に、ワークシート「緑町注文数」のセルB6〜F6の空白のセルの個数「0」が表示されます。
⑫ セルF7〜F31にも自動的に数式が設定され、各行に3月3日〜3月31日の注文数が空白のセルの個数が表示されます。

【タスク5】ワークシート「中央町注文数」のテーブルの会員番号「183214」の行を削除します。ただしテーブル以外のデータが変更されないようにします。

① ワークシート「中央町注文数」のシート見出しをクリックします。
② テーブル内の会員番号「183214」の行（19行目）の任意のセルを右クリックし、ショートカットメニューの [削除] の [テーブルの行] をクリックします。
③ テーブル内の会員番号「183214」の行が削除されます。
④ セルG19の文字列「※183214は退会」は残ったままであることを確認します。

プロジェクト7　ヨットレース

【タスク1】ワークシート「優勝記録」のセル範囲B7:B33に「2007年春大会、2007年秋大会、…、2020年春大会」を入力します。

① ワークシート「優勝記録」のセルB5〜B6を範囲選択します。
② セルB6の右下のフィルハンドルをポイントし、マウスポインターの形が＋に変わったらダブルクリックします。
③ セルB7〜B33に「2007年春大会、2007年秋大会、…、2020年春大会」と入力されます。

【タスク2】ワークシート「優勝記録」のセルF12およびセル範囲F26:F28のセルを削除して表を正しい形にします。

① ワークシート「優勝記録」のセルF12をクリックし、Ctrlキーを押しながらセルF26〜F28を範囲選択します。
② 選択範囲内で右クリックし、ショートカットメニューの [削除] をクリックします。
③ [削除] ダイアログボックスが表示されるので、[削除] の [左方向にシフト] をクリックします。
④ [OK] をクリックします。
⑤ セルF12、セルF26〜F28の空白セルが削除され、セルG12〜I12、セルG26〜I28に入力されていたデータが1つ左のセルF12〜H12、セルF26〜H28に移動します。

【タスク3】関数を使用して、ワークシート「優勝記録」の「代表者名（整形後）」の列に、それぞれ同じ行の代表者名の先頭を大文字、他を小文字に変換して表示します。代表者名が英字でない場合はそのまま表示します。

① ワークシート「優勝記録」のセルE5をクリックします。
② [数式] タブの [文字列操作] ボタンをクリックします。
③ 一覧から [PROPER] をクリックします。
④ PROPER関数の [関数の引数] ダイアログボックスが表示されるので、[文字列] ボックスにカーソルが表示されていることを確認し、セルD5をクリックします。
⑤ [文字列] ボックスに「D5」と表示されます。
⑥ [数式の結果 =] に、セルD5の名と姓のそれぞれ先頭だけを大文字、他を小文字に変換した文字列「Tony Torth」が表示されます。
⑦ [OK] をクリックします。
⑧ 数式バーに「=PROPER(D5)」が表示されます。
※ [関数の引数] ダイアログボックスを使わずに、この数式を直接セルに入力してもかまいません。
⑨ セルE5に、セルD5の名と姓のそれぞれ先頭だけを大文字、他を小文字に変換した文字列「Tony Torth」が表示されます。
⑩ セルE5の右下のフィルハンドルをポイントし、マウスポインターの形が＋に変わったらダブルクリックします。
⑪ セルE6〜E33に数式がコピーされ、各行に代表者名の先頭を大文字、他を小文字に変換した文字列（英字の場合）、または代表者名そのまま（英字でない場合）が表示されます。

【タスク4】ワークシート「優勝回数」のテーブルを優勝回数の多い順に並べ替えた後、テーブルを解除します。

① ワークシート「優勝回数」のシート見出しをクリックします。
② セルB3（「優勝回数」の列の見出しのセル）の▼をクリックします。
③ [降順] をクリックします。
④ テーブルの行が優勝回数の多い順に並べ替えられます。
⑤ テーブル内の任意のセルをクリックします。
⑥ [デザイン] タブの [範囲に変換] ボタンをクリックします。
⑦ 「テーブルを標準の範囲に変換しますか？」という確認メッセージが表示されるので、[はい] をクリックします。
⑧ 列の見出しに表示されていた▼（フィルターボタン）が非表示になり、テーブルが標準のセル範囲になります。

【タスク5】ドキュメントのプロパティと個人情報、コメントがブックに含まれないようにします。

① [ファイル] タブをクリックします。
② [情報] をクリックします。
③ [情報] 画面が表示されるので、[問題のチェック] ボタンをクリックします。

④ 一覧から［ドキュメント検査］をクリックします。
※ ファイルの保存を確認するメッセージが表示された場合は、［はい］
をクリックします。
⑤ ［ドキュメントの検査］ダイアログボックスが表示されるので、［コ
メント］と［ドキュメントのプロパティと個人情報］チェックボッ
クスがオンになっていることを確認します。
⑥ ［検査］をクリックします。
⑦ ドキュメント検査が実行され、［コメント］と［ドキュメントのプ
ロパティと個人情報］の先頭に赤の「！」が表示され、「次のアイ
テムが見つかりました：」と、「次のドキュメント情報が見つかり
ました：」が表示されていることを確認します。
⑧ ［コメント］の［すべて削除］をクリックします。
⑨ ［コメント］の先頭がチェックマークになり、「すべてのアイテム
が削除されました。」と表示されます。
⑩ ［ドキュメントのプロパティと個人情報］の［すべて削除］をクリッ
クします。
⑪ ［ドキュメントのプロパティと個人情報］の先頭がチェックマーク
になり、「ドキュメントのプロパティと個人情報が削除されまし
た。」と表示されます。
⑫ ［閉じる］をクリックします。

●模擬テスト 3

プロジェクト 1　マンション情報

【タスク 1】 ワークシート「物件一覧」の「駅近」の列に、徒歩
5 分以内の場合に「○」を表示し、それ以外は空
白にします。

① ワークシート「物件一覧」のセル F6 をクリックします。
② ［数式］タブの［論理］ボタンをクリックします。
③ 一覧から［IF］をクリックします。
④ IF 関数の［関数の引数］ダイアログボックスが表示されるので、［論
理式］ボックスにカーソルが表示されていることを確認し、セル
E6 をクリックします。
⑤ ［論理式］ボックスに「E6」と表示されるので、続けて「<=5」と
入力します。
⑥ 問題文の「○」をクリックして、文字をコピーします。
⑦ ［値が真の場合］ボックスをクリックし、Ctrl+V キーを押します。
⑧ ［値が真の場合］ボックスに「○」の文字が貼り付けられます。
⑨ ［値が偽の場合］ボックスをクリックし、「""」(ダブルクォーテーショ
ン 2 つ) を入力します。
⑩ ［OK］をクリックします。
⑪ 数式バーに「=IF(E6<=5," ○ ","")」と表示されたことを確認します。
※ ［関数の引数］ダイアログボックックスを使わずに、この数式を直接セ
ルに入力してもかまいません。
⑫ セル F6 には何も表示されません。
⑬ セル F6 の右下のフィルハンドルをポイントします。
⑭ マウスポインターの形が＋に変わったら、ダブルクリックします。
⑮ セル F6 の数式がセル F7 ～ F48 にコピーされ、徒歩 5 分以内の行
のセルに「○」が表示されます。

【タスク 2】 関数を使用して、ワークシート「物件一覧」の「契
約形態」の列に、物件番号の末尾の 1 文字を表示
します。

① ワークシート「物件一覧」のセル L6 をクリックします。
② ［数式］タブの［文字列操作］ボタンをクリックします。
③ 一覧から［RIGHT］をクリックします。
④ RIGHT 関数の［関数の引数］ダイアログボックスが表示されるので、
［文字列］ボックスにカーソルが表示されていることを確認し、セ
ル A6 をクリックします。
⑤ ［文字列］ボックスに「A6」と表示されます。
⑥ ［文字数］ボックスをクリックし「1」と入力するか、［文字数］ボッ
クスの入力を省略します。
⑦ ［数式の結果 =］にセル A6 の右端の文字「U」が表示されているこ
とを確認します。
⑧ ［OK］をクリックします。
⑨ 数式バーに「=RIGHT(A6,1)」または「=RIGHT(A6)」と表示された
ことを確認します。
※ ［関数の引数］ダイアログボックスを使わずに、この数式を直接セ
ルに入力してもかまいません。
⑩ セル L6 に、セル A6 の右端の文字「U」が表示されます。
⑪ セル L6 の右下のフィルハンドルをポイントし、マウスポインター
の形が＋に変わったら、ダブルクリックします。
⑫ セル L6 の数式がセル L7 ～ L48 にコピーされ、各行の物件番号の
末尾の 1 文字が表示されます。

【タスク3】ワークシート「物件一覧」のセル範囲 A5:L48 の
列ごとの範囲に名前を付けて登録します。その際、
セル範囲 A5:L5 の項目名を名前として使用します。

① ワークシート「物件一覧」のセル A5 〜 L48 を範囲選択します。
② ［数式］タブの［選択範囲から作成］ボタンをクリックします。
③ ［選択範囲から名前を作成］ダイアログボックスが表示されるので、
　［以下に含まれる値から名前を作成］の［上端行］チェックボック
　スがオンになっていることを確認します。
④ ［左端列］チェックボックスをオフにします。
⑤ ［OK］をクリックします。

【タスク4】ワークシート「エリア別物件一覧」を印刷したと
きに、エリアが「東京」が1ページ目、「神奈川県」
が2ページ目になるように設定します。

① ワークシート「エリア別物件一覧」のシート見出しをクリックし
　ます。
② セル A27 をクリックします。
③ ［ページレイアウト］タブの［改ページ］ボタンをクリックします。
④ 一覧から［改ページの挿入］をクリックします。
⑤ 26 行目と 27 行目の間に改ページを示す線が表示されます。

【タスク5】以下の2つの基準に基づいて、ワークシート「物
件一覧（並べ替え用）」の表を並べ替えます。
基準1：「最寄り駅」のセルの色が「緑」、「黄色」、
塗りつぶしなしの順
基準2：「最寄り駅」のセルの色が同じ場合は価格
の安い順

① ワークシート「物件一覧（並べ替え用）」のシート見出しをクリッ
　クします。
② セル A5 〜 J48 の範囲内の任意のセルをクリックします。
③ ［ホーム］タブの［並べ替えとフィルター］ボタンをクリックします。
④ 一覧から［ユーザー設定の並べ替え］をクリックします。
⑤ ［並べ替え］ダイアログボックスが表示されるので、［列］の［最
　優先されるキー］ボックスの▼をクリックし、一覧から［最寄り駅］
　をクリックします。
⑥ ［並べ替えのキー］ボックスの▼をクリックし、一覧から［セルの色］
　をクリックします。
⑦ ［順序］ボックスの▼をクリックし、一覧から緑をクリックします。
⑧ 右側のボックスに［上］と表示されていることを確認します。
⑨ ［レベルの追加］をクリックします。
⑩ ［列］の［次に優先されるキー］ボックスの▼をクリックし、一覧
　から［最寄り駅］をクリックします。
⑪ ［並べ替えのキー］ボックスの▼をクリックし、一覧から［セルの色］
　をクリックします。
⑫ ［順序］ボックスの▼をクリックし、一覧から黄色をクリックしま
　す。
⑬ 右側のボックスに［上］と表示されていることを確認します。
⑭ ［レベルの追加］をクリックします。
⑮ ［列］の［次に優先されるキー］ボックスの▼をクリックし、一覧
　から［価格（万円）］をクリックします。
⑯ ［並べ替えのキー］ボックスが［セルの値］になっていることを確
　認します。
⑰ ［順序］ボックスが［小さい順］になっていることを確認します。
⑱ ［OK］をクリックします。
⑲ 「最寄り駅」のセルの塗りつぶしの色が「緑」、「黄色」、塗りつぶ
　しなしの順、「最寄り駅」のセルの塗りつぶしの色が同じ場合は価
　格の安い順に表の行が並べ替えられます。

【タスク6】ジャンプ機能を使用して、ワークシート「物件分析」
の数式が設定されているセル範囲を選択し、「テー
マの色」の「ゴールド、アクセント 4、白 + 基本
色 60%」の塗りつぶしの色を適用します。

① ワークシート「物件分析」のシート見出しをクリックします。
② ［ホーム］タブの［検索と選択］ボタンをクリックします。
③ 一覧から［数式］をクリックします。
④ セル A3、A6、B10 〜 B15、セル H23（結合セル）が選択されます。
⑤ ［ホーム］タブの［塗りつぶしの色］ボタンの▼をクリックします。
⑥ ［テーマの色］の一覧から［ゴールド、アクセント 4、白 + 基本色
　60%］をクリックします。
⑦ 選択された範囲に塗りつぶしの色が設定されます。

プロジェクト 2　売上記録

【タスク1】ワークシート「売上記録」の金額の列が平均より
大きい場合、そのセルのフォントを太字、「標準の
色」の「青」にします。

① ワークシート「売上記録」のセル G4 〜 G88 を範囲選択します。
② ［ホーム］タブの［条件付き書式］ボタンをクリックします。
③ ［上位 / 下位ルール］の［平均より上］をクリックします。
④ ［平均より上］ダイアログボックスが表示されるので、［選択範囲
　内での書式］ボックスの▼をクリックします。
⑤ 一覧から［ユーザー設定の書式］をクリックします。
⑥ ［セルの書式設定］ダイアログボックスが表示されるので、［フォ
　ント］タブの［スタイル］ボックスの［太字］をクリックします。
⑦ ［色］ボックスの▼をクリックます。
⑧ ［標準の色］の一覧から［青］をクリックします。
⑨ プレビューの文字列が太字、フォントの色が青になったことを確
　認します。
※ 環境によっては明るい赤の塗りつぶしが設定されてしまうことが
　あります。その場合は、［塗りつぶし］タブの［背景色］の［色なし］
　をクリックします
⑩ ［OK］をクリックします。
⑪ ［平均より上］ダイアログボックスの［OK］をクリックします。
⑫ 金額が平均より大きいセルのフォントが太字、「標準の色」の「青」
　になります。

【タスク2】ワークシート「年代別」のセル範囲 A2:A6 の書式
をクリアします。

① ワークシート「年代別」のシート見出しをクリックします。
② セル A2 〜 A6 を範囲選択します。
③ ［ホーム］タブの［クリア］ボタンをクリックします。
④ 一覧から［書式のクリア］をクリックします。
⑤ セル A2 〜 A6 の書式がクリアされます。

【タスク3】ワークシート「年代別」のセル範囲 B2:B6 に通貨
表示形式を設定します。

① ワークシート「年代別」のセル B2 〜 B6 を範囲選択します。
② ［ホーム］タブの［通貨表示形式］ボタンをクリックします。
③ セル B2 〜 B6 に通貨表示形式が設定されます。

【タスク4】ワークシート「年代別」の年代別の売上金額の割合を表す3-D円グラフを作成し、同じシートのセル範囲A8:F17に配置します。グラフタイトルは削除します。

① ワークシート「年代別」のセルA2～B5を範囲選択します。
② [挿入] タブの [円またはドーナツグラフの挿入] ボタンをクリックします。
③ [3-D円] の [3-D円] をクリックします。
④ 3-Dの円グラフが挿入されます。
⑤ グラフ内の [グラフエリア] と表示される部分をポイントし、グラフの左上のセルがセルA8になるようにドラッグします。
⑥ グラフの右下のサイズ変更ハンドルをポイントし、マウスポインターの形が両方向矢印に変わったら、セルF17の方向にドラッグします。
⑦ グラフのサイズが変更されます。
⑧ グラフを選択している状態で、右上の [グラフ要素] ボタンをクリックします。
⑨ [グラフ要素] の [グラフタイトル] チェックボックスをオフにします。
⑩ グラフタイトルが削除されます。

プロジェクト3　アミューズメント営業記録

【タスク1】ワークシート「営業記録（7月）」のセル範囲A4:G86をもとに、テーブルスタイル「薄い青、テーブルスタイル（淡色）20」のテーブルを作成します。

① ワークシート「営業記録（7月）」のセルA4～G86を範囲選択します。
② [ホーム] タブの [テーブルとして書式設定] ボタンをクリックします。
③ [淡色] の一覧から [薄い青、テーブルスタイル（淡色）20] をクリックします。
④ [テーブルとして書式設定] ダイアログボックスが表示されるので、[テーブルに変換するデータ範囲を指定してください] ボックスに「=$A$4:$G$86」と表示されていることを確認します。
⑤ [先頭行をテーブルの見出しとして使用する] チェックボックスがオンになっていることを確認します。
⑥ [OK] をクリックします。
⑦ セルA4～G86の表がテーブルに変換され、テーブルスタイルの「薄い青、テーブルスタイル（淡色）20」が適用されます。

【タスク2】関数を使用して、ワークシート「営業記録（7月）」のセルI4に、ワークシート「料金表」のセル範囲A9:A12の文字列を「、」（読点）で区切って結合します。

① ワークシート「営業記録（7月）」のセルI4をクリックします。
② [数式] タブの [文字列操作] ボタンをクリックします。
③ 一覧から [TEXTJOIN] をクリックします。
④ TEXTJOIN関数の [関数の引数] ダイアログボックスが表示されます。
⑤ 問題文の「、」をクリックして、コピーします。
⑥ [区切り文字] ボックスにカーソルが表示されていることを確認し、Ctrl+Vキーを押します。
⑦ [区切り文字] ボックスに「、」が入力されます。
⑧ [空のセルは無視] ボックスをクリックし、「TRUE」と入力します。
⑨ [テキスト1] ボックスをクリックし、ワークシート「料金表」のシート見出しをクリックします。
⑩ セルA9～A12を範囲選択します。
⑪ [テキスト1] ボックスに「料金表 !A9:A12」と表示されます。

⑫ [数式の結果 =] にセルA9～A12を「、」で区切って結合した文字列「一般、大学・専門生、高校・中学生、小学生以下」が表示されていることを確認します。
⑬ [OK] をクリックします。
⑭ 数式バーに「=TEXTJOIN("、",TRUE, 料金表 !A9:A12) と表示されたことを確認します。
※ [関数の引数] ダイアログボックスを使わずに、この数式を直接セルに入力してもかまいません。
⑮ セルI4に、ワークシート「料金表」のセルA9～A12の文字列を「、」で区切って結合した文字列「一般、大学・専門生、高校・中学生、小学生以下」が表示されます。

【タスク3】ワークシート「6月分集計」のテーブルで、列に交互に付いている色を解除し、行に交互に色を付けます。

① ワークシート「6月分集計」のシート見出しをクリックします。
② テーブル内の任意のセルをクリックします。
③ [デザイン] タブの [縞模様（列）] チェックボックスをオフにします。
④ [縞模様（行）] チェックボックスをオンにします。
⑤ テーブルの行に交互に色が付きます。

【タスク4】ワークシート「6月分集計」のテーブルに、土日の行だけを表示します。

① ワークシート「6月分集計」のセルB3（「曜日」の列の見出しのセル）の▼をクリックします。
② 一覧の [(すべて選択)] チェックボックスをオフにします。
③ [土] と [日] のチェックボックスをオンにします。
④ [OK] をクリックします。
⑤ 曜日が「土」または「日」の行だけが表示され、他の行は非表示になります。
⑥ ステータスバーに「30レコード中8個が見つかりました」と表示されます。

【タスク5】ワークシート「料金表」を、[ドキュメント] フォルダーに「料金表」という名前で、PDFとして保存します。その際、発行後にファイルは開かない設定にします。

① ワークシート「料金表」のシート見出しをクリックします。
② [ファイル] タブをクリックします。
③ [エクスポート] をクリックします。
④ [エクスポート] 画面が表示されるので、[PDF/XPSドキュメントの作成] が選択されていることを確認します。
⑤ [PDF/XPSの作成] ボタンをクリックします。
⑥ [PDFまたはXPS形式で発行] ダイアログボックスが表示されるので、[ファイルの場所] ボックスが「ドキュメント」と表示されていることを確認します。
⑦ 問題文の「料金表」をクリックして、文字列をコピーします。
⑧ [ファイル名] ボックスを右クリックし、ショートカットメニューの [貼り付け] をクリックすると、[ファイル名] ボックスに「料金表」の文字列が貼り付けられます。
⑨ [ファイルの種類] ボックスに「PDF」と表示されていることを確認します。
※「XPS文書」と表示されている場合は、クリックして、一覧から [PDF] をクリックします。
⑩ [発行後にファイル開く] チェックボックスがオンの場合はオフにします。
⑪ [発行] をクリックします。
※ 操作を誤ってPDFを開いてしまった場合は手動で閉じる必要があります。

プロジェクト4　営業成績

【タスク1】ワークシート「営業成績」のテーブルに集計行を追加し、列の幅を自動調整して、売上金額の合計を表示します。

① ワークシート「営業成績」のテーブル内の任意のセルをクリックします。
② ［デザイン］タブの［集計行］チェックボックスをオンにします。
③ テーブルの最終行（24行目）に集計行が追加され、「売上金額」の列の集計行のセル（セル D24）に「########」が表示されます。
④ 「売上金額」の列（D列）とE列の境界線上をポイントし、マウスポインターの形が両方向矢印に変わったらダブルクリックします。
⑤ 「売上金額」の列の幅が広がり、集計行のセル（セル D24）に売上金額の合計「30,640,000」が表示さます。

【タスク2】ワークシート「営業成績」のグラフのレイアウトを「レイアウト1」に変更します。

① ワークシート「営業成績」の円グラフをクリックします。
② ［デザイン］タブの［クイックレイアウト］ボタンをクリックします。
③ 一覧から［レイアウト1］をクリックします。
④ グラフのレイアウトが変更されます。

【タスク3】ワークシート「営業成績」のグラフの「東京」の要素を25％切り出します。

① ワークシート「営業成績」の円グラフの「東京」の要素を2回クリックして、「東京」だけにサイズ変更ハンドルが表示され、選択されたことを確認します。
② ［書式］タブの［現在の選択範囲］ボックスに「系列1 要素 "東京"」と表示されていることを確認します。
③ ［選択対象の書式設定］ボタンをクリックします。
④ ［データ要素の書式設定］作業ウィンドウが表示されるので、［系列のオプション］の［要素の切り出し］ボックスに「25」と入力し、Enter キーを押します。
⑤ ［要素の切り出し］ボックスに「25％」と表示されます。
⑥ グラフの「東京」の要素が切り出されます。
⑦ ［データ要素の書式設定］ダイアログボックスを閉じるために、［閉じる］ボタンをクリックします。

【タスク4】ワークシート「成績上位者」の大島旺次郎のデータを追加します。

① ワークシート「成績上位者」のシート見出しをクリックします。
② セル B22 をクリックし、Ctrl キーを押しながらセル D22 をクリックします。
③ ［ホーム］タブの［コピー］ボタンをクリックします。
④ 選択したセルが点線で囲まれます。
⑤ 同じシートの縦棒グラフをクリックします。
⑥ ［ホーム］タブの［貼り付け］ボタンをクリックします。
⑦ 縦棒グラフに「大島 旺次郎」の要素が追加されます。

【タスク5】ワークシート「成績上位者」のグラフの縦軸を千円単位の表示にし、「千円」という縦書きのラベルを表示します。

① ワークシート「成績上位者」の縦棒グラフの縦（値）軸をダブルクリックします。
② ［軸の書式設定］作業ウィンドウが表示されるので、［軸のオプション］の［表示単位］ボックスの▼をクリックし、一覧から［千］をクリックします。
③ 縦（値）軸が千単位になり、縦（値）軸表示単位ラベルの「千」が表示されます。

④ 問題文の「千円」をクリックして、文字列をコピーします。
⑤ 縦（値）軸表示単位ラベルの［千］をクリックし、「千」をドラッグして、Ctrl+V キーを押します。
⑥ 縦（値）軸表示単位ラベルに「千円」の文字列が貼り付けられ、上書き入力されます。
⑦ 縦（値）軸表示単位ラベル内にカーソルがある状態で、［表示単位ラベルの書式設定］作業ウィンドウの［配置］の［文字列の方向］ボックスの▼をクリックし、一覧から［縦書き］をクリックします。
⑧ 縦（値）軸表示単位ラベルの「千円」が縦書きになります。
⑨ ［表示単位ラベルの書式設定］作業ウィンドウを閉じるために、［閉じる］ボタンをクリックします。

プロジェクト5　宅配注文数

【タスク1】ワークシート「緑町注文数」の条件付き書式を削除します。

① ワークシート「緑町注文数」が表示されていることを確認します。
② ［ホーム］タブの［条件付き書式］ボタンをクリックします。
③ ［ルールのクリア］の［シート全体からルールをクリア］をクリックします。
④ ワークシート「緑町注文数」に表示されていたすべての条件付き書式（データバーとアイコンセット）がなくなります。

【タスク2】ワークシート「緑町注文数」の数式を表示します。

① ワークシート「緑町注文数」が表示されていることを確認します。
② ［数式］タブの［数式の表示］ボタンをクリックします。
③ 数式が入力されていたセルに、結果ではなく数式が表示されます。

【タスク3】ワークシート「緑町注文数分析」のセル A2 に、ワークシート「緑町注文数」のセル A2 へのハイパーリンクを設定し、「緑町3月」と表示します。

① ワークシート「緑町注文数分析」のシート見出しをクリックします。
② セル A2 をクリックします。
③ ［挿入］タブの［リンク］ボタンをクリックします。
④ ［ハイパーリンクの挿入］ダイアログボックスが表示されるので、［リンク先］の［このドキュメント内］をクリックします。
⑤ ［またはドキュメント内の場所を選択してください］ボックスの［セル範囲］の下にある［緑町注文数］をクリックします。
⑥ 問題文の「緑町3月」をクリックして、文字列をコピーします。
⑦ ［表示文字列］ボックス内のテキストをすべて選択し、Ctrl+V キーを押します。
⑧ ［表示文字列］ボックスに「緑町3月」の文字列が貼り付けられ、上書き入力されます。
⑨ ［セル参照を入力してください］ボックスをクリックし、「A2」と入力します。
⑩ ［OK］をクリックします。
⑪ セル A2 に「緑町3月」と表示され、ハイパーリンクが設定されて、フォントの色が青になっていて、下線が引かれていることを確認します。

【タスク4】ワークシート「緑町注文数分析」の最多個数と最少個数の数値を標準の表示形式にします。

① ワークシート「緑町注文数分析」のセル D6 ～ E37 を範囲選択します。
② ［ホーム］タブの［数値の書式］ボックスの▼をクリックします。
③ 一覧から［標準］をクリックします。
④ セル D6 ～ E37 が整数で表示されます。

【タスク5】ワークシート「緑町注文数分析」のF列の幅を「14」にし、セルF5の文字列を折り返して表示します。

① ワークシート「緑町注文数分析」のF列の列番号を右クリックし、ショートカットメニューの［列の幅］をクリックします。
② ［列の幅］ダイアログボックスが表示されるので、［列の幅］ボックスに「14」と入力します。
③ ［OK］をクリックします。
④ F列の幅が変更されます。
⑤ セルF5をクリックします。
⑥ ［ホーム］タブの［折り返して全体を表示する］ボタンをクリックします。
⑦ 行の高さが変わり、セルF5の文字列がセル内で折り返して表示されます。

【タスク6】［ドキュメント］フォルダーに保存されているカンマ区切りの.csvファイル「中央町注文数_bp」を、ワークシート「中央町注文数」のセルA5を基点とする位置にインポートします。なお、.csvファイルの1行目を見出しとして表示します。

① ワークシート「中央町注文数」のシート見出しをクリックします。
② セルA5をクリックします。
③ ［データ］タブの［テキストまたはCSVから］ボタンをクリックします。
※ ［互換性の警告］のメッセージが表示された場合は、［閉じる］ボタンをクリックして先に進めてください。
④ ［データの取り込み］ダイアログボックスが表示されるので、［ファイルの場所］ボックスに［ドキュメント］フォルダーを指定します。
⑤ ファイルの一覧から［中央町注文数_bp.csv］をクリックします。
⑥ ［インポート］をクリックします。
⑦ ［中央町注文数_bp.csv］ウィンドウが表示されるので、プレビューの1行目に「Column1」…「Column6」と表示されていて、データの1行目「会員番号」…「3月29日」が見出しとして表示されていないことを確認します。
⑧ ［編集］をクリックします。
※ Officeのバージョンや更新によって、［編集］が［データの変換］と表示されることがあります。
⑨ ［中央町注文数_bp-Power Queryエディター］ウィンドウが表示されるので、ワークシートの列見出しに「Column1」…「Column6」と表示されていることを確認します。
⑩ ［ホーム］タブの［1行目をヘッダーとして使用］ボタンをクリックします。
⑪ ワークシートの列見出しに「会員番号」…「3月29日」が表示されます。
⑫ ［閉じて読み込む］の▼をクリックします。
⑬ ［閉じて次に読み込む］をクリックします。
⑭ ［データのインポート］ダイアログボックスが表示されるので、［このデータをブックでどのように表示するかを選択してください。］の［テーブル］が選択されていることを確認します。
⑮ ［データを返す先を選択してください。］の［既存のワークシート］をクリックし、下のボックスに「=$A$5」と表示されていることを確認します。
⑯ ［OK］をクリックします。
⑰ ワークシート「中央町注文数」のセルA5を基点とする位置にテーブルがインポートされます。
⑱ テーブルの見出しが「会員番号」…「3月29日」となっていることを確認します。
⑲ ［クエリと接続］作業ウィンドウに「中央町注文数_bp 23行読み込まれました。」と表示されていることを確認します。
⑳ ［クエリと接続］作業ウィンドウを閉じるために、［閉じる］ボタンをクリックします。

プロジェクト6 修了テスト

【タスク1】関数を使用して、ワークシート「修了テスト成績」の「合計点」の列に、基礎研修テストと応用研修テストの合計点を求めます。

① ワークシート「修了テスト成績」のセルH4をクリックします。
② ［ホーム］タブの［合計］ボタンをクリックします。
③ セルH4に「=SUM(修了テスト成績[@[ID]:[応用研修]])」と表示され、「修了テスト成績…」の引数部分が選択されていることを確認します。
④ セルF4～G4をドラッグします。
⑤ セルH4に「=SUM(修了テスト成績[@[基礎研修]:[応用研修]])」と表示されます。
※ ［合計］ボタンを使わずに、この数式を直接セルに入力してもかまいません。
⑥ ［ホーム］タブの［合計］ボタンをクリックするか、Enterキーを押します。
⑦ セルH4に基礎研修と応用研修の合計「143」が表示されます。
⑧ セルH5～H23にも自動的に数式が設定され、各行の基礎研修と応用研修の合計が表示されます。

【タスク2】関数を使用して、ワークシート「修了テスト成績」の「欠席回数」の列に、基礎研修テストと応用研修テストの欠席回数を求めます。

① ワークシート「修了テスト成績」のセルI4をクリックします。
② ［数式］タブの［その他の関数］ボタンをクリックします。
③ ［統計］の一覧から［COUNTBLANK］をクリックします。
④ COUNTBLANK関数の［関数の引数］ダイアログボックスが表示されるので、［範囲］ボックスの「D4:H4」が選択されていることを確認し、セルF4～G4をドラッグします。
⑤ ［範囲］ボックスに「(修了テスト成績[@[基礎研修]:[応用研修]]」と表示されたことを確認します。
※ すべての引数が見えない場合は数式バーで確認します。
⑥ ［数式の結果 =］にセルF4～G4の空白セルの個数「0」が表示されます。
⑦ ［OK］をクリックします。
⑧ 数式バーに「=COUNTBLANK(修了テスト成績[@[基礎研修]:[応用研修]])」と表示されたことを確認します。
※ ［関数の引数］ダイアログボックスを使わずに、この数式を直接セルに入力してもかまいません。
⑨ セルI4にセルF4～G4の空白セルの個数「0」が表示されます。
⑩ セルI5～I23にも自動的に数式が設定され、各行の基礎研修と応用研修の空白セルの個数が表示されます。

【タスク3】関数を使用して、ワークシート「修了テスト成績」のセル範囲F25:G26に、基礎研修テストと応用研修テストの最高点と最低点を求めます。

① ワークシート「修了テスト成績」のセルF25をクリックします。
② ［数式］タブの［オートSUM］ボタンの▼をクリックします。
③ 一覧から［最大値］をクリックします。
④ セルF25に「=MAX(F22:F24)」と表示され、引数の「F22:F24」が選択されていることを確認します。
⑤ セルF4～F23をドラッグします。
⑥ セルF25に「=MAX(修了テスト成績[基礎研修])」と表示されたことを確認します。
※ ［オートSUM］ボタンを使わずに、この数式を直接セルに入力してもかまいません。
⑦ ［数式］タブの［オートSUM］ボタンをクリックします。
⑧ セルF25に基礎研修の最高点「92」が表示されます。

⑨ セル F25 の右下のフィルハンドルをポイントし、マウスポインターの形が＋に変わったら、ダブルクリックします。
⑩ セル F25 の数式がセル F26 にコピーされます。
⑪ セル F26 をクリックします。
⑫ 数式バーの「MAX」をドラッグし、「MIN」に上書き入力します。
⑬ 数式バーに「=MIN(修了テスト [基礎研修])」と表示されたことを確認し、Enter キーを押します。
⑭ セル F26 に基礎研修の最低点「57」が表示されます。
⑮ セル F25 ～ F26 を範囲選択します。
⑯ セル F26 の右下のフィルハンドルをポイントし、マウスポインターの形が＋に変わったら、セル G26 までドラッグします。
⑰ セル F25 と F26 の数式がセル G25 と G26 にコピーされ、セル G25 に応用研修の最高点「89」、G26 に応用研修の最低点「47」が表示されます。

【タスク 4】グラフシート「成績グラフ」のグラフに、データラベルを表示します。

① ワークシート「成績グラフ」のシート見出しをクリックします。
② 横棒グラフが選択されていることを確認し、右上に表示されている［グラフ要素］ボタンをクリックします。
③ ［グラフ要素］の一覧の［データラベル］チェックボックスをオンにします。
④ グラフに値のデータラベルが表示されます。

【タスク 5】グラフシート「成績グラフ」のグラフの代替テキストに「修了テスト成績グラフ」を設定します。

① ワークシート「成績グラフ」の横棒グラフを右クリックし、ショートカットメニューの［代替テキストの編集］をクリックします。
② ［代替テキストの編集］作業ウィンドウが表示されます。
③ 問題文の「修了テスト成績グラフ」をクリックして、文字列をコピーします。
④ ［代替テキスト］作業ウィンドウのテキストボックスをクリックし、Ctrl+V キーを押します。
⑤ ［代替テキスト］作業ウィンドウのテキストボックスに「修了テスト成績グラフ」の文字列が貼り付けられます。
⑥ ［代替テキスト］作業ウィンドウを閉じるために、［閉じる］ボタンをクリックします。

プロジェクト 7　勤務管理表

【タスク 1】関数を使用して、セル C4 に名前付き範囲「出勤」の時刻の入力されているセルの個数を求めます。

① セル C4 をクリックします。
② ［ホーム］タブの［合計］ボタンの▼をクリックします。
③ 一覧から［数値の個数］をクリックします。
④ セル C4 に「=COUNT(A4:B4)」と表示され、引数の「A4:B4」が選択されていることを確認します。
⑤ ［数式］タブの［数式で使用］ボタンをクリックします。
⑥ 一覧から［出勤］をクリックします。
⑦ セル C4 に「=COUNT(出勤)」と表示されたことを確認し、［数式］タブの［オート SUM］ボタンをクリックするか、Enter キーを押します。
※ ［合計］ボタンを使わずに、この数式を直接セルに入力してもかまいません。
⑧ セル A4 に「出勤」の列の数値のセルの個数「6」が表示されます。

【タスク 2】セル J3 （結合セル）に常に K40 の値が表示されるようにします。なお、あらかじめ設定されている書式は変更しません。

① セル J3 （結合セル）をクリックします。
② 「=」を入力し、セル K40 をクリックします。
③ 数式バーに「=K40」と表示されたことを確認し、Enter キーを押します。
④ セル J3 にセル K40 の値が通貨表示形式で「¥67,100」、中央揃えで表示されます。

【タスク 3】ヘッダーの右側にワークシート名が表示されるようにします。

① ［挿入］タブの［テキスト］ボタンをクリックし、［ヘッダーとフッター］ボタンをクリックします。
② ページレイアウトビューに切り替わり、ヘッダー領域の中央にカーソルが表示されます。
③ ヘッダー領域の右側をクリックします。
④ ［デザイン］タブの［シート名］ボタンをクリックします。
⑤ ヘッダー領域の右側に「&［シート名］」と表示されます。
⑥ 任意のセルをクリックして、ヘッダーの選択を解除します。
⑦ ヘッダーの右側にワークシート名「勤怠管理 3 月」が表示されます。

【タスク 4】改ページプレビューで表示し、1 ページに収まって印刷されるように設定します。

① ［表示］タブの［改ページプレビュー］ボタンをクリックします。
② 改ページプレビューで表示されます。
③ J 列と K 列の間の改ページ位置を示す青点線をポイントし、マウスポインターの形が両側矢印に変わったら、K 列と L 列の間の印刷範囲を表す青線までドラッグします。
④ 画面を下方向にスクロールし、印刷範囲が 1 ページに収まっていることを確認します。

● 模擬テスト4

【タスク1】 ワークシート「優勝記録」のセル範囲 E5:E33 のデータをコピーし、セル範囲 D5:D33 に値として貼り付けたあと、E 列を削除します。

① ワークシート「優勝記録」のセル E5 ～ E33 を範囲選択します。
② ［ホーム］タブの［コピー］ボタンをクリックします。
③ 選択したセル範囲が点線で囲まれます。
④ セル D5 をクリックします。
⑤ ［ホーム］タブの［貼り付け］ボタンの▼をクリックします。
⑥ ［値の貼り付け］の一覧から［値］をクリックします。
⑦ セル D5 ～ D33 に、セル E5 ～ E33 の値のみが貼り付けられます。
⑧ 列番号 E を右クリックし、ショートカットメニューの［削除］をクリックします。
⑨ E 列が削除されます。

【タスク2】 ワークシート「優勝回数」のセル範囲 A4:A9 の国名の横位置を「左詰め（インデント）」、インデントを「2」にします。

① ワークシート「優勝回数」のシート見出しをクリックします。
② セル A4 ～ A9 を範囲選択します。
③ ［ホーム］タブの［配置］グループ右下の［配置の設定］ボタンをクリックします。
④ ［セルの書式設定］ダイアログボックスの［配置］タブが表示されるので、［文字の配置］の［横位置］ボックスの▼をクリックします。
⑤ 一覧から［左詰め（インデント）］をクリックします。
⑥ ［インデント］ボックスの▲を 2 回クリックして「2」にします。
⑦ ［OK］をクリックします。
⑧ セル A4 ～ A9 の文字列の横位置が左揃えで 2 文字分字下げされます。

【タスク3】 ワークシート「優勝回数」のグラフのスタイルを「スタイル5」に変更します。

① ワークシート「優勝回数」のシート見出しをクリックします。
② 縦棒グラフをクリックします。
③ 右上に表示される［グラフスタイル］ボタンをクリックします。
④ ［スタイル］の一覧から［スタイル 5］をクリックします。
⑤ グラフのスタイルが変更されます。

【タスク4】 ワークシート「優勝タイム」に数式を表示します。

① ワークシート「優勝タイム」のシート見出しをクリックします。
② ［数式］タブの［数式の表示］ボタンをクリックします。
③ 数式が入力されているセルに、結果ではなく数式が表示されます。

【タスク5】 ［ドキュメント］フォルダーに保存されているタブ区切りのテキストファイル「2020 年秋大会エントリー _bp」を、ワークシート「2020 年秋大会エントリー」のセル A1 を基点とする位置に、インポートします。なお、1 行目を見出しとして表示します。

① ワークシート「2020 年秋大会エントリー」のシート見出しをクリックします。
② セル A1 がアクティブになっていることを確認します。
③ ［データ］タブの［テキストまたは CSV から］ボタンをクリックします。
④ ［データの取り込み］ダイアログボックスが表示されるので、［ファイルの場所］ボックスに［ドキュメント］フォルダーを指定します。
⑤ ファイルの一覧から［2020 年秋大会エントリー _bp.txt］をクリックします。

⑥ ［インポート］をクリックします。
⑦ ［2020 年秋大会エントリー _bp.txt］ウィンドウが表示されるので、［区切り記号］ボックスに［タブ］と表示されていて、プレビューにデータの各列が正しく区切られていることを確認します。
⑧ プレビューの 1 行目に「Column1」…「Column5」と表示されていて、データの 1 行目「エントリー No.」…「国名」が見出しとして表示されていないことを確認します。
⑨ ［編集］をクリックします。
※ 環境によって［編集］は［データの変換］になっていることがあります。
⑩ ［2020 年秋大会エントリー _bp-Power Query エディター］ウィンドウが表示されるので、ワークシートの列見出しに「Column1」…「Column5」と表示されていることを確認します。
⑪ ［ホーム］タブの［1 行目をヘッダーとして使用］ボタンをクリックします。
⑫ ワークシートの列見出しに「エントリー No.」…「国名」が表示されます。
⑬ ［閉じて読み込む］の▼をクリックします。
⑭ ［閉じて次に読み込む］をクリックします。
⑮ ［データのインポート］ダイアログボックスが表示されるので、［このデータをブックでどのように表示するかを選択してください。］の［テーブル］が選択されていることを確認します。
⑯ ［データを返す先を選択してください。］の［既存のワークシート］をクリックし、下のボックスに［=$A$1］と表示されていることを確認します。
⑰ ［OK］をクリックします。
⑱ ワークシート「2020 年秋大会エントリー」のセル A1 を基点とする位置にテーブルがインポートされます。
⑲ テーブルの見出しが「エントリー No.」…「国名」となっていることを確認します。
⑳ ［クエリと接続］作業ウィンドウに「2020 年秋大会エントリー _bp　14 行読み込まれました。」と表示されていることを確認します。
㉑ ［クエリと接続］作業ウィンドウを閉じるために、［閉じる］ボタンをクリックします。

【タスク1】 各店舗の入会、退会の月別データに設定されているデータバーを削除します。

① セル C3 ～ N7 を範囲選択し、Ctrl キーを押しながらセル C9 ～ N13 を範囲選択します。
② ［ホーム］タブの［条件付き書式］ボタンをクリックします。
③ ［ルールのクリア］の［選択したセルからルールをクリア］をクリックします。
④ 各店舗の月別データに表示されていたデータバーがなくなります。

【タスク2】 セル O15 に会員数の増減を表す勝敗スパークラインを表示し、スタイルを「赤、スパークライン スタイル 濃色 # 3」に変更します。

① セル O15 をクリックします。
② ［挿入］タブの［勝敗］ボタンをクリックします。
③ ［スパークラインの作成］ダイアログボックスが表示されるので、［データを選択してください］の［データ範囲］ボックスにカーソルが表示されていることを確認し、セル C15 ～ N15 をドラッグします。
④ ［データ範囲］ボックスに「C15:N15」と表示されます。
⑤ ［スパークラインを配置する場所を選択してください］の［場所の範囲］ボックスに「$O$15」と表示されていることを確認します。
⑥ ［OK］をクリックします。

⑦ セル O15 に勝敗スパークラインが表示されます。
⑧ セル O15 がアクティブな状態のまま、[デザイン]タブの[スタイル]グループの［その他］ボタンをクリックします。
⑨ 一覧から［赤、スパークライン スタイル 濃色 ＃ 3］をクリックします。
⑩ スパークラインのスタイルが変更されます。

【タスク 3】 入会 / 退会者数比較グラフの横（項目）軸と凡例を入れ替えて、横（項目）軸に月、凡例に入会合計、退会合計を表示します。

① 縦棒グラフをクリックします。
② ［デザイン］タブの［行 / 列の切り替え］ボタンをクリックします。
③ グラフの横（項目）軸に月、凡例に入会合計、退会合計が表示されます。

【タスク 4】 ドキュメントのプロパティと個人情報がブックに含まれないようにします。

① ［ファイル］タブをクリックします。
② ［情報］をクリックします。
③ ［情報］画面が表示されるので、[問題のチェック]ボタンをクリックします。
④ 一覧から［ドキュメント検査］をクリックします。
※ ファイルの保存を確認するメッセージが表示された場合は、[はい]をクリックします。
⑤ ［ドキュメントの検査］ダイアログボックスが表示されるので、[ドキュメントのプロパティと個人情報]チェックボックスがオンになっていることを確認します。
⑥ ［検査］をクリックします。
⑦ ドキュメント検査が実行され、[ドキュメントのプロパティと個人情報]の先頭に赤の「！」が表示され、「次のドキュメント情報が見つかりました：」と表示されていることを確認します。
⑧ ［ドキュメントのプロパティと個人情報］の［すべて削除］をクリックします。
⑨ ［ドキュメントのプロパティと個人情報］の先頭がチェックマークになり、「ドキュメントのプロパティと個人情報が削除されました。」と表示されます。
※ ［コメント］と［ヘッダーとフッター］の先頭にも赤の「！」が表示され、「次のアイテムが見つかりました：」と表示されていますが、そのままにします。
⑩ ［閉じる］をクリックします。

プロジェクト 3　顧客リスト

【タスク 1】 テーブルの「確認」の列に、「電話番号」の桁数を求めます。

① セル H2 をクリックします。
② ［数式］タブの［文字列操作］ボタンをクリックします。
③ 一覧から［LEN］をクリックします。
④ LEN 関数の［関数の引数］ダイアログボックスが表示されるので、[文字列]ボックスにカーソルが表示されていることを確認し、セル G2 をクリックします。
⑤ ［文字列］ボックスに「[@ 電話番号]」と表示されます。
⑥ ［数式の結果 =］にセル G2 の電話番号の文字数「12」が表示されます。
⑦ ［OK］をクリックします。
⑧ 数式バーに「=LEN([@ 電話番号])」が表示されます。
※ ［関数の引数］ダイアログボックスを使わずに、この数式を直接セルに入力してもかまいません。
⑨ セル H3 ～ H426 にも自動的に数式が設定され、各行の電話番号の桁数が表示されます。

【タスク 2】 氏名「藤野　朋香」を検索し、テーブルのその行全体にフォントの色の「標準の色」の「赤」と取り消し線を設定します。

① ［ホーム］タブの［検索と選択］ボタンをクリックします。
② 一覧から［検索］をクリックします。
③ ［検索と置換］ダイアログボックスの［検索］タブが表示されます。
④ 問題文の「藤野　朋香」をクリックして、文字列をコピーします。
⑤ ［検索と置換］ダイアログボックスの［検索する文字列］ボックスをクリックし、Ctrl+V キーを押します。
⑥ ［検索する文字列］ボックスに「藤野　朋香」の文字列が貼り付けられます。
⑦ ［すべて検索］をクリックします。
⑧ 検索結果の一覧が表示され、セル B239（「藤野　朋香」のセル）が選択されます。
⑨ セル A239 ～ I239（239 行目の「No.」の列のセル～「メールアドレス」の列のセル）を範囲選択します。
⑩ ［ホーム］タブの［フォント］グループ右下の［フォントの設定］ボタンをクリックします。
⑪ ［セルの書式設定］ダイアログボックスの［フォント］タブが表示されるので、[色]ボックスの▼をクリックします。
⑫ ［標準の色］の一覧から［赤］をクリックします。
⑬ ［文字飾り］の［取り消し線］チェックボックスをオンにします。
⑭ 「プレビュー」の文字列の色が赤になり、取り消し線が引かれたことを確認します。
⑮ ［OK］をクリックします。
⑯ セル A239 ～ I239 の文字列の色が赤になり、取り消し線が引かれます。
⑰ ［検索と置換］ダイアログボックスの［閉じる］ボタンをクリックします。

【タスク 3】 住所が「東京都中央区」または「東京都千代田区」で始まるデータを抽出します。

① セル F1（「住所」の列の見出しのセル）の▼をクリックします。
② ［テキスト］フィルターの［指定の値で始まる］をクリックします。
③ ［オートフィルターオプション］ダイアログボックスが表示されます。
④ 問題文の「東京都中央区」をクリックして、文字列をコピーします。
⑤ ［オートフィルターオプション］ダイアログボックスの［抽出条件の指定］の［住所］の左上のボックスにカーソルが表示されていることを確認し、Ctrl+V キーを押します。
⑥ ［住所］の左上のボックスに「東京都中央区」の文字列が貼り付けられます。
⑦ その右側のボックスに［で始まる］が表示されていることを確認します。
⑧ ［OR］をクリックします。
⑨ 問題文の「東京都千代田区」をクリックして、文字列をコピーします。
⑩ ［オートフィルターオプション］ダイアログボックスの［抽出条件の指定］の［住所］の左下のボックスをクリックし、Ctrl+V キーを押します。
⑪ ［住所］の左下のボックスに「東京都千代田区」の文字列が貼り付けられます。
※ 住所の左側の上下のボックスに貼り付ける文字列は逆でも構いません。
⑫ その右側のボックスの▼をクリックし、一覧から［で始まる］をクリックします。
⑬ ［OK］をクリックします。
⑭ 住所が「東京都中央区」または「東京都千代田区」で始まる行だけが表示され、他の行は非表示になります。
⑮ ステータスバーに「420 レコード中 46 個が見つかりました」と表示されます。

【タスク 4】シートをスクロールしても A ～ B 列が常に表示されるようにします。

① 列番号 C をクリックします。
② [表示] タブの [ウィンドウ枠の固定] ボタンをクリックします。
③ 一覧から [ウィンドウ枠の固定] をクリックします。
④ B 列と C 列の間に境界線が表示されたことを確認します。
⑤ シートを横方向にスクロールして、A ～ B 列が常に表示されていることを確認します。

【タスク 5】すべての列が 1 ページに収まり、1 行目がタイトル行として繰り返し印刷されるように設定します。

① [ページレイアウト] タブの [横] ボックスの▼を表示します。
② 一覧から [1 ページ] をクリックします。
③ [ページレイアウト] タブの [印刷タイトル] ボタンをクリックします。
④ [ページ設定] ダイアログボックスの [シート] タブが表示されるので、[印刷タイトル] の [タイトル行] ボックスをクリックします。
⑤ 行番号 1 をクリックします。
⑥ [タイトル行] ボックスに「$1:$1」と表示されます。
⑦ [OK] をクリックします。

プロジェクト 4　お天気カレンダー

【タスク 1】オートフィル機能を使用して、ワークシート「お天気カレンダー」のセル範囲 D8:H8、D12:H12、D16:H16、D20:F20 に日付を入力します。その際、セルの書式はコピーしません。

① ワークシート「お天気カレンダー」のセル B8 ～ C8 を範囲選択します。
② セル C8 の右下のフィルハンドルをポイントします。
③ マウスポインターの形が＋に変わったら、セル H8 までドラッグします。
④ セル D8 ～ H8 に「7」～「11」が入力され、フォントの色がセル B8 ～ C8 と同じ色になります。
⑤ [オートフィルオプション] ボタンをクリックし、一覧から [書式なしコピー (フィル)] をクリックします。
⑥ フォントの色がセルにあらかじめ設定されている色になります。
⑦ 同様に、セル B12 ～ C12 をセル D12 ～ H12 に、セル B16 ～ C16 をセル D16 ～ H16 に、セル B20 ～ C20 をセル D20 ～ F20 に、オートフィル機能を使用して書式なしでコピーして、日付を入力します。

【タスク 2】関数を変更して、ワークシート「お天気カレンダー」のセル H2 に平均最高気温を求め、セルの表示形式を「数値」にします。

① ワークシート「お天気カレンダー」のセル H2 をダブルクリックします。
② セル H2 に「=MAX(E6:H6,B10:H10,B14:H14,B18:H18,B22:F22)」と表示されます。
③ 引数が、該当するセル範囲と同じ色になっているので、カレンダーの最高気温のセル範囲がすべて指定されていることを確認します。
④ 「MAX」部分をドラッグし、「AVERAGE」の何文字かを入力します。
⑤ 該当する関数名の一覧が表示されるので、[AVERAGE] をダブルクリックします。
⑥ 数式が「=AVERAGE(E6:H6,B10:H10,B14:H14,B18:H18,B22:F22)」に変更されたことを確認し、Enter キーを押します。
⑦ セル H2 に「17.96667」と表示されます。
⑧ セル H2 をクリックします。

⑨ [ホーム] タブの [数値の書式] ボックスの▼をクリックします。
⑩ 一覧から [数値] をクリックします。
⑪ セル H2 に「18」と表示されます。

【タスク 3】ワークシート「お天気カレンダー」のセル範囲 B22:F23 をコピーして、ワークシート「気温グラフ」のセル AA3:AE4 にリンク貼り付けします。

① ワークシート「お天気カレンダー」のセル B22 ～ F23 を範囲選択します。
② [ホーム] タブの [コピー] ボタンをクリックします。
③ 選択したセル範囲が点線で囲まれます。
④ ワークシート「気温グラフ」のシート見出しをクリックします。
⑤ セル AA3 をクリックします。
⑥ [ホーム] タブの [貼り付け] ボタンの▼をクリックします。
⑦ [その他の貼り付けオプション] の一覧から [リンク貼り付け] をクリックします。
⑧ セル AA3 ～ AE4 にワークシート「お天気カレンダー」のセル B22 ～ F23 のデータがリンク貼り付けされます。

【タスク 4】ワークシート「気温グラフ」のグラフに最低気温の系列を追加します。

① ワークシート「気温グラフ」の折れ線グラフをクリックします。
② グラフのデータ範囲のセル A3 ～ AE3 に枠線が表示されます。
③ セル AE3 の右下のサイズ変更ハンドルをポイントし、マウスポインターの形が両方向矢印になったら、セル AE4 の右下までドラッグします。
④ グラフに最低気温の系列が追加されます。

【タスク 5】ワークシート「気温グラフ」のグラフをマーカー付き折れ線に変更します。

① ワークシート「気温グラフ」の折れ線グラフをクリックします。
② [デザイン] タブの [グラフの種類の変更] ボタンをクリックします。
③ [グラフの種類の変更] ダイアログボックスの [すべてのグラフ] タブが表示されるので、[折れ線] の右上の一覧から [マーカー付き折れ線] をクリックします。
④ [OK] をクリックします。
⑤ グラフがマーカー付き折れ線グラフに変更されます。

【タスク 6】ブックのタイトルに「2020 年 4 月の天気」、サブタイトルに「天気、最高気温と最低気温」と入力します。

① [ファイル] タブをクリックします。
② [情報] をクリックします。
③ [情報] 画面が表示されます。
④ 問題文の「2020 年 4 月の天気」をクリックして、文字列をコピーします。
⑤ [情報] 画面の [プロパティ] の [タイトル] の [タイトルの追加] をクリックし、Ctrl+V キーを押します。
⑥ [タイトル] ボックスに「2020 年 4 月の天気」の文字列が貼り付けられます。
⑦ [プロパティ] の一番下の [プロパティをすべて表示] をクリックします。
⑧ すべてのプロパティが表示されます。
⑨ 問題文の「天気、最高気温と最低気温」をクリックして、文字列をコピーします。
⑩ [サブタイトル] の [サブタイトルの指定] をクリックし、Ctrl+V キーを押します。
⑪ [サブタイトル] ボックスに「天気、最高気温と最低気温」の文字列が貼り付けられます。

⑫ ［サブタイトル］ボックス以外の場所をクリックして、入力を確定します。

【タスク1】関数を使用して、ワークシート「成績最優秀者」の「入社年」の列に、社員コードの先頭の4文字を表示します。

① ワークシート「成績最優秀者」のセルF4をクリックします。
② ［数式］タブの［文字列操作］ボタンをクリックします。
③ 一覧から［LEFT］をクリックします。
④ LEFT関数の［関数の引数］ダイアログボックスが表示されるので、［文字列］ボックスにカーソルが表示されていることを確認し、セルE4をクリックします。
⑤ ［文字列］ボックスに「［@社員コード］」と表示されます。
⑥ ［文字数］ボックスをクリックし「4」と入力します。
⑦ ［数式の結果=］にセルE4の先頭の4文字「1994」が表示されていることを確認します。
⑧ ［OK］をクリックします。
⑨ 数式バーに「=LEFT(［@社員コード］,4)」と表示されたことを確認します。
※ ［関数の引数］ダイアログボックスを使わずに、この数式を直接セルに入力してもかまいません。
⑩ セルF5～F23にも自動的に数式が設定され、各行の社員コードの先頭の4文字が表示されます。

【タスク2】ワークシート「成績最優秀者」の「前年比」の列に売上金額の前年比を求め、パーセントスタイルにします。

① ワークシート「成績最優秀者」のセルI4をクリックします。
② 「=」を入力します。
③ 年間売上金額のセルG4をクリックします。
④ セルI4に「=［@年間売上金額］」と表示されます。
⑤ 「/」を入力します。
⑥ 前年度売上金額のセルH4をクリックします。
⑦ セルI4に「=［@年間売上金額］/［@前年度売上金額］」と表示されます。
⑧ Enterキーを押します。
⑨ セルI4に計算結果「1.100451」が表示されます。
⑩ セルI5～I23にも自動的に数式が設定され、各行の売上金額の前年比が表示されます。
⑪ セルI4～I23を範囲選択します。
⑫ ［ホーム］タブの［パーセントスタイル］ボタンをクリックします。
⑬ セルI4～I23にパーセントスタイルが設定されます。

【タスク3】ワークシート「成績最優秀者」の「年間売上金額」の列のセルに「3つの記号（丸囲みなし）」のアイコンセットを適用し、3200以上の場合は緑のチェックマーク、3000以上の場合は黄色のダッシュ記号、3000未満の場合は赤の十字が表示されるようにします。

① ワークシート「成績最優秀者」のセルG4～G23を範囲選択します。
② ［ホーム］タブの［条件付き書式］ボタンをクリックします。
③ ［アイコンセット］の［インジケーター］の［3つの記号（丸囲みなし）］をクリックします。
④ セルG4～G23に3つの記号のアイコンセットが表示されます。
⑤ セルG4～G23を選択した状態のまま、［ホーム］タブの［条件付き書式］ボタンをクリックします。
⑥ 一覧から［ルールの管理］をクリックします。
⑦ ［条件付き書式ルールの管理］ダイアログボックスが表示されるので、ルールの一覧から［アイコンセット］をクリックします。

⑧ ［ルールの編集］をクリックします。
⑨ ［書式ルールの編集］ダイアログボックスが表示されるので、［次のルールに従って各アイコンを表示］の1つ目のルールの［アイコン］に緑のチェックマークが表示されていることを確認します。
⑩ ［種類］の「パーセント」と表示されているボックスの▼をクリックし、一覧から［数値］をクリックします。
⑪ 問題文の「3200」をクリックして、文字列をコピーします。
⑫ ［値］ボックスの「0」をドラッグし、Ctrl+Vキーを押します。
⑬ ［値］ボックスに「3200」の文字列が貼り付けられ、上書き入力されます。
⑭ 左側のボックスに「>=」が表示されていることを確認します。
⑮ 2つ目のルールの［アイコン］に黄色の感嘆符が表示されていることを確認し、▼をクリックして一覧から［黄色のダッシュ記号］をクリックします。
⑯ ⑩～⑬と同様の手順で、［種類］ボックスに［数値］、［値］ボックスに「3000」を指定し、その左側のボックスに「>=」が表示されていることを確認します。
⑰ 3つ目のルールの［アイコン］に赤の十字が表示されていることを確認します。
⑱ ［OK］をクリックします。
⑲ ［条件付き書式ルールの管理］ダイアログボックスのアイコンセットが緑のチェックマーク、黄色のダッシュ記号、赤の十字に変更されたことを確認します。
⑳ ［OK］をクリックします。
㉑ 年間売上金額が3200以上のセルに緑のチェックマーク、3000以上のセルに黄色のダッシュ記号、3000未満のセルに赤の十字が表示されたことを確認します。

【タスク4】ワークシート「成績最優秀者」に「シート名，機密，1ページ」の形式の組み込みのフッターを表示します。

① ワークシート「成績最優秀者」が表示されていることを確認します。
② ［挿入］タブの［テキスト］ボタンをクリックし、［ヘッダーとフッター］ボタンをクリックします。
③ ページレイアウトビューに切り替わり、ヘッダー領域にカーソルが表示されます。
④ ［デザイン］タブの［フッター］ボタンをクリックします。
⑤ 一覧から［成績最優秀者，機密，1ページ］をクリックします。
⑥ フッターの左側に「成績最優秀者」、中央に「機密」、右側に「1ページ」と表示されていることを確認します。

【タスク5】ワークシート「最高売上分析」の「成績最優秀者人数」の表をもとに集合縦棒グラフを作成します。人数が「0」の支店は非表示にします。

① ワークシート「最高売上分析」のシート見出しをクリックします。
② セルA2～B9を範囲選択します。
③ 右下に表示される［クイック分析］ボタンをクリックします。
④ ［グラフ］をクリックし、［集合縦棒］をクリックします。
⑤ 「成績最優秀者人数」の縦棒グラフが作成されます。
⑥ グラフの右上に表示されている［グラフフィルター］ボタンをクリックします。
⑦ 人数が「0」である［横浜支店］と［福岡支店］のチェックボックスをオフにします。
⑧ ［適用］ボタンをクリックします。
⑨ グラフの［横浜支店］と［福岡支店］が非表示になります。

【タスク6】ワークシート「支店一覧」のセル範囲 B1:E1 にセルを挿入、下方向にシフトして、表を正しい形にします。

① ワークシート「支店一覧」のシート見出しをクリックします。
② セル B1 〜 E1 を範囲選択します。
③ 選択範囲内で右クリックし、ショートカットメニューの［挿入］をクリックします。
④ ［セルの挿入］ダイアログボックスが表示されるので、［挿入］の［下方向にシフト］をクリックします。
⑤ ［OK］をクリックします。
⑥ セル B1 〜 E1 に空白セルが挿入され、セル B1 〜 E7 に入力されていたデータが 1 つ下のセル B2 〜 E8 に移動します。

プロジェクト6　アウトレットセール

【タスク1】ワークシート「セール商品リスト」のテーブル名を「セール商品一覧」とします。

① ワークシート「セール商品リスト」のテーブル内の任意のセルをクリックします。
② 問題文の「セール商品一覧」をクリックして、文字列をコピーします。
③ ［デザイン］タブの［テーブル名］ボックスをクリックし、「テーブル1」の文字列が選択されている状態で、Ctrl+V キーを押します。
④ ［テーブル名］ボックスに「セール商品一覧」の文字列が貼り付けられ、上書き入力されます。
⑤ Enter キーを押します。

【タスク2】ワークシート「セール商品リスト」のテーブルの「商品カテゴリ」の列と「在庫」の列を削除します。列の幅は自動調整します。

① ワークシート「セール商品リスト」のテーブル内の「商品カテゴリ」の列の任意のセルを右クリックし、ショートカットメニューの［削除］の［テーブルの列］をクリックします。
② テーブル内の「商品カテゴリ」の列が削除されます。
③ 同様にテーブル内の「在庫」の列の任意のセルを右クリックし、ショートカットメニューの［削除］の［テーブルの列］をクリックします。
④ テーブル内の「在庫」の列が削除されます。
⑤ A 〜 G 列を選択します。
⑥ 選択したいずれかの列の右の境界線上をポイントし、マウスポインターの形が両方向矢印に変わったらダブルクリックします。
⑦ A 〜 G 列の列幅が各列の一番長い文字列の幅に合わせて変更されます。

【タスク3】関数を使用して、ワークシート「クーポンコード発行用」の作業欄に会員 ID の英字を小文字に変換した英数字を表示します。

① ワークシート「クーポンコード発行用」のシート見出しをクリックします。
② セル I3 をクリックします。
③ ［数式］タブの［文字列操作］ボタンをクリックします。
④ 一覧から［LOWER］をクリックします。
⑤ LOWER 関数の［関数の引数］ダイアログボックスが表示されるので、［文字列］ボックスにカーソルが表示されていることを確認し、セル A3 をクリックします。
⑥ ［数式の結果 =］に、セル A3 の会員番号の英字を小文字に変換した文字列「sjk0110001f」が表示されます。
⑦ ［OK］をクリックします。

⑧ 数式バーに「=LOWER(A3)」が表示されます。
※ ［関数の引数］ダイアログボックスを使わずに、この数式を直接セルに入力してもかまいません。
⑨ セル I3 の右下のフィルハンドルをポイントし、マウスポインターの形が＋に変わったらセル I60 までドラッグします。
⑩ セル I4 〜 I60 に数式がコピーされ、各行の会員番号の英字を小文字に変換した文字列が表示されます。

【タスク4】ワークシート「クーポンコード発行用」のウィンドウを 10 行目付近で上下に分割して、下のウィンドウには登録店が「HRJ02」の最初の行以降を表示します。

① ワークシート「クーポンコード発行用」の行番号 11 をクリックします。
② ［表示］タブの［分割］ボタンをクリックします。
③ 任意のセルをクリックして、行の選択を解除します。
④ 10 行目と 11 行目の間に分割バーが表示されて、ウィンドウが分割されたことを確認します。
⑤ 下のウィンドウのスクロールバーの▼をクリックするかスクロールボックスをドラッグして、16 行目（登録店が「HRJ02」の最初の行）以降を表示します。

プロジェクト7　宿泊施設評価

【タスク1】ワークシート「ランキング分析」のテーブルのテーブルスタイルを「ゴールド、テーブルスタイル（中間）5」に変更します。

① ワークシート「ランキング分析」のテーブル内の任意のセルをクリックします。
② ［デザイン］タブの［テーブルスタイル］グループの［その他］ボタンをクリックします。
③ ［中間］の一覧から［ゴールド、テーブルスタイル（中間）5］をクリックします。
④ テーブルスタイルが変更されます。

【タスク2】ワークシート「ランキング分析」のテーブルに集計行を追加し、宿泊施設名の数と、総合点の平均を表示します。

① ワークシート「ランキング分析」のテーブル内の任意のセルをクリックします。
② ［デザイン］タブの［集計行］チェックボックスをオンにします。
③ テーブルの最終行（16 行目）に集計行が追加され、セル L16 に備考の個数「2」が表示されます。
④ セル L16 をクリックし、右側に表示される▼をクリックします。
⑤ 一覧から「なし」をクリックします。
⑥ セル L16 に何も表示されなくなります。
⑦ セル B16 をクリックし、右側に表示される▼をクリックします。
⑧ 一覧から［個数］をクリックします。
⑨ セル B16 に宿泊施設名の個数「13」が表示されます。
⑩ セル D16 をクリックし、右側に表示される▼をクリックします。
⑪ 一覧から［平均］をクリックします。
⑫ セル D16 に総合点の平均「4.05」が表示されます。

【タスク3】ワークシート「ランキング分析」のセル範囲 A1:J15 を印刷範囲として設定し、印刷の向きを「横方向」、ページの水平方向の中央に印刷されるようにします。

① ワークシート「ランキング分析」のセル A1 〜 J15 を範囲選択します。
② ［ページレイアウト］タブの［印刷範囲］ボタンをクリックします。

③ ［印刷範囲の設定］をクリックします。
④ 任意のセルをクリックして範囲選択を解除します。
⑤ セル A1 〜 J15 の範囲に印刷範囲を示す実線が表示されます。
※ 設定されているプリンターによっては実線が表示されないこともあります。
⑥ ［ページレイアウト］タブの［印刷の向き］ボタンをクリックします。
⑦ 一覧から［横］をクリックします。
⑧ ［ページレイアウト］タブの［ページ設定］グループ右下の［ページ設定］ボタンをクリックします。
⑨ ［ページ設定］ダイアログボックスが表示されるので、［余白］タブの［ページ中央］の［水平］チェックボックスをオンにします。
⑩ プレビューの表が用紙の水平方向の中央に移動したことを確認します。

【タスク4】ワークシート「ランキング分析」のテーブルの上位3施設の立地からサービスまでの6項目を比較するレーダーチャートをセル範囲 D18:J30 に作成します。グラフタイトルは「総合上位3施設の評価比較」とします。

① ワークシート「ランキング分析」のセル B2 〜 B5 を範囲選択し、Ctrl キーを押しながらセル E2 〜 J5 を範囲選択します。
② ［挿入］タブの［おすすめグラフ］ボタンをクリックします。
③ ［グラフの挿入］ダイアログボックスが表示されるので、［すべてのグラフ］タブの左側の一覧から［レーダー］をクリックします。
④ レーダーの一覧の右側のグラフをポイントし、拡大されるプレビューで立地からサービスまでの6項目が比較されるレーダーになっていることを確認し、クリックします。
⑤ ［OK］をクリックします。
⑥ レーダーチャートグラフが作成されます。
⑦ グラフ内の［グラフエリア］と表示される部分をポイントし、グラフの左上がセル D18 になるようにドラッグします。
⑧ グラフの右下隅のサイズ調整ハンドル（○）をポイントし、マウスポインターの形が両方向矢印に変わったら、セル J30 の方向にドラッグします。
⑨ グラフのサイズが変更されます。
⑩ 問題文の「総合上位3施設の評価比較」をクリックしてコピーします。
⑪ レーダーチャートグラフの［グラフタイトル］をクリックします。
⑫ 「グラフタイトル」の文字列をドラッグし、Ctrl+V キーを押します。
⑬ グラフタイトルに「総合上位3施設の評価比較」の文字列が貼り付けられ、上書き入力されます。
⑭ グラフタイトル以外の場所をクリックして、グラフタイトルの選択を解除します。

【タスク5】ワークシート「前回順位」のテーブルを解除します。

① ワークシート「前回順位」のシート見出しをクリックします。
② テーブル内の任意のセルをクリックします。
③ ［デザイン］タブの［範囲に変換］ボタンをクリックします。
④ 「テーブルを標準の範囲に変換しますか？」という確認メッセージが表示されるので、［はい］をクリックします。
⑤ 列の見出しに表示されていた▼（フィルターボタン）が非表示になり、テーブルが標準のセル範囲になります。

● 模擬テスト5

【タスク1】ワークシート「申込状況」の「集客率」の列に、定員に対する申込人数の割合を求め、パーセントスタイルで小数点以下第1位まで表示します。

① ワークシート「申込状況」のセル I5 をクリックします。
② 「=」を入力します。
③ 申込人数のセル F5 をクリックします。
④ セル I5 に「=[@ 申込人数]」と表示されます。
⑤ 「/」を入力します。
⑥ 定員のセル E5 をクリックします。
⑦ セル I5 に「=[@ 申込人数]/[@ 定員]」と表示されます。
⑧ Enter キーを押します。
⑨ セル I5 に「0.77777778」と表示されます。
⑩ 「集客率」の列に数式が自動的にコピーされ、各行の定員に対する申込人数の割合が表示されます。
⑪ セル I5 〜 I44 を範囲選択します。
⑫ ［ホーム］タブの［パーセントスタイル］ボタンをクリックします。
⑬ セル I5 〜 I44 の数値がパーセントスタイルになります。
⑭ セル I5 〜 I44 を範囲選択した状態のまま、［ホーム］タブの［小数点以下の表示桁数を増やす］ボタンをクリックします。
⑮ セル I5 〜 I44 の数値が小数点以下第1位までのパーセントスタイルで表示されます。

【タスク2】ワークシート「申込状況」のテーブルの集計行を削除します。

① ワークシート「申込状況」のテーブル内の任意のセルをクリックします。
② ［デザイン］タブの［集計行］チェックボックスをオフにします。
③ テーブルの最終行（45 行目）に表示されていた集計行がなくなります。

【タスク3】クイックアクセスツールバーに［PDF または XPS 形式で発行］ボタンを追加します。

① クイックアクセスツールバーの［クイックアクセスツールバーのユーザー設定］ボタンをクリックします。
② 一覧から［その他のコマンド］をクリックします。
③ ［Excel のオプション］ダイアログボックスの［クイックアクセスツールバー］が表示されるので、［コマンドの選択］ボックスの▼をクリックします。
④ 一覧から［ファイルタブ］をクリックします。
⑤ 下側のボックスの一覧から［PDF または XPS 形式で発行］をクリックします。
⑥ ［クイックアクセスツールバーのユーザー設定］が［すべてのドキュメントに適用（既定）］になっていることを確認します。
⑦ ［追加］をクリックします。
⑧ 右側のボックスに［PDF または XPS 形式で発行］が追加されます。
⑨ ［OK］をクリックします。
⑩ クイックアクセスツールバーに［PDF または XPS］ボタンが追加されます。

【タスク4】ワークシート「申込人数集計」のセル F4 に構成比を求める数式を入力し、数式をセル範囲 F5:F8 にコピーします。その際、セルの書式が変わらないようにします。

① ワークシート「申込人数集計」のシート見出しをクリックします。
② セル F4 をクリックします。
③ 「=」を入力します。

④ セル E4 をクリックします。

⑤ セル F4 に「=E4」と表示されます。

⑥「/」を入力します。

⑦ セル E8 をクリックし、絶対参照にするため F4 キーを押して「$E$8」とします。

⑧ セル F4 に「=E4/$E$8」と表示されたことを確認します。

⑨ Enter キーを押します。

⑩ セル F4 に「42%」と表示されます。

⑪ セル F4 をクリックして、セルの右下のフィルハンドルをポイントします。

⑫ マウスポインターの形が＋に変わったら、セル F8 までドラッグします。

⑬ セル F4 の数式がセル F5 〜 F8 にコピーされ、各行の構成比が表示されます。

⑭［オートフィルオプション］ボタンをクリックし、一覧から［書式なしコピー（フィル）］をクリックします。

⑮ 任意のセルをクリックして範囲選択を解除し、セル F7 の下罫線が太線になっていることを確認します。

【タスク 5】ワークシート「申込人数集計」の縦棒グラフの横（項目）軸と凡例を入れ替えて、横（項目）軸に教室名、凡例にセミナー名が表示されるように変更します。

① ワークシート「申込人数集計」の縦棒グラフをクリックします。

②［デザイン］タブの［行／列の切り替え］ボタンをクリックします。

③ グラフの横（項目）軸に教室名、凡例にセミナー名が表示されます。

【タスク 6】テーブル「銀座集計 2」があるシートのセル B2 にワークシート「申込状況」のセル I2 の値が常に表示されるように設定します。

① 名前ボックスの▼をクリックします。

② 一覧から［銀座集計 2］をクリックします。

③ ワークシート「銀座売上」のテーブルが選択されます。

④ セル B2 をクリックします。

⑤「=」をクリックします。

⑥ ワークシート「申込状況」のシート見出しをクリックします。

⑦ セル I2 をクリックします。

⑧ 数式バーに「= 申込状況 !I2」と表示されます。

⑨ Enter キーを押します。

⑩ ワークシート「銀座売上」のセル B2 にワークシート「申込状況」のセル I2 の値「8 月 31 日現在」が表示されます。

プロジェクト 2　契約履歴

【タスク 1】セル範囲 A1:B2 を結合します。その際、文字の配置は変更しません。

① セル A1 〜 B2 を範囲選択します。

②［ホーム］タブの［セルを結合して中央揃え］ボタンの▼をクリックします。

③ 一覧から［セルの結合］をクリックします。

④ セル A1 〜 B2 が結合されます。

【タスク 2】テーブルの最終列に 1 列を追加し、フィールド名を「評価」とします。

① 問題文の「評価」をクリックして、文字列をコピーします。

② セル H4 をクリックし、Ctrl+V キーを押します。

③ セル H4 に「評価」の文字列が貼り付けられます。

④ 自動的にテーブルが 1 列分拡張されて罫線や塗りつぶしの色が設定されます。

※ 環境によっては、テーブルが自動的に拡張されない場合があります。

その場合はテーブルの任意のセルをクリックし、［デザイン］タブの［テーブルのサイズ変更］をクリックします。［テーブルのサイズ変更］ダイアログボックスが表示されるので、［テーブルに変換する新しいデータ範囲を指定してください］ボックスの「=$A$4:$G$79」を「=$A$4:$H$79」に変更し、［OK］をクリックします。

【タスク 3】以下の 3 つの基準に基づいて、テーブルを並べ替えます。
基準 1：「担当者」の昇順
基準 2：「タイプ」の「Single」、「Dual」の順
基準 3：「通信データ量」の昇順

① テーブル内の任意のセルをクリックします。

②［ホーム］タブの［並べ替えとフィルター］ボタンをクリックします。

③ 一覧から［ユーザー設定の並べ替え］をクリックします。

④［並べ替え］ダイアログボックスが表示されるので、［列］の［最優先されるキー］ボックスの▼をクリックし、一覧から［担当者］をクリックします。

⑤［並べ替えのキー］ボックスが［セルの値］になっていることを確認します。

⑥［順序］ボックスが［昇順］になっていることを確認します。

⑦［レベルの追加］をクリックします。

⑧［列］の［次に優先されるキー］ボックスの▼をクリックし、一覧から［タイプ］をクリックします。

⑨［並べ替えのキー］ボックスが［セルの値］になっていることを確認します。

⑩［順序］ボックスの▼をクリックし、一覧から［降順］をクリックします。

⑪［レベルの追加］をクリックします。

⑫［列］の［次に優先されるキー］ボックスの▼をクリックし、一覧から［通信データ量］をクリックします。

⑬［並べ替えのキー］ボックスが［セルの値］になっていることを確認します。

⑭［順序］ボックスが［小さい順］になっていることを確認します。

⑮［OK］をクリックします。

⑯「担当者」の昇順、担当者が同じ場合は「タイプ」の「Single」、「Dual」の順、タイプが同じ場合は「通信データ量」の昇順にテーブルの行が並べ替えられます。

【タスク 4】テーブル名を「契約履歴 1 月」に変更します。

① テーブル内の任意のセルをクリックします。

② 問題文の「契約履歴 1 月」をクリックして、文字列をコピーします。

③［デザイン］タブの［テーブル名］ボックスをクリックし、「テーブル 1」の文字列が選択されている状態で、Ctrl+V キーを押します。

④［テーブル名］ボックスに「契約履歴 1 月」の文字列が貼り付けられ、上書き入力されます。

⑤ Enter キーを押します。

プロジェクト 3　修了テスト

【タスク 1】関数を使用して、ワークシート「研修受講者」のセル B2 に「氏名」の数を求めます。

① ワークシート「研修受講者」のセル B2 をクリックします。

②［数式］タブの［その他の関数］ボタンをクリックします。

③［統計］の一覧から［COUNTA］をクリックします。

④ COUNTA 関数の［関数の引数］ダイアログボックスが表示されるので、［値 1］ボックスにカーソルが表示されていることを確認し、セル A4 〜 A23 を範囲選択します。

⑤［値 1］ボックスに「A4:A23」と表示されます。

⑥［数式の結果 =］にセル A4 〜 A23 のデータが入力されているセルの個数「20」が表示されます。

⑦ ［OK］をクリックします。

⑧ 数式バーに「COUNTA(A4:A23)」と表示されたことを確認します。

※ ［関数の引数］ダイアログボックスを使わずに、この数式を直接セルに入力してもかまいません。

⑨ セル B2 にセル A4 〜 A23 のデータが入力されているセルの個数「20」が表示されます。

【タスク2】 関数を使用して、ワークシート「研修受講者」の「メールアドレス」の列に、「LastName」の列の文字列と「ID」の列の数字、「@bp.co.jp」の文字列を結合して表示します。

① ワークシート「研修受講者」のセル F4 をクリックします。

② ［数式］タブの［文字列操作］ボタンをクリックします。

③ 一覧から［CONCAT］をクリックします。

④ CONCAT 関数の［関数の引数］ダイアログボックスが表示されるので、［文字列 1］ボックスにカーソルが表示されていることを確認し、セル B4 をクリックします。

⑤ ［テキスト 1］ボックスに「B4」と表示されます。

⑥ ［テキスト 2］ボックスをクリックし、セル D4 をクリックします。

⑦ ［テキスト 2］ボックスに「D4」と表示されます。

⑧ 問題文の「@bp.co.jp」をクリックして、文字列をコピーします。

⑨ ［テキスト 3］ボックスをクリックし、Ctrl+V キーを押すと、［テキスト 3］ボックスに「@bp.co.jp」の文字列が貼り付けられます。

⑩ ［OK］をクリックします。

⑪ 数式バーに「=CONCAT(B4,D4,"@bp.co.jp")」と表示されたことを確認します。

※ ［関数の引数］ダイアログボックスを使わずに、この数式を直接セルに入力してもかまいません。

⑫ セル F4 に、セル B4 の LastName とセル D4 の ID、「@bp.co.jp」の文字列を結合した文字列「goto14101@bp.co.jp」が表示されます。

⑬ セル F4 の右下のフィルハンドルをポイントし、マウスポインターの形が＋に変わったら、ダブルクリックします。

⑭ セル F4 に入力された数式がセル F5 〜 F23 にコピーされ、各行の LastName と ID、「@bp.co.jp」の文字列を結合した文字列が表示されます。

【タスク3】 ワークシート「修了テスト成績」の「推移」の列に表示されているスパークラインの種類を折れ線に変更し、頂点（山）を表示します。

① ワークシート「修了テスト成績」のシート見出しをクリックします。

② セル D4 をクリックします。

③ セル D4 〜 D23 が青枠で囲まれたことを確認します。

④ ［デザイン］タブの［折れ線］ボタンをクリックします。

⑤ セル D4 〜 D23 の縦棒スパークラインが折れ線スパークラインに変更されます。

⑥ セル D4 〜 D23 が青枠で囲まれた状態のまま、［デザイン］タブの［頂点（山）］チェックボックスをオンにします。

⑦ 点数の高い点にマーカーが表示されます。

【タスク4】 関数を使用して、ワークシート「修了テスト成績」の「判定」の列に、基礎研修と応用研修の点数の合計が「140」以上の場合は「合格」と表示し、そうでない場合は「再試」と表示します。その際、セルの書式が変わらないようにします。

① ワークシート「修了テスト成績」のセル E4 をクリックします。

② ［数式］タブの［論理］ボタンをクリックします。

③ 一覧から［IF］をクリックします。

④ IF 関数の［関数の引数］ダイアログボックスが表示されるので、［論理式］ボックスにカーソルが表示されていることを確認し、セル B4 をクリックします。

⑤ ［論理式］ボックスに「B4」と表示されます。

⑥ 続けて「+」を入力します。

⑦ 続けてセル C4 をクリックします。

⑧ ［論理式］ボックスに「B4+C4」と表示されます。

⑨ 続けて「>=」を入力します。

⑩ 問題文の「140」をクリックして、コピーします。

⑪ ［論理式］ボックスの「B4+C4>=」の後ろにカーソルが表示されていることを確認し、Ctrl+V キーを押します。

⑫ ［論理式］ボックスに「140」が貼り付けられ、「B4+C4>=140」と入力されたことを確認します。

※ ［論理式］ボックスに「SUM(B4:C4)>=140」と入力してもかまいません。

⑬ 問題文の「合格」をクリックして、文字列をコピーします。

⑭ ［値が真の場合］ボックスをクリックし、Ctrl+V キーを押します。

⑮ ［値が真の場合］ボックスに「合格」の文字列が貼り付けられます。

⑯ 問題文の「再試」をクリックして、文字列をコピーします。

⑰ ［値が偽の場合］ボックスをクリックし、Ctrl+V キーを押します。

⑱ ［値が偽の場合］ボックスに「再試」の文字列が貼り付けられます。

⑲ ［数式の結果 =］に「合格」と表示されます。

⑳ ［OK］をクリックします。

㉑ 数式バーに「=IF(B4+C4>=140," 合格 "," 再試 ")」または「=IF(SUM(B4:C4)>=140," 合格 "," 再試 ")」と表示されたことを確認します。

※ ［関数の引数］ダイアログボックスを使わずに、この数式を直接セルに入力してもかまいません。

㉒ セル E4 に「合格」と表示されます。

㉓ セル E4 の右下のフィルハンドルをポイントし、マウスポインターの形が＋に変わったら、ダブルクリックします。

㉔ セル E4 に入力された数式がセル E5 〜 E23 にコピーされ、各行の基礎研修と応用研修の点数の合計に応じて「合格」または「再試」と表示されます。

㉕ ［オートフィルオプション］ボタンをクリックし、一覧から［書式なしコピー（フィル）］をクリックします。

㉖ 書き換わってしまったセルの縞模様が元に戻ります。

【タスク5】 ワークシート「修了テスト成績」の基礎研修、応用研修の点数のそれぞれ上位「5」位のセルに「濃い赤の文字、明るい赤の背景」の書式を適用します。

① ワークシート「修了テスト成績」のセル B4 〜 B23 を範囲選択します。

② ［ホーム］タブの［条件付き書式］ボタンをクリックします。

③ ［上位 / 下位ルール］の［上位 10 項目］をクリックします。

④ ［上位 10 項目］ダイアログボックスが表示されます。

⑤ 問題文の「5」をクリックして、コピーします。

⑥ ［上位に入るセルを書式設定］ボックスの「10」をドラッグし、Ctrl+V キーを押します。

⑦ ［上位に入るセルを書式設定］ボックスに「5」が貼り付けられ、上書き入力されます。

⑧ ［書式］ボックスに［濃い赤の文字、明るい赤の背景］が表示されていることを確認します。

⑨ ［OK］をクリックします。

⑩ 基礎研修の点数の上位 5 位のセルに「濃い赤の文字、明るい赤の背景」の書式が設定されます。

⑪ 同様の手順でセル C4 〜 C23 の上位 5 位のセルにも「濃い赤の文字、明るい赤の背景」の書式を適用します。

【タスク6】 ワークシート「修了テスト成績」の上と左の余白を「3」cm に変更します。

① ワークシート「修了テスト成績」が表示されていることを確認します。

② ［ページレイアウト］タブの［余白］ボタンをクリックします。

③ ［ユーザー設定の余白］をクリックします。

④ ［ページ設定］ダイアログボックスの［余白］タブが表示されます。

⑤ 問題文の「3」をクリックして、コピーします。
⑥ ［上］ボックスの数値をドラッグし、Ctrl+V キーを押します。
⑦ ［上］ボックスに「3」が貼り付けられ、上書き入力されます。
⑧ ［左］ボックスの数値をドラッグし、Ctrl+V キーを押します。
⑨ ［左］ボックスに「3」が貼り付けられ、上書き入力されます。
⑩ ［OK］をクリックします。

プロジェクト4　アパレル集計

【タスク1】 ワークシート「売上集計」のセル A1（結合セル）に、パターンの色「テーマの色」の「ゴールド、アクセント 4、白＋基本色 40%」、パターンの種類「実線 横 格子」の塗りつぶしを設定します。

① ワークシート「売上集計」のセル A1（結合セル）をクリックします。
② ［ホーム］タブの［フォント］グループ右下の［フォントの設定］ボタンをクリックします。
③ ［セルの書式設定］ダイアログボックスが表示されるので、［塗りつぶし］タブの［パターンの色］ボックスの▼をクリックします。
④ ［テーマの色］の一覧から［ゴールド、アクセント 4、白＋基本色 40%］をクリックします。
⑤ ［パターンの種類］ボックスの▼をクリックします。
⑥ 一覧から［実線 横 格子］をクリックします。
⑦ ［サンプル］に選択したパターンの塗りつぶしが表示されます。
⑧ ［OK］をクリックします。
⑨ セル A1 にパターンの塗りつぶしが設定されます。

【タスク2】 ワークシート「売上集計」の 3-D 円グラフのデータ系列が売上の高い順に並ぶようにします。

① ワークシート「売上集計」のセル B3 ～ B10 の範囲内の任意のセルをクリックします。
② ［ホーム］タブの［並べ替えとフィルター］ボタンをクリックします。
③ 一覧から［降順］をクリックします。
④ セル B3 ～ B10 の表が売上の高い順に並べ替えられます。
⑤ 3-D 円グラフのデータ系列の並び順が連動して売上の高い順に変更されます。

【タスク3】 ワークシート「売上集計」の 3-D 円グラフのデータ系列の基線位置を「90°」回転します。

① ワークシート「売上集計」の 3-D 円グラフのデータ系列内をクリックします。
② ［書式］タブの［グラフ要素］ボックスに「系列 " 売上（千円）"」と表示されていることを確認し、［選択対象の書式設定］ボタンをクリックします。
③ ［データ系列の書式設定］作業ウィンドウが表示されます。
④ 問題文の「90°」をクリックして、コピーします。
⑤ ［データ系列の書式設定］作業ウィンドウの［系列のオプション］の［グラフの基線位置］ボックスの「0°」をドラッグし、Ctrl+V キーを押します。
⑥ ［グラフの基線位置］ボックスに「90°」が貼り付けられ、上書き入力されます。
⑦ Enter キーを押します。
⑧ 3-D 円グラフのデータ系列が回転します。
⑨ ［データ系列の書式設定］作業ウィンドウを閉じるために、［閉じる］ボタンをクリックします。

【タスク4】 ワークシート「返品理由」の表の右側に、返品理由を表すパレート図を作成し、グラフタイトルを「返品理由」とします。

① ワークシート「返品理由」のシート見出しをクリックします。
② セル A1 ～ B8 を範囲選択します。
③ ［挿入］タブの［統計グラフの挿入］ボタンをクリックします。
④ ［ヒストグラム］の［パレート図］をクリックします。
⑤ パレート図が作成されます。
⑥ グラフ内の［グラフエリア］と表示される部分をポイントし、表の右側にドラッグします。
⑦ 問題文の「返品理由」をクリックして、文字列をコピーします。
⑧ ［グラフタイトル］をクリックし、「グラフタイトル」の文字列をドラッグして、Ctrl+V キーを押します。
⑨ グラフタイトルに「返品理由」の文字列が貼り付けられ、上書き入力されます。
⑩ グラフタイトル以外の場所をクリックして、グラフタイトルの選択を解除します。

プロジェクト5　来客数集計

【タスク1】 ワークシート「来客数集計」の 3 ～ 13 行目の行の高さを「30」に変更し、文字列を下揃えにします。

① ワークシート「来客数集計」の 3 ～ 13 行目を選択します。
② 選択範囲内で右クリックし、ショートカットメニューの［行の高さ］をクリックします。
③ ［行の高さ］ダイアログボックスが表示されます。
④ 問題文の「30」をクリックして、コピーします。
⑤ ［行の高さ］ボックスの「20」が選択されている状態で、Ctrl+V キーを押します。
⑥ ［行の高さ］ボックスに「30」が貼り付けられ、上書き入力されます。
⑦ ［OK］をクリックします。
⑧ 3 ～ 13 行目の行の高さが広がります。
⑨ 3 ～ 13 行目を選択した状態のまま、［ホーム］タブの［下揃え］ボタンをクリックします。
⑩ 3 ～ 13 行目の文字列がセルの下揃えで表示されます。

【タスク2】 グラフシート「店舗別集計グラフ」のグラフに、ワークシート「来客数集計」の神奈川店舗のデータを追加します。

① ワークシート「来客数集計」のセル A9 ～ A11 を範囲選択し、Ctrl キーを押しながらセル C9 ～ G11 を範囲選択します。
② ［ホーム］タブの［コピー］ボタンをクリックします。
③ 選択したセル範囲が点線で囲まれます。
④ グラフシート「店舗別集計グラフ」のシート見出しをクリックします。
⑤ 3-D 積み上げ縦棒グラフが選択されていることを確認し、Ctrl+V キーを押します。
⑥ 3-D 積み上げ縦棒グラフに「川崎店」、「横浜店」、「みなとみらい店」のデータが追加されます。

【タスク3】 グラフシート「店舗別集計グラフ」のグラフに、凡例マーカーありのデータテーブルを表示し、凡例を削除します。

① グラフシート「店舗別集計グラフ」の 3-D グラフの右上に表示されている［グラフ要素］ボタンをクリックします。
② ［グラフ要素］の［データテーブル］をポイントし、表示される▶をクリックします。

③ ［凡例マーカーあり］をクリックします。
④ グラフに凡例マーカー付きのデータテーブルが表示されます。
⑤ ［グラフ要素］の［凡例］チェックボックスをオフにします。
⑥ グラフの凡例がなくなります。

【タスク4】グラフシート「店舗別集計グラフ」のフッターの右側に「東京、神奈川、4月」と表示します。

① グラフシート「店舗別集計グラフ」が表示されていることを確認します。
② ［挿入］タブの［テキスト］ボタンをクリックし、［ヘッダーとフッター］ボタンをクリックします。
③ ［ページ設定］ダイアログボックスの［ヘッダー / フッター］タブが表示されるので、［フッターの編集］ボタンをクリックします。
④ ［フッター］ダイアログボックスが表示されます。
⑤ 問題文の「東京、神奈川、4月」をクリックして、文字列をコピーします。
⑥ ［フッター］ダイアログボックスの［右側］ボックスをクリックし、Ctrl+V キーを押します。
⑦ ［右側］ボックスに「東京、神奈川、4月」の文字列が貼り付けられます。
⑧ ［OK］をクリックします。
⑨ ［ページ設定］ダイアログボックスの［フッター］ボックスに［東京、神奈川、4月］と表示されたことを確認します。
⑩ ［OK］をクリックします。

【タスク5】ワークシート「来客数集計」のセル G1 にハイパーリンクを設定します。ハイパーリンク先とヒントは「https://nkbp.jp/moslink」とし、「ビューティサロン Shine」と表示します。

① ワークシート「来客数集計」のシート見出しをクリックします。
② セル G1 をクリックします。
③ ［挿入］タブの［リンク］ボタンをクリックします。
④ ［ハイパーリンクの挿入］ダイアログボックスが表示されます。
⑤ 問題文の「ビューティサロン Shine」をクリックして、文字列をコピーします。
⑥ ［ハイパーリンクの挿入］ダイアログボックスの［表示文字列］ボックスをクリックし、Ctrl+V キーを押します。
⑦ ［表示文字列］ボックスに「ビューティサロン Shine」の文字列が貼り付けられます。
⑧ 問題文の「https://nkbp.jp/moslink」をクリックして、文字列をコピーします。
⑨ ［ハイパーリンクの挿入］ダイアログボックスの［アドレス］ボックスをクリックし、Ctrl+V キーを押します。
⑩ ［アドレス］ボックスに「https://nkbp.jp/moslink」の文字列が貼り付けられます。
⑪ ［ヒント設定］をクリックします。
⑫ ［ハイパーリンクのヒント設定］ダイアログボックスが表示されるので、［ヒントのテキスト］ボックスにカーソルが表示されていることを確認し、Ctrl+V キーを押します。
⑬ ［ヒントのテキスト］ボックスに「https://nkbp.jp/moslink」の文字列が貼り付けられます。
⑭ ［OK］をクリックします。
⑮ ［ハイパーリンクの挿入］ダイアログボックスの［OK］をクリックします。
⑯ セル G1 に「ビューティサロン Shine」と表示され、ハイパーリンクが設定されて、フォントの色が青になっていて、下線が引かれていることを確認します。
⑰ セル G1 をポイントすると「https://nkbp.jp/moslink」とポップアップ表示されることを確認します。

プロジェクト6　ペンション案内

【タスク1】ワークシート「案内」のセル範囲 B6:C11 に「ペンション概要」という名前を付けて登録します。

① ワークシート「案内」のセル B6 ～ C11 を範囲選択します。
② 問題文の「ペンション概要」をクリックして、文字列をコピーします。
③ 名前ボックス内をクリックし、「B6」が選択された状態で、Ctrl+V キーを押します。
④ 名前ボックス内に「ペンション概要」の文字列が貼り付けられ、上書き入力されます。
⑤ Enter キーを押します。

【タスク2】名前付き範囲「キャプション」の書式をクリアします。

① 名前ボックスの▼をクリックします。
② 一覧から［キャプション］をクリックします。
③ ワークシート「案内」のセル F12 ～ H12 が選択されます。
④ ［ホーム］タブの［クリア］ボタンをクリックします。
⑤ 一覧から［書式のクリア］をクリックします。
⑥ セル F12 ～ H12 の書式がクリアされます。

【タスク3】ワークシート「予約」のC列の左側に2列挿入し、元のC列と同じ書式を設定し、列名を「代表者名」「連絡先」にします。

① ワークシート「予約」のシート見出しをクリックします。
② C ～ D 列を選択します。
③ 選択範囲内で右クリックし、ショートカットメニューの［挿入］をクリックします。
④ C ～ D 列に「列 1」、「列 2」列が挿入され、B 列と同じ書式が設定されます。
⑤ ［挿入オプション］ボタンをクリックします。
⑥ ［右側と同じ書式を適用］をクリックします。
⑦ C ～ D 列に E 列と同じ書式が適用され、E 列と同じ列幅になります。
⑧ 問題文の「代表者名」をクリックして、文字列をコピーします。
⑨ セル C1 をクリックし、Ctrl+V キーを押します。
⑩ セル C1 に「代表者名」の文字列が貼り付けられます。
⑪ 問題文の「連絡先」をクリックして、文字列をコピーします。
⑫ セル D1 をクリックし、Ctrl+V キーを押します。
⑬ セル D1 に「連絡先」の文字列が貼り付けられます。

【タスク4】ワークシート「予約」の「人数」の列を強調します。

① ワークシート「予約」のテーブル内の任意のセルをクリックします。
② ［デザイン］タブの［最後の列］チェックボックスをオンにします。
③ テーブルの最後の列（「人数」の列）が強調されます。

【タスク5】ワークシート「分析」の円グラフをグラフシートに移動します。グラフシート名は「プラン別割合グラフ」とします。

① ワークシート「分析」のシート見出しをクリックします。
② 円グラフをクリックします。
③ ［デザイン］タブの［グラフの移動］ボタンをクリックします。
④ ［グラフの移動］ダイアログボックスが表示されるので、［グラフの配置先］の［新しいシート］をクリックします。
⑤ 問題文の「プラン別割合グラフ」をクリックして、文字列をコピーします。
⑥ ［グラフの移動］ダイアログボックスの［新しいシート］の右側のボックスの「グラフ 1」が選択されている状態で、Ctrl+V キーを押します。

⑦ ［新しいシート］の右側のボックスに「プラン別割合グラフ」の文字列が貼り付けられ、上書き入力されます。
⑧ ［OK］をクリックします。
⑨ グラフシート「プラン別割合グラフ」がワークシート「分析」の左側に作成されます。

プロジェクト7 営業成績

【タスク1】ワークシート「営業成績」のセル範囲 A1 の書式を、セル範囲 F1:G1、F9:G9 に適用します。

① ワークシート「営業成績」のセル A1 をクリックします。
② ［ホーム］タブの［書式のコピー / 貼り付け］ボタンをダブルクリックします。
③ マウスポインターが刷毛の形に変わるので、セル F1 ～ G1 をドラッグします。
④ 続けてセル F9 ～ G9 をドラッグします。
⑤ ［ホーム］タブの［書式のコピー / 貼り付け］ボタンをクリックしてオフにします。
⑥ マウスポインターの形が元に戻ります。
⑦ 任意のセルをクリックして範囲選択を解除し、セル F1 ～ G1、F9 ～ G9 に、セル A1 と同じ書式が適用されたことを確認します。

【タスク2】ワークシート「営業成績」のセル範囲 F3:G7 を既定のスタイルのテーブルにします。ただし縞模様は付けません。

① ワークシート「営業成績」のセル F3 ～ G7 の任意のセルをクリックします。
② ［挿入］タブの［テーブル］ボタンをクリックします。
③ ［テーブルの作成］ダイアログボックスが表示されるので、［テーブルに変換するデータ範囲を指定してください］ボックスに「=$F$3:$G$7」と表示されていることを確認します。
④ ［先頭行をテーブルの見出しとして使用する］チェックボックスがオンになっていることを確認します。
⑤ ［OK］をクリックします。
⑥ セル F3 ～ G7 がテーブルに変換され既定のスタイルが設定されます。
⑦ ［デザイン］タブの［縞模様（行）］チェックボックスをオフにします。
⑧ テーブルの行の縞模様が解除されます。

【タスク3】関数を使用して、ワークシート「営業成績」のセル G12 にテーブルの売上金額の平均を求めます。

① ワークシート「営業成績」のセル G12 をクリックします。
② ［ホーム］タブの［合計］ボタンの▼をクリックします。
③ 一覧から［平均］をクリックします。
④ セル G12 に「=AVERAGE(G11)」と表示され、引数の「G11」が選択されていることを確認します。
⑤ セル D4 ～ D23 を範囲選択します。
⑥ セル G12 に「=AVERAGE(テーブル 1[売上金額])」と表示されます。
※ ［合計］ボタンを使わずに、この数式を直接セルに入力してもかまいません。
⑦ ［ホーム］タブの［合計］ボタンをクリックするか、Enter キーを押します。
⑧ セル G12 にテーブルの売上金額の平均値「1,532,000」が表示されます。

【タスク4】ワークシート「営業成績」のセル範囲 A1:D23 をワークシート「成績下位者」のセル A1 を基点とする位置にコピーします。その際、元の列幅を保持します。

① ワークシート「営業成績」のセル A1 ～ D23 を範囲選択します。
② ［ホーム］タブの［コピー］ボタンをクリックします。
③ 選択したセル範囲が点線で囲まれます。
④ ワークシート「成績下位者」のシート見出しをクリックします。
⑤ セル A1 がアクティブになっていることを確認します。
⑥ ［ホーム］タブの［貼り付け］ボタンの▼をクリックします。
⑦ ［貼り付け］の一覧から［元の列幅を保持］をクリックします。
⑧ セル A1 ～ D23 にワークシート「営業成績」のセル A1 ～ D23 のデータが罫線や塗りつぶしの色などの書式を含めてコピーされます。A ～ D 列の列幅は、ワークシート「営業成績」の A ～ D 列の列幅と同じになります。

【タスク5】ワークシート「成績上位者」のテーブルに売上金額の上位「5」名を抽出し、売上金額の高い順に並べ替えます。

① ワークシート「成績上位者」のシート見出しをクリックします。
② セル D3（「売上金額」の列の見出しのセル）の▼をクリックします。
③ ［数値］フィルターの［トップテン］をクリックします。
④ ［トップテンオートフィルター］ダイアログボックスが表示されるので、［表示］の左側のボックスに［上位］が表示されていることを確認します。
⑤ 問題文の「5」をクリックして、コピーします
⑥ ［表示］の中央のボックスの「10」をドラッグし、Ctrl+V キーを押します。
⑦ ［表示］の中央のボックスに「5」が貼り付けられ、上書き入力されます。
⑧ 右側のボックスに［項目］が表示されていることを確認します。
⑨ ［OK］をクリックします。
⑩ 売上金額の上位 5 位までの行だけが表示され、他の行は非表示になります。
⑪ セル D3（「売上金額」の列の見出しのセル）の▼をクリックします。
⑫ ［降順］をクリックします。
⑬ テーブルの行が売上金額の高い順に並べ替えられます。

■ 本書についての最新情報、訂正、重要なお知らせについては、下記 Web ページを開き、書名もしくは
ISBN で検索してください。ISBN で検索する際は -（ハイフン）を抜いて入力してください。

https://bookplus.nikkei.com/catalog/

■ 本書に掲載した内容および模擬テストプログラムについてのお問い合わせは、下記 Web ページのお問い
合わせフォームからお送りください。電話およびファクシミリによるご質問には一切応じておりません。
なお、本書の範囲を超えるご質問にはお答えできませんので、ご了承ください。ご質問の内容によっては、
回答に日数を要する場合があります。

https://nkbp.jp/booksQA

装　　　　　丁 ●折原カズヒロ
編 集 協 力 ●株式会社 ZUGA
Ｄ Ｔ Ｐ 制 作 ●真壁 みき
模擬テスト
プログラム開発 ●エス・ビー・エス株式会社

MOS攻略問題集 Excel 365 & 2019

2020 年 　7 月 29 日 　初版第 1 刷発行
2024 年 　8 月 22 日 　初版第 12 刷発行

著　　　者：土岐 順子
発 　行 　者：中川 ヒロミ
発　　　行：株式会社日経 BP
　　　　　　〒 105-8308　東京都港区虎ノ門 4-3-12
発　　　売：株式会社日経 BP マーケティング
　　　　　　〒 105-8308　東京都港区虎ノ門 4-3-12
印　　　刷：大日本印刷株式会社

・本書に記載している会社名および製品名は、各社の商標または登録商標です。なお、本文中に ™、® マークは明記して
おりません。
・本書の例題または画面で使用している会社名、氏名、他のデータは、一部を除いてすべて架空のものです。

ISBN978-4-8222-8630-9　Printed in Japan